目 录

法理学 ……………………………………………………………………………… (1)

专题一 法的本体 ………………………………………………………………… (1)

  考点 1　法的概念的争议　/ 1

  考点 2　法的特征　/ 2

  考点 3　法的本质的马克思主义观点　/ 3

  考点 4　法的作用　/ 3

  考点 5　法的价值　/ 4

  考点 6　法的要素：法律规则和法律原则　/ 7

  考点 7　法的要素：法律概念　/ 12

  考点 8　法的要素：权利与义务　/ 12

  考点 9　法的渊源　/ 15

  考点 10　法的效力　/ 18

  考点 11　法律部门与法律体系　/ 20

  考点 12　法律关系　/ 20

  考点 13　法律责任与法律制裁　/ 23

专题二 法的运行 ………………………………………………………………… (24)

  考点 14　立法　/ 24

  考点 15　法的实施　/ 27

  考点 16　法适用的一般原理　/ 28

  考点 17　法的发现与法的证成　/ 30

  考点 18　法律推理　/ 31

  考点 19　法律解释　/ 34

  考点 20　法律漏洞的填补　/ 39

专题三 法的演进 ………………………………………………………………… (40)

  考点 21　法的产生及一般规律　/ 40

  考点 22　法的继承与移植　/ 40

  考点 23　法律意识　/ 41

  考点 24　法系　/ 41

  考点 25　法的现代化　/ 41

  考点 26　法治理论　/ 42

专题四 法与社会 ………………………………………………………………… (42)

  考点 27　法和社会的一般理论　/ 42

  考点 28　法与经济、政治、科学技术的关系　/ 42

  考点 29　法与道德　/ 43

  考点 30　法与其他规范的联系与区别　/ 44

中国法律史 ·· （46）

专题五　先秦时期的法律思想与制度 ···································· （46）
考点31　先秦时期的法律思想与制度　/46

专题六　秦汉至魏晋南北朝时期的法律思想与制度 ···················· （47）
考点32　秦汉至魏晋南北朝时期的法律思想与制度　/47

专题七　隋唐宋元时期的法律思想与制度 ······························ （50）
考点33　隋唐宋元时期的法律思想与制度　/50

专题八　明清时期的法律思想与制度 ···································· （53）
考点34　明清时期的法律思想与制度　/53

专题九　中华民国时期的法律思想与制度 ······························ （56）
考点35　中华民国时期的法律思想与制度　/56

宪法 ·· （57）

专题十　宪法基本理论 ·· （57）
考点36　宪法的词源、特征、本质与分类　/57
考点37　宪法的基本原则　/57
考点38　宪法的历史发展　/58
考点39　宪法的制定与修改　/58
考点40　宪法的效力与基本功能　/60
考点41　宪法规范、渊源与宪法的结构　/61

专题十一　国家的基本制度（上） ······································ （62）
考点42　我国的政治、经济、文化、社会基本制度　/62

专题十二　国家的基本制度（下） ······································ （64）
考点43　选举制度　/64
考点44　国家结构形式　/67
考点45　国家标志　/68
考点46　民族区域自治制度　/69
考点47　特别行政区制度　/71
考点48　基层群众自治制度　/73

专题十三　公民的基本权利和义务 ······································ （75）
考点49　公民的基本权利　/75
考点50　公民的基本义务　/78

专题十四　国家机构 ·· （78）
考点51　我国国家机构的组织和活动原则　/78
考点52　全国人大及其常委会　/78
考点53　国家主席　/81
考点54　中央军委　/82
考点55　国务院　/82
考点56　地方各级人大与政府　/82
考点57　监察委员会　/85
考点58　司法机关　/85

专题十五　宪法的实施与监督 ……………………………………………………………（86）
　　考点59　宪法实施、宪法解释与宪法监督　/86
　　考点60　宪法宣誓　/88

司法制度和法律职业道德　/89

专题十六　中国特色社会主义司法制度 ………………………………………………（89）
　　考点61　中国特色社会主义司法制度概述　/89
　　考点62　法律职业道德　/92
　　考点63　审判制度　/93
　　考点64　检察制度　/96
　　考点65　律师制度　/97
　　考点66　法律援助制度　/99
　　考点67　公证制度　/101

专题十七　法官职业道德 ………………………………………………………………（103）
　　考点68　法官职业道德　/103

专题十八　检察官职业道德 ……………………………………………………………（107）
　　考点69　检察官职业道德　/107

专题十九　律师职业道德 ………………………………………………………………（108）
　　考点70　律师职业道德　/108

专题二十　公证员职业道德 ……………………………………………………………（110）
　　考点71　公证员职业道德　/110

专题二十一　其他法律职业人员职业道德 ……………………………………………（111）
　　考点72　其他法律职业人员职业道德　/111

法理学 [答案详解]

专题一 法的本体

考点1 法的概念的争议

1. 法的概念的争议;法的本质[C]

[解析] 是否承认法与道德之间存在本质的、必然的联系,是区分实证主义与非实证主义的主要标准。所有实证主义都认为法与道德是分离的;相反,非实证主义认为法与道德是相互联系的。故 A 项错误。

分析法学派与社会法学派都是实证主义法学派,社会法学派以社会实效作为法的首要构成要素,而分析法学派以权威性制定作为法的首要构成要素。"首要"意味着一类法的概念的构成要素并不绝对地排除另一类法的概念的构成要素,更多的法实证主义者是以社会实效和权威性制定这两个要素的相互结合来定义法的概念的。B 项漏掉了"首要"二字,正确表述为:是否承认社会实效是法的"首要"构成要素,是区分分析法学派与社会法学派的主要标准。故 B 项错误。

经过德沃金对哈特承认规则理论的批评和解构,分析法实证主义分裂为包容性法律实证主义与排他性法律实证主义。前者接受德沃金对法律实证主义的批评,认为一个特定的法律体系有可能依据承认规则使道德标准成为该体系的效力的必要或充分条件。后者不接受德沃金的批评,认为道德标准对一个规范的法律身份而言既不是充分条件也不是必要条件,法律是什么、不是什么,是社会事实问题;这种观点的主要代表是拉兹,他认为每一条法律的存在和内容完全是由社会渊源决定的。故 C 项正确。

按照马克思主义法学的观点,法律是统治阶级意志的体现而非社会共同体意志的体现。故 D 项错误。

2. 法与道德的关系;法的价值[ACD]

[解析] 根据法与道德是否存在概念上的必然联系,分为实证主义法学派和非实证主义法学派。实证主义法学派强调法与道德没有必然的联系,即恶法亦法。非实证主义法学派强调法与道德有必然的联系,即恶法非法。如果认为不公正的法律不是法律,即恶法非法,依据不公正的法律得出的判决当然就不是合法的判决。故 A 项正确。

"笃信法律就是法律",就是认为法与道德或者公正无关,也即所谓"恶法亦法",这是实证主义法学派的基本观点。故 B 项错误。

冉阿让为了公正不惜越狱,违背法律,强调的正是法律的正义价值。沙威笃信恶法亦法,国家法律必须遵守,追求的正是法律的秩序价值。故 C 项正确。

法律之所以有权威,或者说,人们之所以遵守法律,是因为法的效力来自法律、道德、社会等多种因素。关于法和道德之间的关系,现代社会的通说认为,法律和道德具有最低限度的一致性,应当以道德滋养法治精神、强化道德对法治文化的支撑作用。故 D 项正确。

3. 法的概念的争议[C]

[解析] 本段名言警句认为法与道德之间没有关系,恶法亦法,显然反映了实证主义法学的基本观点。而自然法学强调法和道德有必然联系,认为恶法非法。故 A 项错误。

社会法学派强调法的社会实效是法的概念的首要定义要素,因此,社会学法学必须强调法律实施的社会效果。故 B 项错误。

分析实证法学认为恶法亦法,即法和道德(即内容正确性)之间没有必然联系。故 C 项正确。

D 项错在"所有的法学派认为"和"没有任何联系"。实证主义法学派认为,法与道德没有必然的联系;非实证主义法学派则认为,法与道德有必然的联系。但绝大多数法学家都认为法与道德在内容上存在联系,法律是最低限度的道德。故 D 项错误。

4. 法的概念;实证主义法学;非实证主义法学[C]

[解析] 实证主义认为,在法与道德之间,在法律命令什么与正义要求什么之间,即实然法(实际上是怎样的法)和应然法(应该是怎样的法)之间,不存在概念上的必然联系。故 A 项正确。

非实证主义法学包括自然法学派和第三条道路,两者均要求法律必须符合道德,即都必须要求内容的正确性。对于自然法学派而言,只要法律符合道德即可,有没有权威性制定与社会实效性这两个要素均可。而第三条道路则三个要素都必须包括在内。故 B 项正确。

如前所述,非实证主义法学包括自然法学派与第三条道路。第三条道路三个定义要素都必须包括在内。而自然法学只要求必须有内容正确性这一个要素。古典自然法学当然不能包括第三条道路。故 C 项错误。

非实证主义定义法的概念时,除了权威制定和社会实效两个要素外,必须要以内容正确性作为定义要素。而实证主义定义法的概念时,仅必须要求权威性制定和社会实效这两个要素。因此,区分关键是内容的正确性,而非社会实效。故 D 项正确。

考点2 法的特征

5. 权利与义务；法的实施；法的特征[D]

[解析]"权利义务"除了包括法律上的权利义务,还包括其他领域的权利义务,如道德权利义务、生活中的权利义务等。"习惯"也会设定权利义务,只不过不具备法定性而已,如"结婚要随礼"就是"传统习惯"设定的义务。故 A 项错误。

并非只有法具有强制力,道德、习惯、政策等社会规范都具有强制力,只是法律的强制力属于"国家强制力"。故 B 项错误。

守法并不完全是基于法的强制力,对有些人来说守法是一种习惯,还有人把守法视为道德,他们都会自觉遵守法律。故 C 项错误。【特别提醒】国家强制力是法律与其他社会规范的区别,但它只是法律的"最终"保障力量,不是法律的唯一保障力量。

法的实施与法的实效不同,法的实施强调法律运行的过程,法的实效则强调法律运行的实际效果。实施是实效的前提,是使"书本上的法"变成"行动中的法"的必备条件。故 D 项正确。

6. 法的特征[D]

[解析] 法律面前人人平等,主要是机会与过程的平等。事实上,由于人的天赋、家庭出身、财富、运气等不同,而事实上可能处于不平等的地位,如外交人员就具有豁免权。故 A 项错误。

法律面前人人平等是近代资产阶级革命以后才开始作为一项基本的法律原则。奴隶制、封建制社会通行的是特权和等级原则。故 B 项错误。

法律不是万能的,而是有局限性的。法律只能保证在法律适用面前的人人平等。故 C 项错误。

法律面前人人平等主要针对的是特权,禁止的是不合理差别。合理差别是允许存在的,如人大代表享有言论免责权。故 D 项正确。

7. 法的特征；法的国家强制力保障；法律程序[ABC]

[解析] 任何规范均有保证自己实现的力量,法律依靠国家强制力保证实施。故 A 项正确。

国家暴力具有"合法性"。国家权力必须合法行使。法律的制定和实施都必须遵守法律程序,这是法区别于其他社会规范的重要特征。故 B 项正确。

不同的社会规范,其强制措施的方式、范围、程度、性质是不同的。法律强制是一种国家强制,是以军队、宪兵、警察、法官、监狱等国家暴力为后盾的强

制。故 C 项正确。

法的强制性体现了国家强制力,国家强制力决定了法的强制性。可见法的强制性是由国家暴力保证的,而自然力则是指自然本身具有的威力,如地震、海啸等,因此自然力不是国家强制力的组成部分。故 D 项错误。

8. 法的特征[B]

[解析] 法的起源是从法与宗教规范、道德规范的浑然一体到法与宗教规范、道德规范的分化,法的相对独立的发展过程。题干中,《摩奴法典》是古代的法典,从其具体表述上,如"妇女要终生耐心、忍让、热心善业、贞操,淡泊如学生"、"不忠于丈夫的妇女生前遭诟辱,死后投生在豺狼腹内,或为象皮病和肺痨所苦"等可知,早期的法律和道德、宗教等其他规范是浑然一体的。故 A 项正确。

《摩奴法典》规定苦修可以免于处罚,这属于法律责任的免除情形。虽然免除了法律责任,但不等于该法典没有强制力。《摩奴法典》属于法律,同样具有国家强制性的特征。故 B 项错误。

古印度实行种姓制度,婆罗门为最高阶层即统治阶级,首陀罗为社会底层即被剥削阶级。《摩奴法典》作为统治阶级的法公开维护这种不平等的社会关系,材料中"婆罗门贫困时,可完全问心无愧地将其奴隶首陀罗的财产据为己有,而国王不应加以处罚"便是明证。故 C 项正确。

《摩奴法典》属于奴隶制法,且宗教色彩浓厚,如"死后投生豺狼腹内"等规定带有迷信和神秘主义色彩,不符合现代法律理性与科学的价值追求。故 D 项正确。

9. 法的特征[C]

[解析] 该格言主要包括两方面的含义:法律不能命令人们实施不可能实施的行为;法律不能禁止人们实施不可避免的行为。法律既然调整的是"意志行为",因此法律在设定义务时,应以一般人的认知能力为标准,将法律责任限定在"意志能够预见"的范围内。此格言在 19 世纪末 20 世纪初上升为刑法理论,即"期待可能性理论"。

法律只调整人们的"意志行为",而且只能调整可能影响"重要社会关系"的行为,也就是说,法律的调整范围有局限性,并不是所有的行为都是法律的调整对象。故 A 项错误。

法律在设定义务时,以"一般人的认知能力"为标准;但是法律一旦设定了明确的义务,任何人不得再以"不知晓"而拒绝履行,即不知法而犯法仍应承担责任。故 B 项错误。

"不能预见"在此实际是指"客观上不能预见",即"超出了一般人的认知能力"。既然客观上超出了

一般人的认知能力,则不属于"意志控制"的范围,缺乏期待可能性,故无须承担过错责任。故 C 项正确。

尽管天灾是人所不能控制的事项,但是,天灾却是法律加以调整的事项,如我国的《防震减灾法》,再如"不可抗力"在法律中的规定和适用。故 D 项错误。

考点3 法的本质的马克思主义观点

10. 法的概念;法与道德[ABC]

[解析] 国家法在大陆法系,一般指国家制定或者认可而形成的法,包括制定法与习惯法(不成文法);而在英美法系,则还包括判例法。"国法"不等于国家法,"国法"包括国家法,还包括其他执行着国法职能的法,如教会法。故 A 项错误。

国法,是指特定国家现行有效的法,关键在于强调法与国家的关系,以区别于其他法的概念。其外延包括:成文法、判例法、习惯法(不成文法)、其他执行国法职能的法(如教会法)。国家立法机关创制的仅指国家制定法,故 B 项错误。

任何规范都具有强制力,法律、道德与宗教都具有强制性,只有法律具有国家强制性,故 C 项错误。

自然法学派认为符合道德的法才是法律,因此,如果国法符合道德,可以被自然法认为是实在法。实证主义法学派强调恶法亦法,即法律必是国家制定出来的,因此,只要是国家制定而成的国法即可以被实证主义法学派认为是实在法,故 D 项正确。

考点4 法的作用

11. 法律部门;权利与义务;法的作用;法律原则[C]

[解析] 当代我国的法律体系主要由七个法律部门构成:宪法及宪法相关法、行政法、民法商法、经济法、社会法、刑法、诉讼与非诉讼程序法。《民法典》属于民商法部门,而《就业促进法》涉及的是劳动关系和社会保障领域,旨在对劳动者的合法权益进行保障,属于典型的社会法部门。故 A 项错误。

按照法律规定,劳动者有不受歧视的权利,而这种权利针对的是不特定的用人单位。只有在一个具体的劳动合同之中,才存在劳动者和用人单位之间的相对权利义务关系。而在一般意义上,免受歧视的权利是一种绝对权利。故 B 项错误。

法的强制作用,是指通过制裁违法犯罪行为来强制人们遵守法律。法院判决甲公司赔礼道歉,体现的正是将甲公司的歧视行为认定为违法,从而对其进行制裁。故 C 项正确。

按照法律原则产生的基础不同,可以将法律原则分为公理性原则和政策性原则。公理性原则是由法律原理构成的原则;政策性原则是一个国家或民族出于一定的政策考量而制定的一些原则。公理性原则往往与法律所追求的价值和法律自身的理性要求有

关,如人人平等、罪刑法定等;政策性原则往往与一个国家特定时期的政策追求紧密相关,如计划生育政策。劳动者不受歧视原则与人人平等、罪刑法定等基本原则一样,体现的都是法律所追求的特定价值和理性要求,所以是公理性原则,而非政策性原则。故 D 项错误。

12. 法的作用(规范作用)[D]

[解析] 法的规范作用。

种类	作用对象	具体内容	
指引	本人的行为	个别性指引:由非规范性法律文件产生,如判决书、合同、协议等	规范性指引:由规范性法律文件产生,如法条、法典、判例法的判例等
		确定的指引:通过设置义务产生	选择的指引:通过宣告权利产生
评价	他人的行为	合法与否	
教育	一般人的行为	具体表现为示警作用和示范作用	
预测	人与人之间的行为	行为的预期是社会得以存在的主要原因及其秩序的基础	
强制	违法犯罪行为	强制人们遵守法律	

要注意区分"本人"和"一般人"。"本人"是指特定的人,如"咱们班的人";"一般人"是指不特定的人,如"街上往来的人"。

陈法官依据诉讼法规定主动申请回避,体现法的指引作用。故 A 项错误。

法院判决王某行为构成盗窃罪,针对王某而言,体现了法的强制作用。针对法官而言,体现的是评价作用。故 B 项错误。

法的作用包括指引作用、评价作用、教育作用、预测作用、强制作用,共 5 种,并不包括所谓保护自由价值的作用。故 C 项错误。

法的强制作用针对的是违法者的行为,一般由国家机关针对违法者而作出处罚。故 D 项正确。

13. 法的作用的含义及辨析[A]

[解析] 法的作用分为指引作用、评价作用、预测作用、强制作用和教育作用。本题主要涉及前四个作用。

法的指引作用的对象是本人的行为。法的指引作用是指法律作为一种行为规范,能够为人们提供某种行为模式,指引人们可以这样行为、必须这样行为

或不得这样行为,使人们知晓哪些行为可以做的,哪些行为不可以做。题目中高经理知晓了酒驾入刑的法律规定,决定不再酒驾,准备将车推回去。这里体现了法的指引作用。故 A 项正确。

法的评价作用的对象是其他人的行为。法的评价作用是指法律对人们的行为是否合法或违法及其程度,具有判断、衡量的作用,也就是说,法的评价作用涉及的是法的律他作用,即对他人的行为的评价。高经理和公司员工拒绝"酒驾"并没有对他人的行为作出评价。故 B 项错误。

法的预测作用的对象是相互有关联的人们之间的行为。人们可以根据法律规范的规定事先估计到当事人双方将如何行为及行为的法律后果。注意预测作用的"预测":第一,预测对象必须是和自己有关联的行为;第二,预测本身不是目的,"预测"了对方的行为,关键在于以对方的行为为基础安排自己的行为。本题中,高经理和公司员工拒绝"酒驾"是基于法律的指引而作出的行为,而不是对自己或他人应如何行为以及行为的后果的预测,因此没有体现出法的预测作用。故 C 项错误。

强制作用,即法可以通过制裁违法犯罪行为来强制人们遵守法律,对象是违法者的行为。本题中,高经理和公司员工拒绝"酒驾",没有违法犯罪行为,也就没有体现出法的强制作用。故 D 项错误。

14. 法律的局限性[B]

[解析] 紧急时无法律也可以理解为"必要时无法律"。这句格言产生于中世纪教会法,其基本含义是:在紧急状态下,可以实施法律在通常情况下所禁止实施的某种行为,以避免紧急状态所带来的危险。这句格言是法律中紧急避险规定的来源,我国《刑法》第21条第1款明确规定:"为了使国家、公共利益、本人或者他人的人身、财产和其他权利免受正在发生的危险,不得已采取的紧急避险行为,造成损害的,不负刑事责任。"

紧急状态下不是不存在法律,而是说人们为了避免遭受更大的伤害,可以采取一般情形下法律所不允许的行为,并且不受法律的惩罚。故 A 项错误,B 项正确。

法是有局限性的,法律只是社会的组成部分,法的作用归根结底是社会自身力量的体现,因此,法律并不能将社会调整至完美状态,法律不是万能的,并不能避免一切紧急状态发生。故 C 项错误。

法的产生与发展最终是由一定的社会物质生活条件决定的,也即,社会决定法律,有什么样的社会,就有什么样的法律。注意,只要谈到法的产生与发展、法的本质等内容,一定要从社会物质生活条件的角度入手。故 D 项错误。

考点5 法的价值

15. 事实判断与价值判断;法的价值[A]

[解析] 事实判断的核心是"是不是",价值判断的核心是"好不好"。本案中,交警看见甲开车至非机动车道掉头,司机甲也认可,这是一个典型的事实判断。交警认为甲违章并罚款。这是一个价值判断。经甲解释后,交警认为,人的生命价值高于秩序价值,于是不但不予处罚,还开警车为其引道。这里又有一个价值判断。故 A 选项正确。

价值位阶原则,是指在不考虑具体案件的情境下,法的各个价值之间的优先性关系。个案中的比例原则指与其他法的价值相比较,哪一个法的价值在具体案件的情境下更具有优先性或分量。在这个相互损害的关系之中,对与其相互碰撞或冲突的法的价值的损害程度最小的那个法的价值就是更具有优先性或分量的价值。价值位阶原则与个案中的比例原则区分的关键在于,价值位阶原则在适用时,不考虑具体个案情境,为了在先价值完全抛弃在后价值。而个案中的比例原则在适用时,要结合具体个案情境,对于必须侵犯的价值并非完全抛弃,而是对该价值的侵犯要保留必要的限度,使其损害程度最小。本案中,交警认为人的生命价值高于秩序价值,对司机甲不但不予处罚,还开警车为其引道。交警为了孕妇的生命,没有顾及秩序,这是典型的价值位阶原则。故 B 选项错误。

所有的实证主义理论都主张,在定义法的概念时,没有道德因素被包括在内,即法和道德是分离的。具体来说,实证主义认为,在法与道德之间,在法律命令什么与正义要求什么之间,在"实际上是怎样的法"与"应该是怎样的法"之间,不存在概念上的必然联系。与此相反,所有的非实证主义理论都主张,在定义法的概念时,道德因素被包括在内,即法与道德是相互联结的。本案中,医生严格遵守法律,置孕妇的生命于不顾,属于典型的实证主义的观点。故 C 选项错误。

伤害原则是法律限制人们自由的一条基本原则,其意指任何人的自由都不能伤害其他人的合法权利与利益,一旦人的行为伤害到其他人的合法权益,那么法律就应当限制这种行为。本案中,医生经过病患家属的同意对患者进行手术,不但没有伤害患者的合法权益,反而是在保护患者的生命健康,并没有体现伤害原则。故 D 选项错误。

16. 法的价值冲突[D]

[解析] A 项涉及自由与秩序的关系:(1)秩序是法律的基础价值,是其他价值的基础;(2)自由是法律的最高价值,位于顶端。故 A 项错误。

B 项涉及法的价值冲突的解决原则。新大纲中取消了个案平衡原则,价值冲突的解决原则只有两个:(1)价值位阶原则。这个原则是指:在不考虑具体案件的情境下,法的各个价值之间的优先性关系。该原则的判断技巧是按照法律规定处理。具体在本案中,秦某的"自由"行为扰乱了社会"秩序",是"为法律所明文禁止"的,法院依法认为他应承担法律责任。因此,法院运用的是价值位阶原则。故 B 项错误。(2)个案中的比例原则。这个原则是指:与其他法的价值相比较,哪一个法的价值在具体案件的情境下更具有优先性或分量。该原则的判断技巧是,在具体案件中,对法律所保护的价值进行调整,选择伤害最小的方案,以便实现个案正义。本案并没有在法律之外进行价值比较、权衡,不属于"个案中的比例原则"。

C 项涉及小前提(事实判断)与大前提(法律判断)的分类。小前提和大前提只能作出"相对"区分,二者并不是截然分开的。也就是说,没有绝对的"事实"判断,也没有绝对的"法律"判断,二者是糅合在一起的。故 C 项错误。

人权指人作为人应当享有的权利,属于一种道德权利。为了让人们更好地享有人权,人权应当法律化。言论自由明确规定于我国宪法中,也属于法律权利的一种。故 D 项正确。

17. 法的价值〔BCD〕

〔解析〕 根据马克思的这段话,法律是人的意识的产物,只有反映自由的自然规律的法律才是真正的法律,即自由的存在。也就是说,自由是衡量国家法律是否是真正法律的评价标准,未能反映自由的无意识的自然规律的法律不是真正的法律,而真正的法律是人的实际自由存在的条件。故 A 项错误。

题干说"哪里法律成为实际的法律,即成为自由的存在,哪里法律就成为人的实际的自由存在,"这一论断的逻辑是,实际的法律→自由的存在→人的实际的自由存在。由此可见,法律实质上就是"人的实际的自由存在"的条件。故 B 项正确。

根据客观需要反映客观规律的要求,要以理性的态度对待立法工作,注意总结立法现象背后的普遍联系,揭示立法的内在规律,避免主观武断、感情用事。因此,国家法律必须遵循客观规律。故 C 项正确。

自由是人的本性,也可以成为一种评价标准,衡量国家的法律是否是"真正的法律"。故 D 项正确。

18. 法的价值冲突及其解决〔A〕

〔解析〕 所谓价值位阶原则指不同位阶的法的价值发生冲突时,在先的价值优于在后的价值。价值位阶原则的判断技巧是"按照法律规定处理"。该案中,法律的规定是"一般情况下,先签字才能手术;紧急情况下由院长批准";因此,本案的做法是直接适用法律

规定,属于"价值位阶"原则。故 A 项正确。

"自由裁量"与"功利主义"并不属于价值冲突的解决原则。故 B、D 项错误。

C 项中的"比例原则",现大纲已改为"个案中的比例原则"。该原则的判断技巧是在具体案件中,对法律所保护的价值进行调整,选择伤害最小的方案,以便实现个案正义。本案并没有在法律之外进行价值比较、权衡,不属于"个案中的比例原则"。故 C 项错误。【特别提醒】法官判案时,尤其是自由裁量时,需要进行价值衡量和选择,但不一定达到"比例"的程度。运用"个案中的比例原则"最常见的是疑难案件中,即两种价值都需要保护,法官陷入两难境地,最后进行"比例"上的权衡,看怎样处理使对方的伤害更小。

19. 生命权;功利主义〔CD〕

〔解析〕 人的生命权不允许人们通过协议的方式加以改变。对于人的生命权的剥夺,必须由法定机关经由法定程序进行。故 A 项正确。

功利主义法学产生于 18 世纪末至 19 世纪初的英国,是把功利主义哲学运用到法学领域而产生的法学流派。功利主义基于这样一种伦理原则:人的本性是避苦求乐的,人的行为是受功利支配的,追求功利就是追求幸福;而对于社会或政府来说,追求最大多数人的最大幸福是其基本职能。功利主义法学强调在法律实践中应当贯彻"最大多数人的最大幸福"的功利主义原则。本案例中,按照功利主义法学的基本原则,4 个人的生命显然要比 1 个人的生命更重要。故 B 项正确。

食物是有限的,5 个人为了活命,彼此之间当然存在着利益冲突。故 C 项错误。

不同的法学流派有不同的价值立场,如自然法学认为法律必须符合道德,分析实证法学认为恶法亦法,而功利主义法学则认为,法律必须符合最大多数人的最大幸福。因此,不同的法学流派站在不同的价值立场,对同一案件的判决必然会有所不同。故 D 项错误。

20. 法的价值冲突;处理价值冲突的原则〔C〕

〔解析〕 根据大纲,法的价值冲突的解决原则有两个:价值位阶原则和个案中的比例原则。

价值位阶原则,是指在不考虑具体案件的情境下,法的各个价值之间的优先性关系。这一原则不考虑个案,考虑的是法律和制度规定中所体现的价值位阶,通俗的理解即直接按照法律规定处理。本题是对"宽严相济"这一刑事政策的理解,这一刑事政策不针对个案,强调法官"直接按照法律规定"处理(例如"该重判就重判")。其主要解决的是秩序和自由的关系问题:社会秩序、公共安全代表着法的秩序价值,犯

理论法〔答案详解〕 · 5 ·

罪人的生命(权利)代表着法的自由价值。一方面,应当优先保护生命权;但是,如果犯罪分子对社会秩序、公共安全带来严重侵害,生命权就会被剥夺,自由就会让位秩序。由此可见,这种解决方案属于典型的价值位阶原则。故 C 项正确。

大纲将原来的"个案平衡原则"与"比例原则"进行了合并,简称为"个案中的比例原则",并对其内容进行了修改。这个原则是指在具体案件的情境下,如果司法者主张一种价值,那么,这就意味着是对与该法的价值相碰撞或冲突的另一种价值的损害;如果司法者主张后一种法的价值,那么,这就意味着是对前一种法的价值的损害。在这个相互的损害关系之中,对与其相互碰撞或冲突的法的价值的损害程度最小的那个法的价值就是更具有优先性或分量的价值。说得简单一点就是,在具体案件尤其是疑难案件中,往往需要对法律已经规定好的"价值位阶"进行调整,以便实现个案正义。从题干来看,不涉及具体案件中的个案正义问题。因此也不属于"个案中的比例"原则。故 A、B 项错误。

自由裁量原则适用于法官审理具体案件的法律适用过程中,不属于解决法的价值冲突的原则。故 D 项错误。

21. 法的实施;司法成本;司法的民主性;司法效率;司法公开[AC]

[解析] 司法成本指的是在整个司法活动中消耗的社会资源,又可称之为司法资源或司法投入,指司法机关、诉讼参与人在进行具体案件的诉讼过程中所消耗的物质资源和精神要素的总和。实行"小额速裁",一审终审可促使纠纷得到迅速解决,节约了司法成本。故 A 项正确。

司法的民主性是指司法应充分体现人民的意志和利益,审判活动应体现民主性,并应受到人民的有效监督。在我国,司法的民主性主要体现为司法工作人员由人大制度产生,以及人民陪审员制度。本题仅涉及司法成本与司法效率。故 B 项错误。

司法效率是指司法资源的投入与办结案件及质量之间的比例关系,是解决司法资源如何配置的问题。司法效率追求的是以尽可能合理、节约的司法资源,谋取最大限度的对社会公平和正义的保障和对社会成员合法权益的保护。提高司法效率,就要求人民法院和人民法官履行职责时,在坚持司法公正的前提下,认真、及时、有效地工作,尽可能地缩短诉讼周期,降低诉讼成本,力求在法定期限内尽早结案,取得最大的法律效果和社会效果。实行"小额速裁"、一审终审,加快了纠纷的解决,提高了司法效率。故 C 项正确。

审判公开指公开司法活动的内容和过程,从而使司法活动在不同程度上为社会大众所知晓。"小额速裁"主要是出于节约司法成本、提高司法效率的目的,和推行司法公开没有关系。故 D 项错误。

22. 价值判断与事实判断[BCD]

[解析] 价值判断,即关于价值的判断,是指某一特定的客体对特定的主体有无价值、有什么价值、有多大价值的判断。事实判断,在法学上是用来指对客观存在的法律原则、规则、制度等所进行的客观分析与判断。

本案中既有事实判断,如"被告人刘某仅从这次盗窃中分得 200 元",也有价值判断,如"被告人刘某只是为了满足其上网玩耍的欲望,实施了秘密窃取少量财物的行为,主观恶性不大"。故 A 项正确。

"被告人刘某的犯罪情节轻微,社会危害性不大,主观恶性小,依法应当减轻或免除处罚"中的"轻微""不大""恶性小"都属于"怎么样"的判断,属于价值判断,这是律师站在被告人的立场所做的价值判断。故 B 项错误。

"本省盗窃罪的追诉限额为 800 元,而被告人所窃取财产评估价值仅为 1050 元",属于事实判断,这是包括被告人、律师、公诉人、法官大家都没有异议的事实描述。故 C 项错误。

法律概念是对各种法律现象或者法律事实加以描述、概括的概念,如民法中的合同之定义,诉讼法中关于期间的定义等。辩护意见中的"只是""仅为""仅从"这类词汇属于副词,并不属于法律概念。故 D 项错误。

23. 价值判断和事实判断;自由和正义的内涵;法的指引作用;法律面前人人平等[BD]

[解析] 价值判断属于理性认识,是与人们行为密切联系的、人们对特定事实的某种态度,它是以价值的优先选择为媒介的、具有高度主观性的活动。题干中《残疾人保障法》第 50 条对残疾人给予优待的规定,体现了立法者在公共资源分配上的价值取向,即对弱势群体的权利予以特殊保障,属于价值判断。故 A 项正确,不当选。

我国《残疾人保障法》对"残疾人"这一群体作出了"差别对待",由于残疾人属于"弱势群体",所以法律在权利分配上作出了倾向性的照顾,这种做法追求的是实质平等,主要体现的是正义价值。故 B 项错误,当选。

指引作用属于法的规范作用的一种。该规定对有关企业、政府都提出了具体的要求,也明确了残疾人所享有的各项权利,相关单位和人员能够以此为指引从事相应的行为。故 C 项正确,不当选。

法律面前人人平等并非表面上的一律平等,其本质在于实质上的平等,实现公平正义,对残疾人给予优待就是以形式上的不平等来实现实质上的平等。这样规定,恰恰是体现了法律面前人人平等原则。故D项错误,当选。

24. 法律与自由的关系;法的自由价值[D]

[解析] "自由是人的本质",具有至上性和神圣性,法律必须体现和保障自由。但是自由必须接受法律的限制,任何人行使自由,不得侵害国家、社会、集体和他人的合法权益。故A项错误,D项正确。

自由体现了人的本性,是衡量法律善恶的标准,但不是唯一标准,其他标准还有正义、人权等。故B项错误。

实证即实际存在之意。从应然角度看,法律都应当是自由的法律;但从实证角度看,法律有好坏之分,现实中的法律并不一定都能很好地保障自由,即存在"恶法"。故C项错误。

考点6 法的要素:法律规则和法律原则

25. 法律规则与语句;法律移植;法律解释的含义[C]

[解析] 法律是以作为"法律语句"的语句形式表达出来的,它具有语言的依赖性。语言具有不确定性,词语和句子的含义通常是多义的、不确定的、待解释的,甚至是变化的。因此,在实践中需要遵循一定的解释方法,对法律语言表述的含义进行解释,澄清歧义,获得共识。法的效力指法的约束力,是人们应当按照法律规定的行为模式来行为,必须予以服从的一种法律之力。故A项错误。

法律移植需要考量外国法和本国法之间的同构性和兼容性、外来法律的本土化条件与制约、法律移植的优选性等多方面的因素。因此,即使表述法律的语言是可以被翻译的,也不能说法律必然可以被移植。故B项错误。

一切法律规范都是以法律语句的形式表达出来的,用法律语句来表达法律规范的意义。法律规范不仅具有字面含义,还蕴含着深刻的严谨的法理,法律规范就是在这样的法理上具体形成并具有意义。故C项正确。

由于语言的多义性,通过语言表述的法律规范具有一定的"开放空间",如不同的法律概念在不同的表意脉络中会具有不同的含义。因此,在法律解释时需要将待解释的概念置于其上下文中,通过体系解释、主观目的解释、客观目的解释等方法确定其含义。故D项错误。

26.(1)法律规则的逻辑结构和分类;法律语句;法律原则[BCD]

[解析] 表达法律规则的特定语句往往是一种规范语句。规范语句可以分为命令句和允许句。命令句是指使用了"必须""应该"或"禁止"等道义助动词的语句。允许句是指使用了"可以"这类道义助动词的语句。《婚姻法》第22条规定的行为模式是"可为模式"。故该条文属于允许句,A项正确。

在性质上,法律规则是一种"应该做"的规范,它直接要求规范主体"做"或"实施"某行为或活动;法律原则是一种"应该是"的规范,它不直接要求规范主体做或实施某行为或活动。法律规则的规定是明确具体的,而法律原则的要求比较笼统、模糊,它只对行为或裁判设定一些概括性的要求或标准。《婚姻法》第22条规定的内容非常明确具体,指导人们应当怎么"做",故本条规定属于法律规则,B项错误。

本条规定的是行为模式中的可为模式,不是假定条件。假定条件包含两个方面:一是法律规则的适用条件,即适用的时间、地点、对象等,二是行为主体的行为条件,在我国的法律条文中一般表现为"……的"。如"当事人一方不履行合同义务或者履行合同义务不符合约定的,应当承担继续履行、采取补救措施或者赔偿损失等违约责任",前半句就是假定条件。故C项错误。

授权性规则属于"可为模式";义务性规则属于应为模式(应当、必须)或勿为模式(禁止、不得)。《婚姻法》第22条明显属于可为模式,因此属于授权性规则。强行性规则属于法律的强制性规定,人们没有选择余地;任意性规则允许人们有一定的选择权,可以这样也可以不这样。本条规定的"可以"意味着行为有一定的选择权,因此属于任意性规则。确定性规则内容明确具体,可以直接适用;准用性规则内容不确定,需要援引其他法律规范的内容适用;委任性规则内容也不确定,需要国家机关制定实施细则。本条规定内容明确具体,可以直接适用,因此属于确定性规则。故D项错误。

(2)法律原则[A]

[解析] 公序良俗原则禁止人们的行为违背社会的公共秩序和善良风俗。所谓善良风俗,即社会中不违背法律基本原则的公共道德,如不能违反婚姻和家庭伦理。本案中双方协议秦女士再婚不得生育,显然违背了婚姻伦理。故A选项正确。

该协议由双方平等协商,并不违反平等原则。故B选项不当选。

该协议是双方当事人自愿约定的,是双方意思表示一致的结果,体现了当事人的意思自治,并未违反自愿原则,C选项不当选。

根据双方的协议,秦女士取得了孩子抚养权,而吴先生丧失了孩子的抚养权,但秦女士付出的代价是不得再生育,这是双方根据自身情况协商的结果,从结果上看也很难说对哪一方是不公平的。故D选项不当选。

(3)法律原则;权利的分类;法的作用;法的渊源[AC]

[解析]《民法典》第1012条规定:"自然人享有姓名权,有权依法决定、使用、变更或者许可他人使用自己的姓名,但是不得违背公序良俗。"故A选项正确。

姓名权属于人格权,《民法典》第991条规定:"民事主体的人格权受法律保护,任何组织或者个人不得侵害。"可见,公民的姓名权属于绝对权,任何人不得侵犯公民的姓名权。故B选项错误。

法的作用包括:(1)指引作用:指引自己的行为;(2)评价作用:评价他人行为的合法性;(3)预测作用:预测人们相互之间的行为,通过预测对方的行为安排好自己的行为;(4)强制作用:国家机关制裁违法者的行为;(5)教育作用:教育一般人的行为。本案法院以《婚姻法》第22条为标准,认定孩子可以随母姓,这代表着法院对秦女士为孩子改姓行为的评价,体现了法的评价作用。故C选项正确。

在当今的中国,法的非正式渊源主要包括习惯、判例和政策,中国传统习惯属于我国非正式的法的渊源。在没有正式的法的渊源、正式的法的渊源有歧义或者适用正式的法的渊源将导致的结果极端不公正时,就可以在裁判中适用非正式的法的渊源。故D选项错误。

27. 法律规则的种类;法律责任的竞合[C]

[解析] 委任性规则是指内容尚未确定,而只规定某种概括性指示,由相应国家机关通过相应途径或程序加以确定的法律规则。该条并没有规定由相应国家机关加以确定,内容明确具体,不是委任性规则,而是确定性规则。故A项错误。

法律规则与法律原则的区分要点是:法律规则具体规定了权利、义务的某个侧面(行为方式、主体要件、责任承担等);法律原则较为抽象,一般不规定具体的侧面。本题中,虽然没有规定法律责任的具体种类,但是具体规定了三种责任的"承担顺序",因此属于法律规则,不属于法律原则。故B项错误。

强行性规则是指内容规定具有强制性质,不允许人们随便加以更改的法律规则,多是义务性规则。该条中"承担行政责任或者刑事责任不影响承担民事责任"实际是"不得影响";"优先用于承担民事责任"实际是"应当优先",具有义务性和强制性。故C项正确。

法律责任的竞合,是指由于某种法律事实的出现,导致两种或两种以上的法律责任产生,而这些责任之间相互冲突的现象。该条属于数个法律责任并存情形,不存在法律责任竞合。故D项错误。

28. 法律规则的分类和逻辑结构;法律原则的含义和分类[B]

[解析] 按规则的内容规定不同,法律规则可分为授权性规则和义务性规则。所谓义务性规则,是指在内容上规定人们的法律义务,它可以分为两种:(1)禁止性规则,是指禁止人们作出一定行为的规则。一般使用"禁止""不得"等词语;(2)命令性规则,是指规定人们的积极义务,即人们必须或应当作出某种行为的规则。一般使用"应当""必须"等词语。题干中使用的是"应当",属于命令性规则。故A项错误。

按照规则对人们行为限定的范围或程度的不同,可以把法律规则分为强行性规则和任意性规则。强行性规则,是指内容规定具有强制性质,不允许人们随便加以更改的法律规则。任意性规则,是指规定在一定范围内,允许人们自行选择或协商确定为与不为、为的方式以及法律关系中的权利义务内容的法律规则。题干规定的是公安机关实施处罚时必须遵守的义务,不得任意变更,属于强行性规则。故B项正确。

法律规则的规定是明确具体的,与此相比,法律原则的要求比较笼统、模糊,它不预先设定明确的、具体的假定条件,更没有设定明确的法律后果。题干所列法条的规定明确而具体——其假定条件是"实施罚款处罚的公安机关",其行为模式是"应当罚缴分离""应当全部上缴国库"。因此,该条文是法律规则而非法律原则。程序性原则是法律原则的一种,因而该条文表达的不是程序性原则。故C项错误。

任何法律规则均由假定条件、行为模式和法律后果三个部分构成。假定条件,是指法律规则在什么时间、空间、对什么人适用以及在什么情境下对人的行为有约束力的问题。行为模式,是指法律规则中规定人们如何行为的方式或范型的部分。法律后果,是指法律规则中规定人们在作出符合或不符合行为模式要求时应承担的相应结果的部分。本题中,公安机关依法实施罚款处罚是假定条件;应当依照有关法律、行政法规的规定,实行罚款决定与罚款收缴分离,收缴的罚款应当全部上缴国库,则为行为模式。故D项错误。

29. 法律规则与法律原则的适用;法律规则与语言[C]

[解析] 一切法律规范都必须以"法律语句"的语句形式表达出来,法律规范包括法律规则和法律原则,因此,诚实信用原则作为法律原则,必须通过"法律语句"的语句形式表达出来。故A项错误。

由于法律原则内涵高度抽象,当法律原则直接作为裁判案件的标准发挥作用时,会赋予法官较大的自由裁量权,从而不能完全保证法律的确定性和可预测性。在内容上,法律规则的规定是具体的,它着眼于主体行为以及各种条件的共性,其目的是削弱法律适用上的"自由裁量",能最大限度实现法的确定性和可预测性。题干中正好说反了。故 B 项错误。

在内容上，法律规则的规定是明确具体的，它着眼于主体行为及各种条件(情况)的共性，其目的是削弱或防止法律适用上的"自由裁量"。与此相比，法律原则的着眼点不仅限于行为及条件的共性，而且关注它们的个别性。其要求比较笼统、模糊，它不预先设定明确的、具体的假定条件，更没有设定明确的法律后果。故 C 项正确。

法律规则是以"全有或全无"的方式适用于个案当中，而法律原则的适用则不同。因为不同的法律原则具有不同的"强度"，而且这些不同强度的原则甚至冲突的原则都可能存在于一部法律之中。故 D 项错误。

30. 法律规则(法律规则的逻辑结构;法律规则与语言;法律规则的分类)[A]

[解析] 法律规则通过特定语句表达，表达法律规则的特定语句往往是一种规范语句。规范句可分为命令句和允许句。命令句带有"应当""不得"等道义助动词，允许句带有"可以"等道义助动词。表达法律规则的语句还可以是陈述句，陈述句表达法律规则，但是不带有上述道义助动词。题干中的法条规定的行为模式明确具体，且在语句表达上带有"应当"这样的道义助动词，因此属于表达法律规则的规范句中的命令句。故 A 项正确。

任意性规则性往往使用"可以"等词汇。题干中的法条带有"应当"，行为人没有选择余地，表达了强行性规则。故 B 项错误。

委任性规则典型特征:委托其他机关来立法;准用性规则典型特征:引用其他法律或条文;确定性规则典型特征:内容明确，无须引用其他法律条文。题干中的法条表达的内容明确具体，可以直接适用，属于确定性规则。故 C 项错误。

任一法律规则在逻辑上均由假定条件、行为模式、法律后果三个要素构成，但是，法律规则的三要素并不一定必须由同一个条文表达，也即，法律条文与法律规则之间的表达与被表达的关系并非完全的一一对应。本题中，题干中的法条没有表达法律后果。"采取刑讯逼供等非法方法收集的犯罪嫌疑人、被告人供述和采用暴力、威胁等非法方法收集的证人证言、被害人陈述"表达了假定条件，"应当予以排除"表达了行为模式。故 D 项错误。

31. 法律原则与法律规则的区别;当代中国法的非正式渊源[AD]

[解析] 不违背法律的民俗习惯是当代中国法的非正式渊源，故可作为裁判依据。故 A 项正确。

诚实信用原则是民法的帝王条款，但并非只有民事案件中才可适用该原则，行政案件也适用，它也是行政法的基本原则。故 B 项错误。

法律规则是以"全有或全无的方式"或涵摄的方式应用于个案当中的，法律原则不是。故 C 项错误。

法律原则，是为法律规则提供某种基础或本源的综合性的、指导性的原理或价值准则的一种法律规范。故 D 项正确。

32. 法律规则;权利与义务[D]

[解析] 法律规则预先规定了明确的行为模式，具有确定性、明确性的特点，但是法律规则必须以语言的形式呈现出来，而语言具有局限性和片面性，所以实践中需要法官自由裁量。题干中，法律并没有明确规定探望的次数，因此需要法官根据具体情况自由裁量。故 A 项正确。

该法条规定了家庭成员关心老人的义务，包括"关心老年人的精神需求""经常看望或问候老年人"的积极义务，以及"不得忽视、冷落老年人"的消极义务，但是没有规定法律后果。故 B、C 项正确。

该法条属于法律规则的内容，法院据此判决，依据的是法律规则而不是道德。当然，该规则本身也是道德规则，是道德内容的法律化。故 D 项错误。

33. 法律责任的归责原则;法律解释方法的位阶;法律规则的分类[AC]

[解析] 该条文让侵权人以外的人承担责任，属于责任自负原则的例外，故 A 项正确。

法律解释方法位阶指的是不同法律解释方法之间的优先性关系(通常是文义解释优先)，该条文与此无关，故 B 项错误。

按照规则内容的确定性程度不同，可以把法律规则分为确定性规则、委任性规则(应当由某机关进行具体的立法)和准用性规则(应当参照其他规定)。该条文内容明确肯定，无须再援引或参照其他规则来确定其内容，可见规定的是确定性规则，故 C 项正确。

司法公正原则是保证法律正确适用的原则，强调不偏不倚，不枉不纵，包括实体公正与程序公正两个方面。该规定体现的是民法上的公平原则，二者不属于同一范畴，故 D 项错误。

34. 法律规则与法律原则的适用;法律推理;法适用的一般原理[ABC]

[解析] A 项考查法律原则的适用。基本内容是:(1)为了实现法律的确定性和可预测性，一般情况下优先适用法律规则;(2)为了实现个案正义，或者出现了法律规则缺位的情况，在民商事领域，可以直接适用法律原则裁判，本案即属于此种情况。故 A 项正确。

B 项考查法律推理的分类。基本种类是:(1)演绎推理:即按照法律规定作出裁判;(2)类比推理:即通过比较两个对象的异同点来作出裁判;(3)归纳推

理论法 [答案详解] · 9 ·

理;即通过归纳几个案件的共性从而得出一般规律;(4)设证推理:即先假设若干个结论再逐个排除。(5)反向推理:即明确其一则排除其他;(6)当然推理:即举重以明轻和举轻以明重。本案中,法官直接依据法律规定中的法律原则作出裁判,属于演绎推理。故 B 项正确。

C 项考查法律推理的结构。法律推理的结构是:小前提(案件事实)+大前提(法律规定)→结论,因此案件事实与法律规定均是法律推理的前提条件,其中案件事实是小前提,法律规定是大前提。故 C 项正确。

D 项考查法律推理的特征:(1)依据法律渊源进行推理;(2)是一种正当性的推理。即法律推理的目标并不局限于"探求案件事实",而是对结论的"正当性"进行说明,此时,无论依据何种法律渊源进行裁判均需说明理由。只不过在使用法律原则进行裁判时,要求更高程度的论证。故 D 项错误。

35. 法律规则的分类[A]

[解析] 根据法律规则对人们行为规定和限定的范围和程度的不同可以分为强行性规则和任意性规则。任意性规则是指允许自行选择、协商确定为与不为、为的方式以及法律关系中的权利义务内容的法律规则,即行为人可以按照法律要求的行为模式行为,也可以不按照法律要求的行为模式行为,其关键字一般为"可以"。本条规定:"夫妻可以约定婚姻关系存续期间所得的财产以及婚前财产归各自所有、共同所有或部分各自所有、部分共同所有。"属于典型的任意性规则。故 A 项正确。

法律原则是为法律规则提供某种基础或者本源的、综合性的、指导性的价值准则或规范,是权利义务的笼统规定。而本规定有明确的假定条件、行为模式,属于典型的法律规则。故 B 项错误。

准用性规则指规则本身的内容不明确,需要援引其他法律规定,方能明白其具体内容。注意,准用性规则必须是援引"其他"法律,如本题中须援引《婚姻法》第17条、第18条之规定,属于同一法律,所以《婚姻法》第19条第1款并不属于准用性法律规则(确定性规则、准用性规则、委任性规则的关键区别在于,确定性规则内容明确,可以直接适用,而准用性规则内容不明确,需要援引其他法律的帮助,委任性规则内容也不明确,需由相应的国家机关通过相应的途径或程序确定)。故 C 项错误。

本题应为命令性规则,注意命令性规则的关键字为"必须、应当",而禁止性规则的关键字则为"禁止、不得"。故 D 项错误。

36. 法律规则的分类[ABD]

[解析] 确定性规则,是指内容本已明确肯定,无须再援引或参照其他规则来确定其内容的法律规则。本条文既未援引或参照其他规则,也未援引或参照其他机构的规定。因此,它是一个确定性规则。义务性规则分为两种:(1)命令性规则,是指规定人们必须或应当作出某种行为的规则(应为模式)。如,本条文前半句"……应当关心老年人的……"(2)禁止性规则,是指禁止人们作出一定行为的规则(勿为模式)。如,本条文后半句"不得……冷落老人"。因此,它是一个义务性规则。故 A、D 项正确。

规范句分为命令句与允许句。命令句带有"必须、应当、不得、禁止"等道义助动词,而允许句带有"可以"等道义助动词。本题干中条文明确使用了"应当""不得"两个道义助动词,属于规范语句。故 B 项正确。

本条规定仅有行为模式的规定,并未规定法律后果。故 C 项错误。

37. 法的渊源;法与政策;法的要素;法律关系[A]

[解析] 当代中国法的渊源分为正式的法的渊源与非正式的法的渊源。正式的法的渊源主要指以宪法为核心的各种制定法,包括宪法、法律、行政法规、地方性法规、经济特区的规范文件、特别行政区的法律法规,以及国际条约、国际惯例等。非正式的法的渊源主要指习惯、判例、政策等。本条中的"法律"为正式的法的渊源,而"政策"为非正式的法的渊源。故 A 项正确。

本条主要规定了法和政策的适用顺序,并未规定法和政策的一般关系。法和政策的一般关系指法和政策的联系与区别等方面的内容:法与政策在阶级本质、经济基础、指导思想、基本原则和社会目标等根本方面具有共同性,但二者在意志属性、规范形式、实施方式、调整范围以及稳定性、程序化程度等方面有所区别。题干与此无关。故 B 项错误。

本条属于法官裁判应当适用的法律原则,而非法律规则。法律原则与法律规则区分,关键看是否明确规定了权利义务的名称和具体内容。如果是,则属于法律规则;反之则可能属于法律原则。题干的表述,既没有指出权利义务的名称,也没有明确规定权利义务的具体内容,因此属于法律原则,并没有直接规定裁判的"规则"。故 C 项错误。

法律关系属于特定主体之间的法律关系,法律关系产生须两个前提,其一,法律规范的存在;其二,法律事实的存在。本处仅为法律规范之规定。故 D 项错误。

38. 法律规则的分类[C]

[解析] 法律规则分为确定性规则、委任性规则和准用性规则。确定性规则是本身规定明确,可以直接适用的规则;委任性规则是指本身不规定明确内

容、委托任命他人规定的规则;准用性规则是指本身不规定明确内容,准予使用其他已有的明确规定。做题时需要注意三者的典型特征:确定性规则是"无需引用、无需委托";委任性规则是"委托其他机关"立法;准用性规则是"参照或适用其他条文或法律文件"。本题中《保险法》的两个条文,均是规定参照适用其他法律文件,因此属于"准用性规则"。故 A 项错误,C 项正确。

法律规则根据是否具有强制性、是否允许当事人修改分为强制性规则和任意性规则。本题中是否适用《公司法》的规定不能随意选择,因此新旧两部《保险法》的有关规定显然属于强制性规则,故 B 项错误。

法律规则根据内容不同分为授权性规则和义务性规则,后者又分为:(1)命令性规则,是指规定人们的积极义务,即人们必须或应当作出某种行为的规则。(2)禁止性规则,是指规定人们的消极义务(不作为义务),即禁止人们作出一定行为的规则。新旧两部《保险法》的规定并未使用"禁止""不得"之类的词语作出禁止性的规定,明显属于命令性规则,故 D 项错误。

39. 法律的要素;规则的分类[B]

[解析] 根据法律规则的内容规定不同,法律规则可以分为授权性规则和义务性规则。所谓授权性规则,是指规定人们有权做一定行为或不做一定行为的规则,即规定人们的"可为模式"的规则。所谓义务性规则,是指在内容上规定人们的法律义务,即有关人们应当作出或不作出某种行为的规则。它也分为两种:(1)命令性规则,是指规定人们的积极义务,即人们必须或应当作出某种行为的规则;(2)禁止性规则,是指规定人们的消极义务,即禁止人们作出一定行为的规则。本条规定含有"不得"字样,属于义务性规则中的禁止性规则。故 A 项正确,不当选。

B 项的规定明显属于法律规则,有明确的假定条件和行为模式,尽管法律后果要由另外的法律条文来表述,但这不影响 B 项法律规则的成立。故 B 项错误,当选。

按照规则内容的确定性程度不同,可以把法律规则分为确定性规则、委任性规则和准用性规则。委任性规则,是指具体内容尚未确定,只规定某种概括性指示,由相应国家机关通过相应途径或程序加以确定的法律规则。本条规定"具体办法由国务院有关主管部门或机构制定"属于委任性规则。故 C 项正确,不当选。

确定性规则是指内容已经明确规定人们具体的行为模式,无须再援引或者参照其他规则来确定其内容的法律规则。D 项对子女姓氏的规定已经非常明确,不需要再援引或参照其他规则来确定其内容,属

于确定性规则。故 D 项正确,不当选。

40. 法律条文与法律规则;法律条文的表述语言 [AC]

[解析] 表达法律规则的特定语句往往是一种规范性语句,但是,这并不意味着所有法律规则的表达都是以规范语句的形式表达,而是可以用陈述语气或陈述句表达。不过,用陈述语气或陈述句来表达法律规则时,此类语句仍然可以被改写为一个规范语句,因此,可以说,法律规则是以"规范语句"的形式表达的。注意,很多考生认为本题错误,主要是因为这些考生对语句的理解出了问题,而非对知识点掌握得不够扎实。如果该选项说"法律规则只能以规范语句的形式表达",那么该选项即为错误,因为法律规则还可以用陈述句表达。故 A 项正确。

法律规则和法律条文是有区别的,法律规则是法律条文的内容,法律条文是法律规则的表现形式。一切法律规则都具有语言的依赖性,都必须通过特定语句表达出来,但是不能就此将法律规则和法律条文等同,二者是内容与形式的关系。故 B 项错误。

根据规范语句所运用的助动词的不同,可将其分为命令句和允许句,都可以带有道义助动词。命令性语句的道义助动词包括"必须、应当、禁止、不得"等,允许句的道义助动词包括"可以"等。故 C 项正确。

D 项的法律条文,从法律语句上看属于陈述句,不属于规范语句,但不能理解为它是在描述一个事实,而实际上它表达了一个命令,并且该条文完全符合法律规则的特征,可以通过加上"应当"道义助动词将该条文改为规范句。故 D 项错误。

41. 技术性规范;任意性规则;法律的位阶;法律的分类[BCD]

[解析]《畜牧法》为全国人大常委会制定,属于法律。《畜禽遗传资源进出境和对外合作研究利用审批办法》由国务院制定,属于行政法规。法律的效力高于行政法规,前者属于后者的上位法。故 A 项正确,B 项错误。

技术规范是指技术操作类规范,包括工艺流程以及产品、劳动、服务质量要求等方面的准则和标准,属于"自然界"的范畴。技术规范调整人与自然的关系,不属于社会规范。而法律属于社会规范,调整人与人之间的关系。题干中的内容属于法律条文,是法律,属于社会规范。故 C 项错误。

法律条文可以分为规范性条文和非规范性条文,规范性条文是指规定法律规则和法律原则的条文,非规范性条文是指规定法律概念和法律技术的条文。本题所引条文为非规范性法律条文,其条款内容是对"畜禽""畜禽遗传资源"等用语的界定,属于法律概念,而不属于法律规则。故 D 项错误。

42. 法律原则的适用[ABD]

[解析] 为了将法律原则的不确定性减小在一定程度之内,需要对法律原则的适用设定严格的条件,具体包括:(1)穷尽法律规则,方得适用法律原则。这个条件要求,在有具体的法律规则可供适用时,不得直接适用法律原则。即使出现了法律规则的例外情况,如果没有非常强的理由,法官也不能以一定的原则否定既存的法律规则。只有出现无法律规则可以适用的情形,法律原则才可以作为弥补"规则漏洞"的手段发挥作用。(2)除非为了实现个案正义,否则不得舍弃法律规则而直接适用法律原则。这个条件要求,如果某一法律规则适用于某个具体案件,没有产生极端的不可容忍的不正义的裁判结果,法官就不得轻易舍弃法律规则而直接适用法律原则。(3)没有更强理由,不得径行适用法律原则。故A、B项错误,C项正确。

在适用方式上,法律规则是以"全有或全无的方式"应用于个案当中的,即如果一条规则所规定的事实是既定的,那么在某一具体个案中,或者该规则是有效因而必须接受的,或者该规则是无效因而对裁决不起作用的。而法律原则的适用方式则不同,它不是以全有或全无的方式应用于个案当中的,因为不同的法律原则具有不同的"强度",而且具有不同强度甚至互相冲突的原则都可能共存于一部法律之中。故D项错误。

考点7 法的要素:法律概念

43. 法律概念的含义与分类[B]

[解析] 虽然法律规范是由法律概念构成的,但是法律概念对法律规范具有一定的独立性。这是因为,法律概念在外部世界中或多或少地必须存在或被相信存在于与之对应的关系和状态中。法律概念的这种独立性,就决定了它在法律推理和法律判断中发挥着特有的功能。这种功能体现在几个方面,其中之一是:特定案件事实符合该规范中的法律概念的特征,才导致将该法律规范所规定的法律后果适用于该案件。故A项正确。【举例说明】如甲以冰糖冒充冰毒卖给乙,因为冰糖并不符合冰毒的概念,所以本案就不能适用贩卖毒品罪的法律规范。

根据概念的功能不同,将法律概念分为描述性概念、评价性概念和论断性概念。描述性概念是指描述事实的概念。这里的事实包括自然事实、社会事实和制度性事实。描述性概念有真假之分,其核心是"是不是"的问题。评价性概念是指包含有对事实或者事物进行价值判断的概念。评价性概念涉及适用者的主观价值判断,没有真假之分,其核心是"好不好"的问题,如善良、恶意、诚实等均属于评价性概念。故B项错误。

论断性概念是指基于对某个事实的确定来认定另一个事实的存在,如民法上的推定概念和刑法上的罪责概念。"宣告死亡"之所以能被认定,并不是该人真的死亡,而是通过"失踪满4年或因意外事件,下落不明满2年""利害关系人向法院申请"等事实的确认来认定"死亡",所以属于论断性概念。故C项正确。

根据概念的定义要素是否清晰,法律概念分为确定性概念和不确定性概念。不确定性概念又可以区分为描述性不确定性概念和规范性不确定性概念。故D项正确。

考点8 法的要素:权利与义务

44. 法律义务;法律规则与原则;法律解释;法的价值[ABC]

[解析] 法律义务分为积极义务和消极义务。积极的法律义务体现的是采取某种积极的作为以实现特定的目的。司机遇到行人通过人行横道时应当停车让路,虽然停车是使行驶中的车辆进入静止状态,但停车并非消极不作为,而是积极地采取措施(踩刹车),促使汽车状态改变的作为,因此停车属于积极义务,而非消极义务。故A项错误,当选。

《道路交通安全法》第47条规定,机动车行经人行横道时,应当减速行驶;遇行人正在通过人行横道,应当停车让行。该条文对于机动车经过人行横道时应该如何行驶作出了规定,内容明确、具体,属于法律规则,而非法律原则。故B项错误,当选。

针对行人停在斑马线上,是否还属于《道路交通安全法》第47条所规定的"正在通过",贝某认为,行人已经停在了人行横道上,就不是"正在通过"行为的体现,这属于文义解释。法官的判决意见认为,对"正在通过"的理解不能局限于"通过"的内涵,即不能局限于文义解释,还要考虑第47条的立法目的。机动车作为一种快速交通运输工具,在道路上行驶具有高度的危险性,与行人相比处于强势地位,而行人处于弱势地位,应当把行人处在斑马线的状态都视为"正在通过"的状态。这体现的是对法律规范背后的伦理原则和价值追求进行解释,即客观目的解释。故C项错误,当选。

本案法官认为,应优先保障作为弱势一方的行人安全通过马路,保障交通安全,从而否决了贝某关于停车影响通行效率的辩解,体现了交通安全价值高于出行效率价值。故D项正确,不当选。

45. 权利与义务;法的位阶[C]

[解析] 根据原《婚姻法》第4条,夫妻应当互相忠实,互相尊重。这里表述的忠实义务,主要是夫妻关系存续期间的忠实义务。李女士治疗性病的经历为其婚前经历,李女士没有义务将之告知冯某。故A选项错误。

· 12 ·

隐私权属于人格权的范畴,任何人都不得侵犯,因此属于绝对权利。故 B 选项错误。

根据《立法法》的规定,全国人大有权制定刑事、民事等基本法律,全国人大常委会制定基本法律以外的其他法律。《婚姻法》《民法总则》都是全国人大制定的,属于基本法律。同一位阶的法律相冲突时,特别法优先于一般法。在婚姻案件中,《婚姻法》属于特别法,《民法总则》属于一般法,因此,《婚姻法》优先于《民法总则》适用。故 C 选项正确。

《宪法》第 38 条规定,中华人民共和国公民的人格尊严不受侵犯。但并未具体规定隐私权等具体人格权。隐私权不受侵犯规定在 2020 年通过的《民法典》中。故 D 选项错误。

法条变更	《中华人民共和国立法法》根据2023 年 3 月 13 日第十四届全国人民代表大会第一次会议《关于修改〈中华人民共和国立法法〉的决定》第二次修正

46. 法律原则和法律规则的关系;姓名权[B]

[解析]《民法典》第 110 条第 1 款规定:"自然人享有生命权、身体权、健康权、姓名权、肖像权、名誉权、荣誉权、隐私权、婚姻自主权等权利。"姓名权是应然权利,也是法定权利。故 A 项错误。

法律规则因其明确的假定条件、行为模式和法律后果,具有确定性和可预测性,但却不一定能够满足法律的正当性和可接受性。法律原则是为法律规则提供某种基础或本源的综合性的、指导性的价值准则或规范,法官在适用法律原则时具有较大的自由裁量权,可以根据案件具体情况决定适用某一法律原则,以满足法律的正当性和可接受性。因此,法律适用中,法律规则导致个案结果出现极端不公正时,可以考虑适用法律原则弥补法律规则的漏洞。故 B 项正确。

公民享有姓名权,有权决定、使用和依照规定改变自己的姓名,禁止他人干涉、盗用、假冒。姓名权是绝对权,不是相对权。故 C 项错误。

冒犯原则是指任何人的自由都不能伤害社会的基本公共道德。伤害原则是指任何人的自由均不能伤害其他人的合法权利和利益。王甲侵害王乙的姓名权,法院判决王甲承担赔偿责任,体现的是伤害原则,非冒犯原则。故 D 项错误。

47. 权利与义务[BD]

[解析]依情理,林某应探望儿子。林某享有探望其子的权利,其子负有被探望的义务。同样,其子享有见母亲的权利,林某负有探望其子的义务。因此,法院可以判决强制林某履行探望其子的义务,而不是判决强制林某行使探望权。因为,权利是可以放弃的,而义务必须履行。故 A 项错误。同理,林某的探望权是林某可以作为或者不作为的自由。故 C 项错误。

任何事物都要受到社会物质条件的制约。因此,不存在不受限制的事物,无论权利或者义务,都有其界限。故 B 项正确。

许某协助林某探望其儿子的过程中,为其提供便利的义务(如将其子交与林某)即为积极义务,在林某探望时,许某不得干扰母子相处即为消极义务。故 D 项正确。

48. 法律关系的产生、变更与消灭;权利与义务[BD]

[解析] 法律事实是法律规定的、能够引起法律关系产生、变更、消灭的客观情况。依是否以人们的意志为转移,法律事实大体上分为两类,即法律事件和法律行为。法律事件是法律规范规定的、不以当事人的意志为转移而引起法律关系形成、变更或消灭的客观事实。法律行为是可以作为法律事实而存在,引起法律关系产生、变更、消灭的行为。本案中,王某与张某婚姻关系的消灭,是基于张某的起诉行为与法官的判决而引起的。在这一法律关系里,张某的起诉属于法律行为(以当事人意志为转移),法官的判决属于法律事件(不以张某的意志为转移)。需要注意的是,并非法官判决都属于法律事件,在不同的法律关系中其性质也不一样,如在诉讼关系中,法官判决属于法律行为。故 A 项错误。

绝对权,对应的是不特定的义务人。相对权,对应的是特定的义务人。本案中,张某的生育权对应的是其妻子王某,因此属于相对权。故 B 项正确。

《最高人民法院关于适用〈中华人民共和国民法典〉婚姻家庭编的解释(一)》第 23 条规定:"夫以妻擅自中止妊娠侵犯其生育权为由请求损害赔偿的,人民法院不予支持;夫妻双方因是否生育发生纠纷,致使感情确已破裂,一方请求离婚的,人民法院经调解无效,应依照民法典第一千零七十九条第三款第五项的规定处理。"可见,法院是严格依据法律规则作出的裁判。该法律规则充分考虑了生育权这一权利的特殊性,在夫妻双方因生育权发生权利冲突时,不支持"损害赔偿"的直接救济方式,而是把"生育权受损"作为导致离婚的法律事实,从而提供间接救济,达到化解社会矛盾,维护公平正义的目的。因此,法院的判决没有违反"有侵害则有救济"的法律原则。故 C 项错误。

"其他导致夫妻感情破裂的情形"将导致夫妻感情破裂的情形以"其他"的方式概括表达,而非逐个列举,属于概括性立法。概括性立法是指立法时对某些内容进行总结或概括,从而适度扩大法律适用范围,赋予人们较大自由裁量权的立法方法,有利于提高法律的适应性。常见的概括性立法包括:法律原则、法律规则中的概括规定(如"情节严重")。故 D 项正确。

49. 权利与义务;法律解释的方法[A]

[解析] 婚姻自由是基本权利,但基本权利也有它的边界,其行使不能超出这个边界,比如不能侵犯其他基本权利或他人的合法权利。故 A 项错误。

在本案中,张林享有遗嘱自由,王珍享有婚姻自由,张林的遗嘱自由与王珍的婚姻自由出现了冲突。两者出现冲突时,要综合考虑权利位阶和个案具体情况来加以解决。本案中王珍所享有的婚姻自由在法律位阶上高于张林的遗嘱自由,张林在行使遗嘱自由时所附条件不得侵犯王珍的婚姻自由,否则无效。故 B 项正确。

合宪性解释是指对普通法律的解释必须符合或者不得抵触宪法的原则和精神。在本案中,法官认为张林的遗嘱中所附条件侵犯了王珍的婚姻自由这项宪法基本权利,违背了宪法原则与精神,这表明法官运用了合宪性解释方法。故 C 项正确。

本案中张林遗嘱处分的是其财产权利而非其妻的婚姻自由权利,但由于其对财产权利的处分影响到了其妻的婚姻自由,因此遗嘱被认定无效。故 D 项正确。

50. 权利和义务的关系;自由、平等理念;支配权[C]

[解析] 诚如马克思所言:"没有无义务的权利,也没有无权利的义务。"因此,权利和义务不可能孤立地存在和发展。故 A 项错误。

古代法律中,支配权不仅指对财产的支配,也指对女性、奴隶等的人身支配。故 B 项错误。

在平等社会,消灭了绝对的人身依附关系,坚持"法律面前人人平等"原则,不允许某个阶层只享有权利不履行义务,权利义务实现了一致性。故 C 项正确。

从价值上而言,法律是自由的保障,法律必须体现自由,保障自由,从法的本质来说,它以"自由"为最高的价值目标,对此,自由必须在法律规定的边界内行使,而不得逾越。故 D 项错误。

51. 法律权利的类型;法律权利的合理界限;权利与义务的关系[B]

[解析] 公民享有饲养动物、宠物的权利(如养鸽权),也享有安全、安静生活的权利(如安居权),这两种权利均属于没有法律明确规定的具体权利,是由其他权利派生的。本案中,熊某的"养鸽权"与苏某的"安居权"之间发生了冲突。故 A 项说法正确。

我国《宪法》没有规定"安居权"。本案中的安居权属于民法中居住权和相邻权的派生权利,不属于宪法所规定的文化生活权利(受教育的权利和进行科学研究、文学艺术创作以及其他文化活动的自由)。故 B 项说法错误。

解决权利冲突在于先要确定某一权利的合法界限,即一个人在行使权利的同时不能造成对他人权利的实际侵害。故 C 项说法正确。

权利的行使与义务的承担是相关联的,两者不能孤立地存在和发展。当事人在行使自己权利的同时不能干预或损害他人权利的行使。故 D 项说法正确。

52. 积极义务与消极义务[AC]

[解析] 义务以履行方式为标准可以分为积极义务(作为义务)与消极义务(不作为义务)。积极义务是由命令性规则所规定的,人们必须或者应当作出某种行为的规则,如子女赡养父母、公民依法纳税、依法服兵役等。故 A、C 项属于积极义务的范畴,当选。

消极义务又叫不作为义务,是由禁止性规则所规定的,禁止人们作出一定的行为的规则,如不得破坏公共财产、禁止非法拘禁、严禁刑讯逼供等。故 B 项属于消极义务的范畴,不当选。

紧急避险不属于权利和义务的范畴,它是引起法律关系产生、变更与消灭的法律事实,也就是说紧急避险能够产生法律上的权利和义务,但它不是权利或义务本身。故 D 项错误,不当选。

53. 法律格言的阐释;对权利概念的理解[C]

[解析] 不知道法律的人不享有权利的说法是对格言的字面理解。在现实生活中,权利是现实存在的,和当事人知不知道法律没有关系。故 A 项错误。

任何人只要知道自己的权利,就等于知道整个法律体系的说法过于绝对。法律体系,通常是指一个国家全部现行法律规范分类组合为不同的法律部门而形成的有机联系的统一整体,简单地说,法律体系就是部门法体系。故 B 项错误。

本格言强调法律和权利密切相关,一方面,权利由法律规定,故权利人拥有权利是一个法律问题;另一方面,如果权利人不知道自己的权利,不行使权利,则权利只停留在纸面上,是虚幻的,于是权利人所有的权利就是一个事实问题。故 C 项正确。

法律体系当中不仅有权利还有义务,因此,权利构成法律上所规定的一切内容的说法错误。故 D 项错误。

54. 权利、义务相关知识[B]

[解析] 按照规则的内容规定不同,法律规则可以分为:(1)授权性规则,是指规定人们有权做一定行为或不做一定行为的规则,即规定人们的"可为模式"的规则。(2)义务性规则,是指在内容上规定人们的

法律义务,即有关人们应当作出或不作出某种行为的规则,具体又可分为命令性规则与禁止性规则。该法条规定公民在行使集会、游行、示威的权利时,还要遵守宪法和法律的规定,履行一定义务。据此,该法条属于义务性规则。故 A 项错误。

该规定表明法律保护公民的集会、游行、示威的权利和自由。但是该自由的行使是有限制的,必须遵守宪法和法律,不得反对宪法所确定的基本原则,不得损害国家的、社会的、集体的利益和其他公民的合法权益。故 B 项正确。

法律是国家的法律,必然维护国家利益。但是同时,社会和集体的利益仍然需要法律上的认可和尊重,并且国家的利益与社会和集体的利益仍然属于同一位阶的法律价值,所以存在后两者的价值高于国家利益的可能性,就此而言,国家利益并非最高的法律价值。同时,仅就法律价值而言,最高的价值是自由价值,其后依次才是正义价值和秩序价值,而利益价值往往属于一般价值而非最高价值,从这个角度讲,国家利益仍然不是最高的法律价值。故 C 项错误。

该条规定属于法律规则,从属性上来说,法律规则相对于法律原则而言,更为明确、具体,但这并不意味着法律规则一定就是明确具体的,其仍然可能是模糊的。模糊的标准并不意味着它不具有指导意义,即使是法律原则也能够指导人们的行动。故 D 项错误。

考点 9 法的渊源

55. 类比推理;法的渊源[C]

[解析] 我国非正式的法的渊源主要指习惯、判例、政策等。在我国,指导性案例仅供在审判类似案件时参照,属于非正式的法的渊源。故 A 项错误。

规范性法律文件是针对不特定主体反复适用的具有普遍约束力的法律文件。判决是针对特定当事人作出,不具有普遍性,属于非规范性法律文件。故 B 项错误。

题干中的"参照",是类似情况类似处理的类推的适用。故 C 项正确。

在我国,只有最高法院有权发布指导性案例。故 D 项错误。

56. 法的分类;法的渊源;撤销的权限[AB]

[解析] 特别法与一般法分类要求必须是同一机关制定的法律。《工业产品生产许可证管理条例》由国务院制定,属于行政法规;《食品安全法》是法律。法律的效力高于行政法规。因此《工业产品生产许可证管理条例》与《食品安全法》二者的关系是下位法与上位法的关系,不是特别法与普通法的关系。故 A 项正确。

公法调整的是政府和公民之间、政府和社会之间的各种关系,主要体现为政治关系、行政关系及诉讼关系等。私法调整私人之间的民商事关系。食品经营许可属于行政许可的一种,调整的是政府和公民之间的关系,属于典型的公法规范。故 B 项正确。

我国没有司法审查制度。法院若发现《工业产品生产许可证管理条例》与《食品安全法》抵触,只能决定适用《食品安全法》。根据《立法法》第 108 条第 2 项规定,若行政法规和法律有冲突,只能由全国人大常委会撤销该行政法规。故 C 项错误。

当代中国法的正式渊源中的"法律"是指全国人大及其常委会依照立法程序制定的规范性文件,《食品安全法》属于"法律",但国务院《工业产品生产许可证管理条例》属于行政法规。故 D 项错误。

57. 法的价值冲突及其解决;正式的法的渊源与非正式的法的渊源[ACD]

[解析] 本题中,《合同法》规定的强制缔约义务是为了保障消费者的自由,而《民用航空法》是为了保障秩序价值,林某被拒载反映了自由和秩序两种价值之间的冲突。故 A 项正确。

法无明文规定,则法官拥有较大自由裁量权,但并非不受任何限制,如本案中航空业惯例就是对法官自由裁量权的一个限制。故 B 项错误。

当代中国法的渊源主要为以宪法为核心的各种制定法,包括宪法、法律、行政法规、地方性法规、自治条例和单行条例、规章、国际条约、国际惯例等。故 C 项正确。

行业惯例是法的非正式渊源,当法律决定不能从正式渊源中找到确定的大前提时,就需要诉诸非正式渊源。故 D 项正确。

58. 不同位阶的法的渊源之间的冲突原则;公法、社会法与私法的含义与区别[BC]

[解析]《危险化学品安全管理条例》属于行政法规,《安全生产法》属于法律(狭义),后者效力位阶高于前者。故 A 项错误。

公法的调整对象至少有一方是国家机关的行为;私法的调整对象是私主体行为。现在公认的公法部门包括了宪法和行政法等;私法包括了民法和商法等。《安全生产法》中有关行政处罚的法律规范属于行政法,因此是公法。故 B 项正确。

根据上位法优于下位法的原则,当两者规定冲突时,应适用位阶高的上位法《安全生产法》的规定。故 C 项正确。

《危险化学品安全管理条例》是国务院制定的行政法规。《立法法》第 108 条规定,全国人民代表大会常务委员会有权撤销同宪法和法律相抵触的行政法规。因此,法院无权撤销该条例,该条例的撤销只能由全国人大常委会作出。故 D 项错误。

理论法 [答案详解]

59. 同一位阶的法的渊源之间的冲突原则[ABCD]

[解析]《立法法》第103条规定:"同一机关制定的法律、行政法规、地方性法规、自治条例和单行条例、规章,特别规定与一般规定不一致的,适用特别规定;新的规定与旧的规定不一致的,适用新的规定。"故A项正确。

在同一法律内部,规则相对于原则优先使用,只有穷尽法律规则,始得适用法律原则。故B项正确。

分则相对于总则,具体规定相对于一般规定优先适用。故C项正确。

具体规定比一般规定更为明确和确定,应优先适用。故D项正确。

60. 法的价值;法律推理;法的渊源[BC]

[解析] 人们对于法律问题的认识与审视,大致可以包括两个基本的方面:一是人们必须从自身的需要出发,来衡量法律的存在与人的关系以及对人的价值和意义,这就是价值性认识;二是对法律问题进行符合其本来面目的反映和描述,这种认识也可以称为事实性认识。由此种认识出发,对于法律问题的判断也可以分为两类:一是价值判断;二是事实判断。所谓价值判断,是指某一特定的客体对特定的主体有无价值、有什么价值、有多大价值的判断。所谓事实判断,在法学上是用来指称对客观存在的法律原则、规则、制度等所进行的客观分析与判断。在法律的实施过程中,对案件事实的认定总体上属于事实判断,但是认定案件事实离不开证据,一个证据有无证明力以及证明力大小需要相关主体做价值判断。A项,"经鉴定为重伤"是对案件事实的认识,属于事实判断。故A项错误。

本案中,法院援引司法解释而非判例,对案件作出了判决,这是因为判例不是我国正式的法的渊源,不具有普遍约束力。故B项正确。

本案被告律师援引判例运用的是类比推理,通过两个案件的对比得出结论。所谓类比推理,就是根据两个或两类事物在某些属性上是相似的,从而推导出它们在另一个或另一些属性上也是相似的。故C项正确。

法院判决属于非规范性法律文件。非规范性法律文件,是指判决书、裁定书、逮捕证、许可证、合同等专门针对当事人生效的法律文件。这些文件经过法定程序之后具有法律效力,但是不具有普遍约束力。故D项错误。

61. 正式的法的渊源与非正式的法的渊源;法适用的一般原理[A]

[解析] A项和C项考查权利与法定权利的区分。法定权利仅仅是指被法律化的那部分权利,由此可见,是否被法律明文规定或明确保护,是区分法定权利与权利的主要标准。本题中,悼念权并没有明文的法律规定,因此,悼念权只是普通的"权利",而不是"法定权利",法院也因此而判决原告败诉。故C项正确。同理,A项中提到的"经济、社会、文化权利"是宪法专有概念,主要内容是:经济权利主要包括财产权、劳动权、休息权、物质帮助权;文化权利主要包括受教育权、科学文化权利;社会权利主要包括社会保障权、退休权以及婚姻、家庭、母亲、儿童等受国家保护权利。悼念权不属于"法定权利",更谈不上"经济、社会、文化权利"。故A项错误。

正式的法的渊源主要表现为宪法、法律、行政法规、地方性法规、经济特区法规等具有条文形式的规范性法律文件。非正式的渊源则主要表现为道德、政策、习惯等。原告有权对死者进行悼念,这是一种习惯权利,属于非正式的法的渊源。故B项正确。

本题中,法官认为"现行法律对此没有规定,该诉讼请求于法无据",从而得出"原告败诉"的结论,这正是采用了法律证成的方法。故D项正确。

62.(1)法的渊源;正式的法的渊源与非正式的法的渊源[A]

[解析] 同一位阶时的法律冲突的解决原则主要包括"全国性法律优先""特别法优先""新法优先""实体法优先""国际法优先"等。不同位阶时的法律冲突的解决原则需遵循"上位法优于下位法"原则。

A项考查"新法优先"原则。"新法优先"是指,同一机关对同一事项制定的新法和旧法不一致时,新法的效力优于旧法。题干中比较的是1995年《保险法》和2009年新《保险法》,属于新法与旧法(后法与前法)的关系。故A项正确。

B项考查"特别法优先"原则。特别法优先是指,同一机关制定的法律文件,如果特别规定与一般规定不一致的,适用特别规定。本题中的两个条文都属于《保险法》,不涉及一般法和特别法。故B项错误。

C项考查"上位法优先"原则。上位法优先是指,对同一事项有不同规定时,应优先适用更高位阶的法律或规定。本题中的两个条文都属于《保险法》,不涉及上位法和下位法。故C项错误。

本题两条款有明文规定的法律效力,均属于《保险法》,是法的正式渊源。故D项错误。

(2)法的渊源及其效力[ABC]

[解析]《公司法》调整一切公司,而《保险法》仅仅调整保险公司。故《保险法》对保险公司形式的规定,相对于《公司法》而言,属于特别法的规定。故A项正确。

特别法优于一般法,应优先适用《保险法》。《保险法》对保险公司没有规定的,才适用《公司法》。故B项正确。

若特别法缺乏相关规定,可以在一般法中进行寻找和适用。故 C 项正确。

根据题干中《保险法》第 94 条的规定,对于保险公司的设立、变更、解散和清算事项,《保险法》没有规定的,应当适用《公司法》的规定。故 D 项错误。

63. 非正式法律渊源的种类及其效力;判例在我国现有法律体系中地位和效力[C]

[解析] 法的效力可以分为规范性法律文件的效力和非规范性法律文件的效力。规范性法律文件的效力,也叫狭义的法的效力,指法律的生效范围或适用范围。非规范性法律文件的效力,指判决书、裁定书、逮捕证、许可证、合同等的法的效力。这些文件在经过法定程序之后也具有约束力,任何人不得违反。但是,非规范性法律文件是适用法律的结果而不是法律本身,因此不具有普遍约束力。本题中,法院已生效同类判决属于非规范性法律文件,它的效力仅及于该案,不具有普遍的约束力。故 A 项错误。

判例法,指基于法院的判决而形成的具有法律效力的判定,这种判定对以后的判决具有法律规范效力,能够作为法院判案的法律依据。判例法是英美法系国家的主要法律渊源。判例法的来源不是专门的立法机构,而是法官对案件的审理结果,它不是立法者创造的,而是司法者创造的,因此,判例法又称为法官法或普通法。我国是成文法国家,立法权由立法机关行使,法官没有立法权,在法律体系中不存在判例法。故 B 项错误。

判例属于我国的非正式的法的渊源。在我国,最高人民法院的裁判文书,由于具有最高的司法效力,因而对各级人民法院的审判工作具有重要的指导作用,同时还可以为法律、法规的制定和修改提供参考,也是法律专家和学者开展法律教学和研究的宝贵素材。故 C 项正确。

根据《民事诉讼法》第 100 条第 3 款规定,民事调解书须经双方当事人签收后才生效,D 项所言民事调解书经乙签署后即生效是错误的。另外,即使民事调解书生效后也不会具有行政强制执行力。所谓行政强制执行力是指由行政机关所作出的行政行为所具有的强制执行力,它是针对行政行为而言的。而民事调解书的作出主体是法院,是一种司法行为,它生效后当事人只能向法院申请强制执行,具有的是司法强制执行力,而非行政强制执行力。故 D 项错误。

64. 当代中国法律渊源;法律解释;法律效力[BC]

[解析] 行政法规是指国家最高行政机关即国务院所制定的规范性文件。部门规章是指国务院各部委根据法律和国务院的行政法规制定的规章。《商标法实施条例》是国务院制定的,属于行政法规,而非部门规章。故 A 项错误。

司法解释是法律解释的一种,是由司法机关(最高法、最高检)对法律、法令的具体应用问题所作的解释。最高人民法院制定的《关于审理商标民事纠纷案件适用法律若干问题的解释》,属于司法解释。故 B 项正确。

行政法规的效力低于宪法和法律,不得与宪法和法律相抵触。《商标法》属于法律,故《商标法实施条例》的效力要低于《商标法》。故 C 项正确。

本题中,《关于审理商标民事纠纷案件适用法律若干问题的解释》是最高法院作出的司法解释,其解释的对象是法律,即《商标法》,其无权对国务院制定的行政法规《商标法实施条例》作出解释。另外,母法,是指国家制定某项规定,以某部上位法为依据,该上位法为母法。往往特指宪法及宪法以外的其他法律。因此,《商标法》是该司法解释的母法。故 D 项错误。

65. 法的正式渊源;规范性法律文件的含义;法律规则的性质[ABCD]

[解析] 民商法规则属于法律规范,具有法律效力,必须由有关的国家机关依照法定程序制定。《酒后代驾服务规则》由高经理个人起草,故不属于民法商法规则。故 A 项错误,当选。

立法议案是由具有法定提案权的国家机关、会议常设或临时设立的机构和组织,以及一定数量的个人,向权力机构提出的关于制定、修改、废止某项法律的正式提案。提出立法议案的主体必须是有权国家机关、组织或一定数量的人员,如全国人大常委会、国务院、全国人大代表团、一定数量的全国人大代表等,普通公民是没有立法提案权的。《酒后代驾服务规则》是由高经理个人起草的,其作为普通公民是没有权利向国家立法机关提出立法议案的。故 B 项错误,当选。

法的正式渊源,是指具有明文规定的法的效力并且直接作为法律人的法律决定的大前提的规范来源的那些资料,如宪法、法律、法规等,主要为制定法,即不同国家机关根据具体职权和程序制定的各种规范性文件。当代中国法的正式渊源主要为以宪法为核心的各种制定法。《酒后代驾服务规则》不属于制定法,因而不是法的正式渊源,甚至不属于法的非正式渊源。故 C 项错误,当选。

规范性法律文件是以规范化的成文形式表现出来的各种法的形式的总称,是有权制定法律规范的国家机关(国家权力机关、国家行政机关、国家司法机关)制定、发布的,具有普遍约束力的法律文件。它是法律规范的表现形式。规范性法律文件具有对象的不特定性,可以反复适用、多次适用。据此,《酒后代驾服务规则》显然不属于规范性法律文件。故 D 项错误,当选。

66．同一位阶的法的渊源之间的冲突原则；法律溯及既往的效力[AC(原答案为ABC)]

[解析] 同一位阶的法的渊源之间的冲突原则,主要包括:(1)全国性法律优先原则;(2)特别法优先原则;(3)后法优先或新法优先原则;(4)实体法优先原则;(5)国际法优先原则;(6)省、自治区的人民政府制定的规章效力高于本行政区域内较大的市的人民政府制定的规章。故A、C项正确。B项"上位法优于下位法"违反题目中"同一位阶"的要求。故B项错误。D项讲的是法的溯及力问题,与法律位阶的冲突无关。故D项错误。

67．科技对法律的影响；法的渊源；法的本质[ABC]

[解析] 法律源自社会,社会先发展,法律具有一定的滞后性,是成文法律的局限性的体现。故A项正确。

社会决定法律,法律反映社会,但是,法律对社会的反映具有滞后性,尤其是现代科学技术的发展,使得社会的发展日新月异,法律应当调整而未能调整的领域日益增多,故须及时立法。并且,立法是一项国家职能活动,其目的是实现对国家和社会生活的有效调控。法律具有对科技活动和科技发展所引发的各种社会问题的抑制和预防作用,人兽混合胚胎研究由于涉及人类自身的健康、安全问题,有可能引发社会问题,需要及时立法给予规范和调整。故B项正确。

非正式的法的渊源能够弥补正式的法的渊源的漏洞与不足,尤其是在科学技术日新月异发展的当下,由于正式的法的渊源的滞后性,尤其需要适用道德、习惯或正义标准等非正式的法的渊源对各种新类型案件进行审理。故C项正确。

法律是统治阶级意志的体现,不是全体国民意志的体现。故D项错误。

68．法的正式渊源；冲突解决原则[ABD]

[解析]《立法法》第103条规定:"同一机关制定的法律、行政法规、地方性法规、自治条例和单行条例、规章,特别规定与一般规定不一致的,适用特别规定;新的规定与旧的规定不一致的,适用新的规定。"故A项正确。

《立法法》第104条规定:"法律、行政法规、地方性法规、自治条例和单行条例、规章不溯及既往,但为了更好地保护公民、法人和其他组织的权利和利益而作的特别规定除外。"故B项正确。

《立法法》第106条第1款规定:"地方性法规、规章之间不一致时,由有关机关依照下列权限作出裁决:……(二)地方性法规与部门规章之间对同一事项的规定不一致,不能确定如何适用时,由国务院提出意见,国务院认为应当适用地方性法规的,应当决定在该地方适用地方性法规的规定;认为应当适用部门规章的,应当提请全国人民代表大会常务委员会裁决;……"故C项错误。

《立法法》第106条第2款规定:"根据授权制定的法规与法律规定不一致,不能确定如何适用时,由全国人民代表大会常务委员会裁决。"故D项正确。

69．法律效力等级[ABC]

[解析] 位阶出现交叉时的法的渊源之间的冲突解决原则包括:

(1)自治条例和单行条例依法对法律、行政法规、地方性法规作变通规定的,在本自治地方适用自治条例和单行条例的规定。故A项错误。

(2)经济特区法规根据授权对法律、行政法规、地方性法规作变通规定的,在本经济特区适用经济特区法规的规定。

(3)地方性法规、规章之间不一致时,由有关机关依照下列规定的权限作出裁决:①同一机关制定的新的一般规定与旧的特别规定不一致时,由制定机关裁决。②地方性法规与部门规章之间对同一事项的规定不一致,不能确定如何适用时,由国务院提出意见,国务院认为应当适用地方性法规的,应当决定在该地方适用地方性法规的规定;认为应当适用部门规章的,应当提请全国人大常委会裁决。故B项错误。③部门规章之间、部门规章与地方政府规章之间对同一事项的规定不一致,由国务院裁决。故C项错误。④根据授权制定的法规与法律规定不一致,不能确定如何适用时,由全国人大常委会裁决。故D项正确。

考点10　法的效力

70．法律效力；法律解释；备案审查[AD]

[解析] 法一般不溯及既往,但在特殊情况下可以溯及既往,题干所言正是《民法典》溯及力的体现,该司法解释确认了在特殊情况下《民法典》具有溯及力。故A项正确。

题干中司法解释所规定的内容解决的是《民法典》在其生效前是否有溯及力的问题,而不是新法与旧法效力的问题。故B项错误。

司法解释的效力低于法律。故C项错误。

《监督法》第31条规定:"最高人民法院、最高人民检察院作出的属于审判、检察工作中具体应用法律的解释,应当自公布之日起三十日内报全国人民代表大会常务委员会备案。"故D项正确。

71．法的时间效力[D]

[解析] "为未来作规定"的意思是着眼于未来,它说的是立法的前瞻性,这并不等于"法律的内容规定总是超前的";"为过去作判决"的意思是法官的判决只能针对已经发生的案件,它说的是司法的被动性,这并不等于"判决根据总是滞后的"。故A项错误。

· 18 ·

以事实为依据,以法律为准绳。事实是已经发生的,但法律未必是旧法。根据我国法律规定,刑法的通例是"从旧兼从轻"原则,即新法原则上不溯及既往,但是新法不认为是犯罪或者处刑较轻的,适用新法。故 B 项错误。

法律并非绝对禁止溯及既往。就有关侵权、违约的法律和刑事法律而言,一般以法不溯及既往为原则。这是因为不能用明天的法律来要求人们今天的行为,也不能用今天的法律来要求人们昨天的行为。但是法不溯及既往并非绝对,如刑法采用的是"从旧兼从轻"原则。故 C 项错误。

即使案件事实发生在过去,但法官在裁判时仍然要依据当下有效的"为未来作规定"的法律来进行认定。故 D 项正确。

72. 法的效力;法律责任的免责条件[A]

[解析] 法对人的效力,指什么人适用我国法律的问题。而法的空间效力则指我国法律在什么空间生效的问题。本案中,赵某属于中国公民,适用中国法律,属于法对人的效力问题。而赵某逃往 A 国,涉及我国的法律生效范围的问题,属于法的空间效力问题。故 A 项正确。

我国《刑法》第 6 条规定,凡在中国领域内犯罪的,除特别规定外,都适用本法。凡在中国船舶或航空器内犯罪的,也适用本法。犯罪的行为或结果有一项发生在中国领域内的,就认为是在中国领域内犯罪。赵某系中国公民,犯罪行为发生在中国领域内,并不因为赵某潜逃至国外而不再适用中国法律。故 B 项错误。

法的溯及力,是指法对其生效以前的事件和行为是否适用。如果适用,就具有溯及力;如果不适用,就没有溯及力。本案并未涉及溯及力问题。故 C 项错误。

时效免责不是绝对的,依据《刑法》第 88 条第 1 款规定:"在人民检察院、公安机关、国家安全机关立案侦查或者在人民法院受理案件以后,逃避侦查或者审判的,不受追诉期限的限制。"而本案公安机关已经立案侦查,故不适用于追诉时效的免责。故 D 项错误。

73. 法的渊源;法律推理;规范性法律文件与非规范性法律文件[D]

[解析] 习俗在我国属于非正式的法的渊源,非正式的法的渊源可以作为法律推理的大前提。但是,要注意,非正式的法的渊源不能直接适用,只有满足了下述三个条件之一方可适用:(1)正式的法的渊源不能作为大前提;(2)正式的法的渊源导致的结果不公正;(3)正式的法的渊源有歧义。故 A 项错误。

一般而言,归纳推理是由个别的事物或现象推出该类事物或现象的普遍规律的推理方法。我国是成文法国家,法官主要适用演绎推理,该案是以《婚姻法》和最高法院《关于适用〈婚姻法〉若干问题的解释(二)》的相关规定作为大前提、案件事实为小前提得出结论,属于演绎推理。故 B 项错误。

订婚只是一种民间仪式,并不能产生婚姻关系,婚姻关系的产生必须经过登记。2 人之间虽然已经订婚,但未登记结婚,二者之间并没有婚姻关系,所以也谈不上什么在二者之间使用夫妻财产归属的问题。故 C 项错误。

法律文件分为规范性法律文件和非规范性法律文件。所谓规范性法律文件,是指可以针对不特定主体反复适用,具有普遍约束力的法律文件,如法律、法规、司法解释等。非规范性法律文件是法律适用的结果,如判决书、裁定书、合同书等,具有法的效力,但只是个别性效力,没有普遍约束力。故 D 项正确。

74. 法的溯及力;法的效力的适用原则[BC]

[解析] 所谓法的溯及力是指新法是否可以适用于其生效之前的行为,现代社会强调法律不溯及既往,除非适用新法对当事人有利。法的溯及力属于法的时间效力的范畴。题干中的法条规定并不涉及法律时间效力问题,故 A 项错误。

法对人的效力,是指法律对谁有效力,适用于哪些人。在世界各国的法律实践中先后采用过四种对人的效力的原则:(1)属人主义,即法律只适用于本国公民,不论其身在国内还是国外;非本国公民即便身在国领域内也不适用。属人主义意味着法律只适用于本国公民,而《刑法》第 8 条所规定的是"在中华人民共和国领域外"的外国人。故 D 项错误。(2)属地主义,法律适用于该国管辖地区内的所有人,不论是否为本国公民,都受法律约束和法律保护;本国公民不在本国,则不受本国法律的约束和保护。(3)保护主义,即以维护本国利益作为是否适用本国法律的依据;任何侵害了本国利益的人,不论其国籍和所在地域,都要受该国法律的追究。本题《刑法》第 8 条规定体现的是保护主义原则,因此 B、C 项正确。(4)以属地主义为主,与属人主义、保护主义相结合。

75. 法律原则、法律规则以及合同条款的区别[D]

[解析] 法律原则的适用条件是:(1)一般情况下优先适用法律规则;(2)为了个案正义或出现更强理由等情况下,可直接适用法律原则。题中合同约定的主要是合同的主体、法律效力和后果,并没有涉及法律原则的适用条件。故 A 项错误。

双方约定的内容主要是对合同的主体、法律效力和后果的说明,不涉及对案件事实的表述。案件事实应用于法官适用法律的过程中,属于法律推理的小前提,本处并未涉及。故 B 项错误。

题干的材料是甲乙双方签订的合同,属于非规范性法律文件,因此不属于法律,更不属于"法律规则",不能套用"法律规则"的分类。即便从法律规则角度考虑,甲乙双方约定的内容并没有产生权利,相反,双方约定是该合同对双方有法律的约束效力,故属于义务性规则而非授权性规则。故 C 项错误。

非规范性法律文件的效力是指判决书、裁定书、逮捕证、许可证、合同等法律文件的效力,这些文件虽然不具有普遍约束力,但对特定对象具有约束力。本题中甲、乙双方签订的合同属于非规范性法律文件,约定"经双方签字后生效""具有同等法律效力",一旦合同生效,双方都要切实遵守和履行,承受其带来的法律后果,因此关涉双方的行为效力和后果。故 D 项正确。

76. 法不溯及既往原则[B]

[解析] 古罗马以格言的形式表达法律,但这并不意味着古罗马的法律都是用格言表达的。罗马法的渊源有:(1)习惯法;(2)议会制定的法律;(3)元老院决议;(4)长官的告示;(5)皇帝敕令;(6)具有法律解答权的法学家的解答与著述。故 A 项错误。

"法律仅仅适用于将来"即法不溯及既往,该原则是现代法治社会普遍遵循的原则。故 B 项正确。

法不溯及既往作为基本的法律效力原则,为现代社会所普遍接受,不仅仅被古典自然法学派所尊崇,多数法学流派包括实证法学派都强调法不溯及既往原则。故 C 项错误。

法不溯及既往原则不仅仅是宪法、人权宣言的效力原则,更是现代法律通行的原则,在侵权、违约、刑事等法律中都适用。故 D 项错误。

考点 11 法律部门与法律体系

77. 法的渊源和法律部门;法律体系[AD]

[解析]《立法法》第 85 条第 1 款规定,民族自治地方的人民代表大会有权依照当地民族的政治、经济和文化的特点,制定自治条例和单行条例。《宪法》第 96 条第 1 款规定,地方各级人民代表大会是地方国家权力机关,因此,自治条例和单行条例是地方国家权力机关制定的规范性文件。故 A 项正确。

行政法部门包括调整行政法律关系的法律、行政法规、地方性法规等。注意,法律部门的划分标准是调整对象与调整方法,是在横向上对法律体系的划分,如我国的法律体系包括 7 个法律部门。而法律、行政法规、地方性法规则是以制定主体为标准,对法律体系进行纵向的划分。二者并不具有一一对应的关系。故 B 项错误。

法律体系,也称为部门法体系,是指一国的全部现行法律规范。法律体系是一国国内法构成的体系,不包括完整意义的国际法,即国际公法。中国特色社会主义法律体系主要有七个法律部门:宪法及宪法相关法、民法商法、行政法、经济法、社会法、刑法、诉讼与非诉讼程序法。故 C 项错误。

法律部门划分的标准有法律规范所调整的社会关系和法律规范的调整方法,其中的主要标准是法律规范所调整的社会关系。故 D 项正确。

考点 12 法律关系

78. 权利与义务;法律关系主体[B]

[解析] 规范性法律文件是指可以普遍、多次和反复适用的法律文件,如法律。非规范性法律文件只能针对特定对象加以适用,如判决书、裁定书、逮捕证、许可证、合同等。故 A 项错误。

根据相对应的主体范围可以将权利义务分为绝对权利义务和相对权利义务。绝对权利义务,又称"对世权利"和"对世义务",对应不特定的法律主体的权利和义务。"相对权利"对应特定的义务人;"相对义务"对应特定的权利人。本题中,甲和乙的抚养义务对应的特定主体是小琳,是为相对义务。故 B 项正确。

法院的判决属于法律事实,该判决在甲乙和甲母之间形成了法律关系。甲和乙承担支付甲母抚养费的义务,甲母享有接受抚养费的权利。该判决当然形成了法律权利与义务关系。故 C 项错误。

法律关系主体是法律关系的参加者,即在法律关系中一定权利的享有者和一定义务的承担者。本题的诉讼法律关系是甲母把甲和乙告上法庭,要求其支付 2 万元抚养费的诉讼关系,即诉讼主体是甲母、甲和乙,不包括小琳。故 D 项错误。

79. 法律关系;法律责任[BD]

[解析] 法律责任的竞合,是指由于某种法律事实的出现,导致两种或两种以上的法律责任产生,而这些责任之间相互冲突的现象。本案中,李某罪名成立,则其既要承担刑事责任,也要承担还款的民事责任,两个责任并不冲突,不属于责任竞合。故 A 项错误。

调整性法律关系是基于人们的合法行为而产生的法律关系;保护性法律关系是由于违法行为而产生的法律关系。本案中,李某与王某之间的借款合同合法有效,属于调整性法律关系。故 B 项正确。

法律事实,是指法律规范所规定的、能够引起法律关系产生、变更和消灭的客观情况或现象,包括法律事件和法律行为。本案中,引起民事诉讼法律关系产生的法律事实除了"起诉"外,还有"受理"。故 C 项错误。

法律责任的免除主要包括:时效免责,不诉免责,自首、立功免责,协议免责等。其中,协议免责是当事人在法律允许的范围内经协商同意部分或全部地免除法律责任,这种免责仅适用于民事活动。本案中,王某作为债权人,当然有权免除李某的部分民事责任。故 D 项正确。

80. 法律关系的种类;法律关系主体(权利能力和行为能力);当代中国法的正式渊源[C]

[解析] 根据不同标准,可以对法律关系做不同的分类。按照法律主体在法律关系中的地位不同,可以分为纵向(隶属)的法律关系和横向(平权)的法律关系。纵向法律关系是指在不平等的法律主体之间所建立的权力服从关系。横向法律关系是指平等法律主体之间的权利义务关系。张某与公交公司属于平等的法律主体,二者之间的服务合同法律关系属于横向法律关系。故 A 项错误。

按照相关的法律关系作用和地位的不同,可以分为主法律关系(第一性法律关系)和从法律关系(第二性法律关系)。主法律关系是人们之间依法建立的不依赖其他法律关系而独立存在的或在多向法律关系中居于支配地位的法律关系。由此而产生的、居于从属地位的法律关系,就是从法律关系。诉讼法律关系依赖于服务合同法律关系而存在,属于从法律关系。故 B 项错误。

公交公司属于法人。法人的权利能力和行为能力是同时产生和同时消灭的。故 C 项正确。

根据《立法法》规定,地方政府规章的制定主体是省、自治区、直辖市和设区的市、自治州的人民政府。《某市公交卡使用须知》只是公交公司制定的规定,不属于规章。故 D 项错误。

81. 法律关系;法律事实、法律事件与法律行为;法律适用的步骤[ABC]

[解析] 法律适用包括三个步骤,首先是寻找小前提,即查明案件事实;其次是根据查明的案件事实寻找相应的法律规范,即寻找大前提;最后是以整个法律体系为基础,推导出法律决定。"刘某出具该借条系本人自愿,且并未违反法律强制性规定"属于法律推理的小前提,即案件事实的部分。故 A 项正确。

法律事实,是法律规范所规定的、能够引起法律关系产生、变更和消灭的客观情况或现象。法律事实包括法律事件与法律行为。本题中刘某自愿出具欠条的行为直接导致了借款合同法律关系的产生,属于法律行为,是法律事实的一种。故 B 项正确。

按照相关的法律关系作用和地位的不同,法律关系可以分为第一性法律关系(主法律关系)和第二性法律关系(从法律关系)。第一性法律关系(主法律关系),是人们之间依法建立的不依赖其他法律关系而独立存在的或在多向法律关系中居于支配地位的法律关系。依据第一性法律关系而产生的、居于从属地位的法律关系,就是第二性法律关系或从法律关系。本题中的诉讼法律关系作为程序性法律关系,依赖于借款合同这个实体性法律关系产生,属于第二性法律关系。故 C 项正确。

法律事实依据是否以当事人的意志为转移,分为法律事件和法律行为。法律事件是法律规范规定的、不以当事人的意志为转移而引起法律关系形成、变更或消灭的客观事实。法律事件又分成社会事件和自然事件两种。法律行为则以当事人的意志为转移,又分为合法行为与违法行为。本题中,法官裁判的事实依据是"刘某出具该借条系本人自愿,且并未违反法律强制性规定",刘某出具借条的行为基于其个人意愿,属于法律行为的一种。故 D 项错误。

82. 法与道德;意思表示;法律关系的产生[A]

[解析] 该协议属于两人的真实意思表示,且内容并未违反我国法律的强行性规定,故该协议具有法律上的约束效力。注意,协议属于非规范性法律文件,具有法的个别约束力。故 A 项错误,本题为选非题,本项当选。

意思表示,是指向外部表明意欲发生一定私法上法律效果的意思的行为。意思表示由客观要件与主观要件构成。客观要件是指在客观上可识别出其在表示某种法律效果意思。主观要件,是指内心的意思,更可分为行为意思、表示意思与效果意思。意思存于内心,是不能发生法律效果的。当事人要使自己的内心意思产生法律效果,就必须将意思表现于外部,即将意思发表。所以当事人的意思表示并非仅存在于内心,已经外在于行动,属于法律意义上的行为。故 B 项正确。

法律关系的产生有两个前提,其一,法律规范;其二,法律事实。法律事实是法律规范与法律关系联系的中介。法律事实可以分为法律事件与法律行为。法律事件不以当事人的意志为转移,包括社会事件如战争、罢工,以及自然事件如地震、人的生老病死等。法律行为以当事人的意志为转移,分为合法行为与违法行为。两者均可导致法律关系的产生。故 C 项正确。

法伦理原则的解释属于客观目的解释的基本方法之一。客观目的解释一般从道德的角度,诉诸公序良俗来解释相关的条文。并且,从性质上看法的伦理原则是法律和道德共享原则,夫妻之间的忠诚义务规定就体现了该原则,故 D 项正确。

83. 法律关系主体的权利能力和行为能力[B]

[解析] 物权之取得须合法、合理,不损害社会以及他人合法利益。故 A 项正确。

证成法限制人的自由的原则有以下三个:(1)伤害原则:行为人对他人和公共利益造成伤害,应予以限制。(2)家长主义原则:对于"不真实反映其意志的危险行为",法律应当进行限制,使之免于自我伤害。也即行为人盲目或无知的自由行为可能会对其自身造成伤害时,法律可对其进行限制。(3)道德主义原则:一个行为与特定社会的道德是背离的,国家可以限制该行为。本题中,李能的行为侵犯了他人利益,法院对李能行为的判断依据是"伤害原则";李能的母亲潘桂花是限制民事行为能力人,法院对其行为的判断依据是"家长主义原则"。故B项错误。

法律关系的主体是法律关系的参加者,即在法律关系中一定权利的享有者和一定义务的承担者。公民要成为法律关系主体,必须具有权利能力和行为能力,即具有法律关系主体构成的资格。本题中,潘桂花被鉴定为限制民事行为能力人,这是在确定主体的行为能力。故C项正确。

所谓诉讼"争点",是指当事人对之存在争议、影响案件处理结果的事实问题和法律适用问题。本案法律推理(主要是演绎推理)的结构为"大前提+小前提→结论",大前提是法律规定,小前提是案件事实。其中,"李能利用其母不识字骗其母签订合同",这是小前提即"案件事实",当事人并没有争议;争议的焦点集中在"结论"上,即合同转让的行为是否具有效力。故D项正确。

84. 法律关系的分类[B]

[解析] 法律关系是在法律规范调整社会关系的过程中所形成的人们之间的权利和义务关系。根据不同的标准和认识角度,可以对法律关系作不同的分类:

(1)按照法律关系产生的依据、执行的职能和实现规范的内容不同,分为:①调整性法律关系,是基于人们的合法行为而产生的、执行法的调整职能的法律关系,所实现的是法律规范的行为规则的内容。调整性法律关系不需要适用法律制裁,法律主体之间即能够依法行使权利、履行义务。②保护性法律关系,是由于违法行为而产生的,旨在恢复被破坏的权利和秩序的法律关系,它执行着法的保护职能,所实现的是法律规范的保护规则的内容。主要表现在国家适用法律制裁,违法者必须接受制裁。

(2)按照法律主体在法律关系中的地位不同,分为:①纵向(隶属)的法律关系,是指不平等法律主体之间所建立的权力服从关系,其特点为,法律主体处于不平等地位;法律主体之间的权利与义务具有强制性,既不能随意转让,也不能随意放弃。②横向(平权)法律关系,是指平等法律主体的权利义务关系,其特点是法律主体地位平等,权利和义务的内容具有一定程度的任意性。

(3)按照相关法律关系作用和地位的不同,分为:①第一性法律关系(主法律关系),是人们之间依法建立的不依赖于其他法律关系而存在的或在多向法律关系中处于支配地位的法律关系。②第二性法律关系(从法律关系),是依赖于主法律关系而产生、处于从属地位的法律关系。一般而言,调整性法律关系是第一性法律关系,保护性法律关系是第二性法律关系。

本题中,债权关系属于调整性法律关系、横向(平权)的法律关系、第一性法律关系(主法律关系);担保关系(质押关系)属于调整型法律关系、横向(平权)的法律关系、相对于债权关系的第二性法律关系(从法律关系);诉讼关系属于保护性法律关系、横向法律关系、第二性法律关系(从法律关系)。因此,A、C项错误,B项正确。D项中的债权关系是一种调整性法律关系,但并非相对于质押关系而言。注意:在上述法律关系的分类中,只有第一性法律关系(主法律关系)与第二性法律关系(从法律关系)是具有相互依赖性和相对性而言,其他类型都是独立存在的。

85. 法律关系的含义;法律权利、法律义务的理解;非规范性法律文件与规范性法律文件辨析[C]

[解析] 法律事实的存在是法律关系产生、变更和消灭的前提,有法律关系必有法律事实,张女和司机之间因为司机的侵权行为而产生法律关系,司机的侵权行为即为二人之间产生法律关系的法律事实。故A项错误。

我国法律并未规定接吻权,故其不属于法定权利。故B项错误。

非规范性法律文件(如判决书、裁定书)具有法律效力,但不具有法律的普遍效力,而是在利害关系人之间发生效力。本题中交警的责任认定书,其具有法的个别约束力,是非规范性法律文件。故C项正确。

绝对义务对应不特定的权利人,相对义务对应特定的权利人。司机赔偿3000元是相对义务的承担方式。故D项错误。

86. 法律关系的性质与特征[AC]

[解析] 契约之成立,须订约双方主体的合意,故属于双方有意识建立的社会关系。故A项正确。

社会关系是一个庞大的体系,其中有些领域是法律所调整的,也有些是不属于法律调整或法律不宜调整,对于某种交往方式或者获得财产的新方式,法律是否需要调整,归根结底是要由社会经济基础来决定的。也就是说,法律并非"不得不"对所有的新生事物都进行规定。B项是对题干的理解有误。题干的意思是,只有当工商业创造出诸如保险公司等新的交往形式时,法才承认它是获得财产的新方式,并不是说"各个时期"都将此作为获得财产的新方式。故B项错误。

法律关系是人与人之间的关系,属于社会关系的一种,但又不同于一般的社会关系,是根据法律而建

22

立的社会关系,故其具有法律的社会物质制约性,同时,其中还反映着统治阶级的整体意志,故又具有以人的意志为转移的思想关系的属性。故 C 项正确。

法律关系是根据法律规范有目的、有意识地建立的。所以,法律关系像法律规范一样必然体现国家的意志。在此意义上,破坏了法律关系,其实也违背了国家意志。故 D 项错误。

87. 法律关系的种类[B]

[解析] 保护性法律关系是由于违法行为而产生的、旨在恢复被破坏的权利和秩序的法律关系,一方主体是国家,另一方主体是违法行为人。本题中,孙某对狗的所有权而形成的法律关系属于调整性法律关系,而非保护性法律关系。故 A 项错误。

第一性法律关系(主法律关系),是人们之间依法建立的不依赖其他法律关系而独立存在的或在多向法律关系中居于支配地位的法律关系,由此而产生的、居于从属地位的法律关系,就是第二性法律关系或从法律关系。本题中,孙某对狗享有所有权而形成所有权民事法律关系属于第一性法律关系。孙某的起诉权依附于孙某的所有权,属于第二性法律关系。故 B 项正确。

纵向法律关系的关键是法律关系的主体地位不平等,彼此之间存在隶属关系,如行政法律关系、刑事法律关系等。横向法律关系是指平权法律主体之间的权利义务关系。本题中,侵权法律关系属于民事法律关系,主体平等,应为横向法律关系。故 C 项错误。

因钱某毒死孙某的狗而形成的损害赔偿关系属于横向(平权)的法律关系,权利和义务的内容具有一定程度的任意性。因此,孙某是有权放弃自己享有的权利的。故 D 项错误。

考点13　法律责任与法律制裁

88. 法律关系的概念与种类;协议免责;自由裁量权[ABC]

[解析] 法律责任的构成要件包括"责任主体、违法行为、危害后果、因果关系以及主观过错"五个方面。其中,"是否违反注意义务"属于"主观过错"的范畴,当然是衡量法律责任轻重的重要标准。故 A 项正确。

按照相关的法律关系作用和地位的不同,可以分为第一性法律关系(主法律关系)和第二性法律关系(从法律关系)。第一性法律关系,是人们之间依法建立的不依赖其他法律关系而独立存在的或在多向法律关系中居于支配地位的法律关系。由此而产生的、居于从属地位的法律关系,就是第二性法律关系或从法律关系。法律实践中,调整性法律关系是第一性法律关系;保护性法律关系是第二性法律关系;实体性法律关系是第一性法律关系,程序性法律关系是第二性法律关系;买卖法律关系是第一性法律关系;担保

法律关系是第二性法律关系。该案的民事诉讼法律关系(程序性法律关系)是基于赵某与地铁公司之间的实体法律关系而产生的。故 B 项正确。

法院调解的前提是自愿,双方签署的调解书,实质上属于双方之间的协议。赵某经调解后放弃索赔,属于协议免责。故 C 项正确。

法官行使自由裁量权必须遵循合法、合理、公正、审慎等原则。故 D 项错误。

89. 法律责任的竞合[BD]

[解析] 法律责任的竞合,是指由于某种法律事实的出现,导致两种或两种以上的法律责任产生,而这些责任之间相互冲突的现象。

A 项行政责任和刑事责任可以并存,C 项刑事责任和民事责任可以并存,均不构成法律责任竞合,故不当选。

B 项是民法上侵权责任和违约责任的竞合,属于典型的法律责任竞合,故当选。

D 项行为人一个犯罪行为触犯两个罪名/法条,但处理时只能按照一个罪名/法条定罪,属于刑法上的责任竞合,故当选。

90. 法律责任的归结与免除;法律制裁和法律证成[C]

[解析] 法律制裁只针对违法行为,本案中的二被告(中学和小黄)均未违法,法院判决其承担法律责任是基于公平原则,属于"补偿性质",而非"惩罚"性质。故 A 项错误。

法律责任的免除事由包括:时效免责、不诉及协议免责、自首及立功免责、因履行不能而免责。不诉及协议免责,是指如果受害人或有关当事人不向法院起诉要求追究行为人的法律责任,行为人的法律责任就实际上被免除,或者受害人与加害人在法律允许的范围内协商同意的免责。本案是法院的直接判决,不属于不诉及协议免责,故 B 项错误。

任何法律决定的作出,都是一个法律证成的过程,法律证成需要法律适用者的目光在事实与规范之间往回流转。本案中,法院对损害事实进行了查明,并对被告的行为与损害事实的因果关系进行了论证,依据法律中的"公平责任"作出判决,即法院将法律规范中的"公平责任"与案件事实中的"损害后果、因果关系"对接起来,进行了法律证成。故 C 项正确。

尽管法院依据公平责任判定被告承担医疗费用,但是,被告承担法律责任的主要原因是其撞击行为导致了原告的损失,因此被告正是因为因果关系而承担了法律责任。故 D 项错误。

91. 法律位阶;法律价值;法律责任的免除;法律责任的竞合[D]

[解析] 法律位阶,是根据制定主体和效力的不

同对法律进行的划分,自上而下为:宪法、法律、行政法规、地方性法规和自治条例与单行条例。下位阶的法律必须服从上位阶的法律,所有的法律必须服从最高位阶的法。法律位阶的冲突指不同位阶的法之间产生冲突,通常按照上位法优于下位法的原则来处理。本题没有提及不同位阶的法的冲突。故 A 项错误。

法律责任的免除,也称免责,是指法律责任由于出现法定条件被部分或全部地免除,主要包括时效免责、不诉及协议免责、自首、立功免责和履行不能免责等。本题描述了法律责任的竞合,并没有提及免责的情况。故 B 项错误。

本题只提及法律责任的竞合,没有体现法的价值问题。故 C 项错误。

法律责任竞合是由于某种法律事实的出现,导致两种或两种以上的法律责任产生,而这些责任之间相互冲突的现象。从本题中的法律规定可知,行为主体的一个行为(违约行为)符合两个法律责任(违约责任和侵权责任)的构成要件,且这两个法律责任不能兼容,当事人只能选择其一来追究行为主体的责任,因此,这是典型的法律责任竞合。故 D 项正确。

92. 法的渊源;法律责任;民事调解书的效力[D]

[解析] 法的正式渊源是指有明文规定的法的效力,并且直接作为法律人的法律决定的大前提的规定,如宪法、法律以及各种法规等,主要为制定法。《道路交通安全法》是全国人大常委会制定的法律,属于法的正式渊源。故 A 项正确。

法律责任是指因违法、违约或法律规定而需承担的法律上的不利后果。由此可见,法律责任从来源上包括违法行为、违约行为和法律规定三种情形,违法行为并不是法律责任的唯一根源。故 B 项正确。

国家机关的裁判具有公定力。法院以民事调解书对相关法律关系进行确认,该调解书生效后即产生法律约束力,原被告双方都不得任意转让和放弃自己的权利义务。故 C 项正确。

法律责任的竞合是指一个法律主体的同一个法律行为导致了两种或两种以上的法律责任产生,而这些责任之间是相互冲突的。题干中,李某的法律行为并没有引起并存的多种责任,其承担的只是公平责任。故 D 项错误。

专题二 法的运行

考点14 立法

93. 规章的制定[AB]

[解析]《立法法》第91条第1款规定:"国务院各部、委员会、中国人民银行、审计署和具有行政管理

职能的直属机构以及法律规定的机构,可以根据法律和国务院的行政法规、决定、命令,在本部门的权限范围内,制定规章。"国家体育总局属于国务院直属机构,具有行政管理职能,有权制定规章。

《立法法》第95条第1款规定:"部门规章应当经部务会议或者委员会会议决定。"就国家体育总局而言,其规章应当由局务会议决定。故 A 项正确。

《立法法》第96条第1款规定:"部门规章由部门首长签署命令予以公布。"故 B 项正确。

《立法法》第109条规定:"行政法规、地方性法规、自治条例和单行条例、规章应当在公布后的三十日内依照下列规定报有关机关备案:……(四)部门规章和地方政府规章报国务院备案;地方政府规章应当同时报本级人民代表大会常务委员会备案;设区的市、自治州的人民政府制定的规章应当同时报省、自治区的人民代表大会常务委员会和人民政府备案;……"据此,应当在规章"公布"后的30日内报国务院备案,而非"通过"后的30日内备案,故 C 项错误。

[特别提醒] 法律文件的通过日期和公布日期含义不同,通过后不一定立即公布。如本题中的《国家体育总局规章和规范性文件制定程序规定》于2022年10月13日通过,于2022年10月25日公布。

《立法法》第97条第1款规定:"部门规章签署公布后,及时在国务院公报或者部门公报和中国政府法制信息网以及在全国范围内发行的报纸上刊载。"据此,部门规章并非必须在国务院公报上刊载,故 D 项错误。

94.《民法典》的立法特点与意义;法的局限性[ABC]

[解析]《民法典》以弘扬社会主义核心价值观为重要立法目的,具有鲜明的中国特色。婚姻家庭编总结了此前《婚姻法》《收养法》等立法经验,重新对婚姻家庭规范进行立法,凸显了中国社会治理经验,在婚姻、送养等问题上又体现了对中国传统社会习俗的充分尊重。人格权独立成编,突出了网络时代对人格权的保护。故 A、B、C 项正确。

法具有作用上的局限性,社会的发展也会使得应当保持稳定的法律不可避免地具有滞后性,D 项说法过于绝对,故错误。

95. 立法权限与程序;法律监督[AD]

[解析] 根据题意,《公共场所禁烟条例》属于地方性法规。

根据《立法法》第81条规定,自治州的人大及常委会均有权制定地方性法规,故 A 项错误。【关联记忆】民族法规即自治条例和单行条例只能由民族自治地方的人大制定,常委会无权制定。

根据《立法法》第81条规定,设区的市、自治州的

地方性法规须报省级人大常务委员会批准后施行。省级人大常务委员会对报请批准的地方性法规,应当对其合法性进行审查,同宪法、法律、行政法规和本省、自治区的地方性法规不抵触的,应当在4个月内予以批准。故B项正确。【记忆口诀】省委批准市州县,全常批准自治区:自治州、自治县人大制定的民族法规、市(州)级人大及其常委会制定的地方性法规,均由省级人大常委会批准;自治区人大制定的民族法规由全国人大常委会批准(注意:省级人大制定的地方性法规无需经批准)。

根据《立法法》第109条第2项规定,设区的市、自治州的人民代表大会及其常务委员会制定的地方性法规,由省、自治区的人民代表大会常务委员会报全国人民代表大会常务委员会和国务院备案。故C项正确。

《立法法》第108条规定:"改变或者撤销法律、行政法规、地方性法规、自治条例和单行条例、规章的权限是:……(二)全国人民代表大会常务委员会有权撤销同宪法和法律相抵触的行政法规,有权撤销同宪法、法律和行政法规相抵触的地方性法规,有权撤销省、自治区、直辖市的人民代表大会常务委员会批准的违背宪法和本法第八十五条第二款规定的自治条例和单行条例;(三)国务院有权改变或者撤销不适当的部门规章和地方政府规章;……"可见,全国人大常委会有权撤销地方性法规,国务院无权撤销。根据《立法法》规定,国务院认为地方性法规不合法的,应当向全国人大常委会提出对该地方性法规进行审查的议案。故D项错误。

96. 立法权限;立法程序;法律监督[BD]

[解析] 根据《立法法》第10条规定,全国人民代表大会制定和修改刑事、民事、国家机构的和其他的基本法律。全国人民代表大会常务委员会制定和修改除应当由全国人民代表大会制定的法律以外的其他法律;在全国人民代表大会闭会期间,对全国人民代表大会制定的法律进行部分补充和修改,但是不得同该法律的基本原则相抵触。全国人民代表大会可以授权全国人民代表大会常务委员会制定相关法律。据此,只有全国人大有权制定基本法律,在未得到全国人大授权的情况下,全国人大常务委员会无权制定基本法律。故A项错误。

《立法法》第77条第1款规定:"行政法规由总理签署国务院令公布。"第109条第1项规定,行政法规报全国人民代表大会常务委员会备案。故B项正确。

《立法法》第78条规定:"行政法规签署公布后,及时在国务院公报和中国政府法制信息网以及在全国范围内发行的报纸上刊载。国务院公报上刊登的行政法规文本为标准文本。"故C项错误。

《立法法》第108条规定:"改变或者撤销法律、行政法规、地方性法规、自治条例和单行条例、规章的权限是:……(二)全国人民代表大会常务委员会有权撤销同宪法和法律相抵触的行政法规,有权撤销同宪法、法律和行政法规相抵触的地方性法规,有权撤销省、自治区、直辖市的人民代表大会常务委员会批准的违背宪法和本法第八十五条第二款规定的自治条例和单行条例;……"故D项正确。

97. 全国人大的会议制度与工作程序;全国人大常委会的会议制度与工作程序[ABCD]

[解析]《立法法》第23条规定:"列入全国人民代表大会会议议程的法律案,由宪法和法律委员会根据各代表团和有关的专门委员会的审议意见,对法律案进行统一审议,向主席团提出审议结果报告和法律草案修改稿,对涉及的合宪性问题以及重要的不同意见应当在审议结果报告中予以说明,经主席团会议审议通过后,印发会议。"故A项正确。

《立法法》第25条规定:"列入全国人民代表大会会议议程的法律案,在交付表决前,提案人要求撤回的,应当说明理由,经主席团同意,并向大会报告,对该法律案的审议即行终止。"故B项正确。

《立法法》第33条规定:"列入常务委员会会议议程的法律案,各方面的意见比较一致的,可以经两次常务委员会会议审议后交付表决;调整事项较为单一或者部分修改的法律案,各方面的意见比较一致,或者遇有紧急情形的,也可以经一次常务委员会会议审议即交付表决。"故C项正确。

《立法法》第45条规定:"列入常务委员会会议议程的法律案,因各方面对制定该法律的必要性、可行性等重大问题存在较大意见分歧搁置审议满两年的,或者因暂不付表决经过两年没有再次列入常务委员会会议议程审议的,委员长会议可以决定终止审议,并向常务委员会报告;必要时,委员长会议也可以决定延期审议。"故D项正确。

98. 正式的法的渊源的效力原则;法律监督体系[B]

[解析]《母婴保健法》是法律,《婚姻登记条例》是行政法规,法律的效力高于行政法规。故A项正确。

全国人大常委会有权撤销同宪法和法律相抵触的行政法规,但无权改变。《立法法》第108条规定:"改变或者撤销法律、行政法规、地方性法规、自治条例和单行条例、规章的权限是:……(二)全国人民代表大会常务委员会有权撤销同宪法和法律相抵触的行政法规,有权撤销同宪法、法律和行政法规相抵触的地方性法规,有权撤销省、自治区、直辖市的人民代表大会常务委员会批准的违背宪法和本法第八十五条第二款规定的自治条例和单行条例;……"故 B 项错误。

《立法法》第 113 条规定:"全国人民代表大会有关的专门委员会、常务委员会工作机构应当按照规定要求,将审查情况向提出审查建议的国家机关、社会团体、企业事业组织以及公民反馈,并可以向社会公开。"故 C 项正确。

社会监督即非国家机关的监督,是指由各政党、各社会组织和公民依照宪法和有关法律,对各种法律活动的合法性所进行的监督。易知,潘某作为公民提出审查建议的行为属于社会监督。故 D 项正确。

99. 我国的宪法监督制度[CD]

[解析] 设区的市的市政府依法制定的《关于加强历史文化保护的决定》属于地方政府规章。《立法法》第 108 条规定,地方人民代表大会常务委员会有权直接撤销本级人民政府制定的不适当的规章。据此,市人大常委会有权直接撤销该《决定》,无需提请上级人大常委会,故 A 项错误。

B 项考查司法解释的概念。司法解释是指最高司法机关针对法律的具体应用问题作出的有普遍法律约束力的解释。可见,司法解释的对象仅限于"法律",不包括"政府规章"。需要补充的是,法院发现与上位法不一致,可以直接根据"上位法优于下位法"原则来确定要适用的规定;也可以向有关机关提出审查建议,而不是直接作出解释。因此法院无权作出合法性解释。故 B 项错误。

"文化部有关文化保护的规定"属于部门规章。《立法法》第 102 条规定:"部门规章之间、部门规章与地方政府规章之间具有同等效力,在各自的权限范围内施行。"故 C 项正确。

《立法法》第 106 条规定,部门规章之间、部门规章与地方政府规章之间对同一事项的规定不一致时,由国务院裁决。故 D 项正确。

100. 立法权限;立法程序;法律解释;立法监督[ABCD]

[解析]《立法法》第 49 条规定,能够提出法律解释要求的主体包括国务院、中央军委、两高(最高法和最高检)、三委(国家监察委员会、全国人大专门委员会和省级人大常委会)。地方各级政府无权提出法律解释要求。故 A 项错误。

《立法法》第 11 条规定了法律保留事项,属于全国人大及其常委会的专有立法范围,可以总结为:国家主权的事项、国家的政治制度(国家机关的产生、组织及其职权)、经济制度、民事制度、自治制度、司法制度(包括犯罪和刑罚、政治权利和人身自由、诉讼和仲裁、法检的产生和职权等方面)等。B 项中的公民的人身自由事项属于法律的绝对保留事项,不能授权给行政法规制定。故 B 项错误。

《立法法》第 30 条第 2 款规定,专门委员会审议的时候,可以邀请提案人列席会议,发表意见。故 C 项错误。

《立法法》第 108 条第 5 项规定,地方人民代表大会常务委员会有权撤销本级人民政府制定的不适当的规章。故 D 项错误。

101. 法律渊源;我国立法程序[BD]

[解析] 法律有广义、狭义两种理解。从广义上讲,法律泛指一切规范性文件;从狭义上讲,仅指全国人大及其常委会制定的规范性文件。从法的正式渊源上看,"法律"仅指全国人大及其常委会制定的规范性文件。故 A 项正确。

法律、法规的标准文本是制定机关公报刊登的文本,如法律的标准文本刊登于全国人大常委会公报,行政法规刊登于国务院公报,地方性法规刊登于本级常委会公报。故 B 项错误。

《行政法规制定程序条例》第 5 条规定,行政法规的名称一般称"条例",也可以称"规定""办法"等。国务院根据全国人民代表大会及其常务委员会的授权决定制定的行政法规,称"暂行条例"或者"暂行规定"。国务院各部门和地方人民政府制定的规章不得称"条例"。此外,大部分地方性法规以"条例"命名,也可采用"规定""办法""决定"等命名。故 C 项正确。

《立法法》第 10 条规定,全国人民代表大会制定和修改刑事、民事、国家机构的和其他的基本法律。全国人民代表大会常务委员会制定和修改除应当由全国人民代表大会制定的法律以外的其他法律;在全国人民代表大会闭会期间,对全国人民代表大会制定的法律进行部分补充和修改,但是不得同该法律的基本原则相抵触。因此,宪法修改草案和基本法律不能交给全国人大常委会通过。故 D 项错误。

102. 立法权限;立法程序[ACD(原答案为 AD)]

[解析]《立法法》第 10 条第 3 款规定:"全国人民代表大会常务委员会制定和修改除应当由全国人民代表大会制定的法律以外的其他法律;在全国人民代表大会闭会期间,对全国人民代表大会制定的法律进行部分补充和修改,但是不得同该法律的基本原则相抵触。"故 A 项正确。

《宪法》第 80 条规定,中华人民共和国主席根据全国人民代表大会的决定和全国人民代表大会常务委员会的决定,公布法律。故 B 项错误。

《立法法》第 36 条第 2 款规定:"宪法和法律委员会审议法律案时,应当邀请有关的专门委员会的成员列席会议,发表意见。"故 C 项正确。

《立法法》第 31 条第 1 款规定:"列入常务委员会

会议议程的法律案,除特殊情况外,应当在会议举行的七日前将法律草案发给常务委员会组成人员。"故D项正确。

103. 地方政府规章的审查;规范性法律文件的监督[D]

[解析]《立法法》第108条规定:"改变或者撤销法律、行政法规、地方性法规、自治条例和单行条例、规章的权限是:……(三)国务院有权改变或者撤销不适当的部门规章和地方政府规章;……(五)地方人民代表大会常务委员会有权撤销本级人民政府制定的不适当的规章;……"本题中,对该省政府规章是否违法的认定与处理需要依据前述法条的第5项,即省政府作出的规章要由该省人大常委会作出审查。故A、B项错误,D项正确。国务院如果认为该规章违法,可以直接改变或者撤销,并不需要提交全国人大常委会进行审查并作出是否撤销的决定。故C项错误。

104. 立法行为的含义;立法的基本原则;行政立法内涵[C]

[解析] 立法应当尊重社会的客观实际状况,根据客观需要反映客观规律的要求,要以理性的态度对待立法工作。某市政府作出车辆限号行驶的规定,并限定特殊情况不予处罚,这是从缓解交通拥堵的实际需要出发,实事求是的表现。故A项正确,不当选。

立法应当体现广大人民的意志和要求,确认和保障人民的利益;应当通过法律规定,保障人民通过各种途径参与立法活动,表达自己的意见。本题中某市政府作出车辆限号行驶的规定,是经充分征求广大市民意见作出的,体现了民主立法原则。故B项正确,不当选。

效率并非立法活动的基本原则,立法活动应当谨慎,充分考虑各方面的利益、意见与建议,注重公平正义。而且题干中也没有体现出立法注重效率的问题。故C项错误,当选。

在立法中要做到原则性与灵活性相结合,恰当处理各种关系,注意各方面的平衡;应高度重视立法的技术和方法,提高立法质量。本题中,市政府既以坚持车辆限号行驶的规定为原则,又以接送高考考生、急病送医等特殊情况未按号行驶的,可不予处罚为例外的灵活性规定为补充,充分体现了原则性与灵活性相结合的立法原则。故D项正确,不当选。

考点15 法的实施

105. 执法的含义;法与道德[B]

[解析] 本段文字引自春秋时期左丘明的《子产论政宽猛》,其中子产所述的大意是:我死以后,您必定为政主政。只有道德高尚的人能够用宽厚的政策使民众服从,其次的政策没有比刚猛更有效的了。比如烈火,民众望见就害怕它,所以很少有死在其中的。水柔弱,民众轻视而忽视它,就会有很多死在其中的。所以宽厚的政策更难实施。对此,需要结合中国特色社会主义法治理论分析理解。

执法必须严格是正确的,但是严格并不代表不能搞人文情怀。恰恰相反,执法可以根据具体情况采取具体对策,体现人文情怀。故A选项错误。

执法应当做到宽严相济,在法律范围内,当严则严,当宽则宽,做到宽与严的有机统一。我国当前的刑事政策正是宽严相济。故B选项正确,C选项错误。

建设法治国家需要坚持依法治国和以德治国相结合。当代社会,最重要的调控手段就是法律,但法律不是万能的,还需要道德等其他调控手段的治理。同样,仅仅依靠道德治理,也是绝对不可以的。故D选项错误。

106. 守法;法律监督体系;规范作用与社会作用;权利和义务[ABC]

[解析] 守法不仅包括消极、被动的守法,也包括积极主动行使自己的权利,实施法律,王某申请信息公开的行为属于后者。故A项正确。

法的强制作用,是指法可以通过制裁违法犯罪行为来强制人们遵守法律。法律必须具有一定的权威性。离开了强制性,法律就失去了权威。本题中,法院判决环保局败诉是对违法者的法律制裁,体现了法的强制作用。故B项正确。

法律监督包括国家监督和社会监督。国家监督包括国家权力机关、行政机关和司法机关的监督。社会监督指各政党、各社会组织和公民的监督。本题中,王某起诉环保局的行为属于公民行使自己的监督权,属于社会监督。故C项正确。

本题中,王某的诉权是相对权利,因为义务主体是特定的。故D项错误。

107. 司法;司法的特点[C]

[解析] A项考查法与社会的一般关系:(1)法是社会的产物,社会性质决定法律性质;(2)法以社会为基础,不仅指法律的性质与功能决定于社会,而且还指法律变迁与社会发展的进程基本一致;(3)为了有效地通过法律控制社会,必须使法律与其他的资源分配系统(宗教、道德、政策等)进行配合。因此得出结论,法官的法律世界与其他社会领域(政治、经济、文化等)并非没有关系。故A项错误。

B项考查司法机关依法独立行使职权原则。基本含义是:(1)司法权的专属性,即只能由国家各级审判机关和检察机关统一行使;(2)行使职权的独立性,即法院、检察院依照法律独立行使其职权,不受行政机关、社会团体和个人的非法干涉;(3)行使职权的合法性,即司法机关审理案件必须严格依照法律规定,正确适用法律。由此看出，法官独立行使裁判权，但并不意味着不受制约，其必须依法裁判。故 B 项错误。

马克思这段话的本意是强调法官独立行使审判权，法官在审判中，只服从法律，不受外界的非法干涉。故 C 项正确。

"法官除了法律没有别的上司"旨在强调"司法机关行使职权的独立性"，而不是说"法官是其他一切法律主体(或机构)的上司"。在法律世界中，立法者、法官、检察官、律师之间需要分工合作，法官并非其他法律主体(或机构)的上司。故 D 项错误。

108. 执法行为的性质、原则；执法和守法[C]

[解析] 执法活动具有国家权威性和强制性，行政机关执行法律的过程就是代表国家进行社会管理的过程。故 A 项正确。

执法的原则包括：合法性原则、合理性原则和效率性原则。B 项体现了执法的合法性与合理性，是正确的。

守法是指公民、法人、社会组织和国家机关以法律为自己的行为准则，依照法律行使权利、履行义务的活动。对于侵犯自身权益的违法行为，公民也应当在法律框架内寻求救济。对于执法不公，公民可申请行政复议或提起行政诉讼，而不能"暴力抗法"。故 C 项错误，D 项正确。

考点 16　法适用的一般原理

109. 法律适用；法律体系[C]

[解析] 法律适用包括三个步骤：寻找案件事实、根据已经确定的案件事实确定相应的法律规范、从整体上考虑并推导出法律决定。因此适用法律必须面对规范与事实问题的说法正确。故 A 项正确。

法律解释的方法包含文义解释、体系解释、目的解释、历史解释以及比较解释等。当字面含义有争议时，无法直接使用文义解释，就需要借助其他解释方法，因此，"可透过法律体系理解其含义"，即可以运用体系解释的方法。故 B 项正确。

法律体系是一国现行法构成的体系，反映一国法律的现实状况，它不包括历史上废止的已经不再有效的法律，一般也不包括尚待制定、还没有生效的法律。故 C 项错误。

一切法律必须依靠语言表达，而语言不具有精准性，且人的理性是有限度的。立法者在立法的过程中不可能完全做到将法律背后的意义与法律字面的含义完全一致。从法律解释的角度来看，法律解释不单单用文义解释，还可能使用比较、历史、目的、体系等多种方法，解释的结果当然不限于"一般""字面的"含义。故 D 项正确。

110. 法律规则与法律原则的适用[ABC]

[解析] 立法中采取穷尽式列举的方式，有助于提升法的明确具体性，防止并减少法官的自由裁量，从而加强法的确定性，确定性强的法能够给人们对未来更清晰的预期，当然能提高法的可预测性。故 A 项正确。

B 项涉及事实判断和价值判断。事实判断与价值判断只能相对区分，二者不是截然对立的。法官对事实进行认定时，往往要进行价值上的衡量；反之，法官进行价值衡量时也不能完全脱离案件事实。利益衡量是一种价值判断。本案法官在判断原告取证是否违法时，对公共利益和他人利益进行了衡量。故 B 项正确。

C 项涉及客观事实和法律事实。法律适用中采用的是"法律事实"而不是"客观事实"，二者的根本差别在于：法律事实仅限有法律根据的事实，即具有合法性。因此，非法证据获得的事实，虽然属于客观事实，但不具有合法性，因此不能作为法律事实，也就是说，法律事实可能与客观事实不一致。故 C 项正确。

穷尽法律规则时，法律原则才可以作为弥补"规则漏洞"的手段发挥作用。这是因为法律规则是法律中最具有硬度的部分，能最大限度地实现法律的确定性和可预测性，有助于保持法律的安定性和权威性。故 D 项错误。

111. 法律规则；法律原则；法的确定性[ABC]

[解析] 本题法律格言的含义是"法律需要确定性，但是无法实现绝对的确定性"。之所以需要确定性，是因为法律是人们的行为规范，要给人们行为提供明确指引，追求可预测性。之所以无法实现绝对的确定性，是因为法律要给人们的自由裁量留出空间，从而实现可接受性；并且语言具有一定的模糊性，从而导致法律也存在一定的模糊性，需要用"法律解释、法律推理、法律论证"等方法来降低这种模糊性。根据法律规则内容的确定性程度不同，法律规则可分为确定性规则、准用性规则、委任性规则。所谓准用性规则，是指内容本身没有规定人们具体的行为模式，而是可以援引或参照其他相应内容规定的规则。故 A 项正确。

一切法律都依靠语言表达，而语言具有不确定性，因此，法律的不确定性是必然的。而法律适用中，借助法律推理、法律解释等方法，可以提高法律的确定性。故 B 项正确。

法律原则、概括条款的要求比较笼统、模糊，它只对行为或裁判设定一些概括性的要求或标准(即使有关权利和义务的规定，也是不具体的)，但并不直接告诉应当如何去实现或满足这些要求或标准，故在适用时具有较大的余地供法官选择和灵活应用。故 C 项正确。

由于语言的局限性，即使规定义务的规则，其内容也可能是极度不确定的,如公民在行使权利时,不得破坏社会的公序良俗。而公序良俗本身就充满着不确定性。同样,规定权利的规则,也可能是不确定的,如我国宪法规定,法律面前人人平等,但平等这个概念本身就充满着不确定性。故 D 项错误。

112. 法律规则与语言;法的适用[CD]

[解析] A 项涉及案件事实与生活事实的区分。案件事实主要是证据事实,需要"有证据证明",并且证据要达到融贯性的程度。本题中,仅凭"青石上有百姓祖先名字"这种不充分的证据,无法推导或构建为"乡绅夺去百姓祖先坟茔"的结论,需要另有证据证明。故 A 项错误。

B 项涉及规范句与描述句的区分。规范句是直接使用道义助动词、直接规定权利义务的语句。描述句是指不使用道义助动词、间接表述权利义务的语句。题目中"有乡绅夺去祖先坟茔做了自家坟地"属于对案件的描述,属于"描述句"。故 B 项错误。

C 项考查充分条件与必要条件。充分条件是:如果 A 则必然 B,那么 A 就是 B 的充分条件。必要条件是:如果没有 A 则必然没有 B,有 A 不一定有 B,那么 A 是 B 的必要条件。本题中,如果不勘查现场,则无法确定案件事实;即便勘查现场,也不一定确定案件事实。因此,"勘查现场"是确定事实的必要条件。故 C 项正确。

D 项涉及价值判断。无论是事实认定,还是法律解释、法律推理或法律论证,都离不开裁判者的价值判断和利益衡量。反过来,裁判者的价值判断有可能干扰案件事实的认定。比如题中朱熹作知县时专好锄强扶弱,主观上对乡绅有一定的价值判断。故 D 项正确。

113. 法适用的一般原理[C]

[解析] 法适用的目标是获得合理的法律决定。合理的法律决定应当兼顾可预测性与正当性。故 A 项错误。

法律人查明和确认案件事实的过程就不是一个纯粹的事实归结过程,而是一个在法律规范与事实之间的循环过程,即目光在事实与规范之间来回穿梭。因此法律人查明和确认案件事实的过程与法律规范的选择密不可分。故 B 项错误。

法律人在适用法律的过程中,无论是依据一定的法律解释方法所获得的法律规范即大前提,还是根据法律所确定的案件事实即小前提,都是用来向法律决定提供支持程度不同的理由。在这个意义上,法律适用过程也是一个法律证成的过程。因为"证成"往往被定义为给一个决定提供充足理由的活动或过程。故 C 项正确。

法的适用过程,除了推理过程,还有法律适用者

的价值判断存在。另外,法律适用中,除了适用演绎推理,还可能适用归纳推理、类比推理、反向推理、当然推理以及设证推理等。故 D 项错误。

114. 法适用的目标(可预测性与正当性)[ABCD]

[解析] 法律决定的可预测性是形式法治的要求,正当性是实质法治的要求。两者都是法治国家理当崇尚的价值目标,但是两者之间存在一定的紧张关系。缓解这种紧张关系通常借助法律解释的方法,故 A、C、D 项正确。

可预测性意味着做法律决定的人在做决定的过程中应该尽可能地避免武断和恣意。这就要求他们必须将法律决定建立在既存的一般性的法律规范的基础上,而且他们必须要按照一定的方法适用法律规范,如推理规则和解释方法,故 B 项正确。

115. 法律渊源;法的价值;法律事实的认定[D]

[解析] 习惯法与习惯是两个不同的概念,习惯法专指国家机关认可的某些习惯,属于正式渊源;习惯则属于非正式渊源,而且并不是任何习惯都属于法的非正式渊源。本案中男女双方订婚前由男方付"认大小"钱的通行习惯,只是一种社会习俗,有关国家机关并未将之认定为习惯法。故 A 项错误。

法律事实是能够引起法律关系产生、变更或者消灭的客观事实。法律事实分法律事件与法律行为。本案中,张老太作为媒人,去马家商量退还"认大小"钱时发生争执。因张老太犯病,马先生将其送医,并垫付医疗费1251.43元。可见,"医药费返还"的法律关系是由"不当得利"这种法律事实引起的,而非"张老太犯病"。张老太犯病只是在确定赔偿数额时法官考虑的因素,而非直接引起"不当得利返还的法律关系"。故 B 项错误。

法律判决以事实为根据,以法律为准绳,以公平正义和保护当事人的合法利益作为主要的判断标准。自由是指人们能够依赖自己的意志作出决定与行为选择。效益是指用最小的成本获得最大的收益。题干中法官在确定需要返还的数额时,结合了纠纷的起因以及张老太疾病的诱因,酌情扣除了部分费用,维护了公平正义,这主要实现的是法律的正义,而不是自由和效益价值。故 C 项错误。

本案中的事实问题,男方给女方的"认大小"钱,双方均予以认可。双方产生争议的是该"认大小"钱的法律性质,该钱定性不同,则法律适用便不相同。也就是说,对于法律推理的小前提事实问题没有争议,争议集中在大前提即"在法律上是否应当返还"的问题上,故本案的争议焦点主要是法律认定而非事实确认。故 D 项正确。

116. 法律适用;法律推理[AD]

[解析] 法律人适用法律的目标就是要获得一个

合理的法律决定。所谓合理的法律决定就是指法律决定具有可预测性和正当性。法律决定的可预测性是形式法治的要求，它的正当性是实质法治的要求。故A项正确。

演绎推理是从一般到个别的推论，其经典方法为三段论，由大前提、小前提和结论三部分组成。关键步骤有：识别一个权威性的大前提；明确表述一个真实的小前提；判断重要程度并得出结论。当代中国是以制定法为法律渊源主体的国家，制定法中各种具体规定，是人们进行法律推理的大前提。本案中，检察院即是运用了演绎推理的方法：法律规范的具体规定是其进行推理的大前提，而案件的事实则是推理的小前提，检察院以此认定周某为交通肇事罪的犯罪嫌疑人。归纳推理过程与演绎推理相反，是从个别到一般的推论，检察院显然没有使用归纳推理。故B项错误。

法院在庭审中认定交通事故致鲁某重伤残疾并非因周某行为引起，这里的探讨涉及因果关系，因果关系不仅仅是一个事实问题，更是一个重要的法律问题。法官找到客观存在的因果关系后，还要将之在法律上进行衡量，即涉及法律评价的问题。法律适用的各个步骤之间并非截然分开，而是彼此之间紧密联系的适用过程。这个过程是一个在事实和规范之间来回循环考察的过程，即"目光在事实与规范之间往回流转"的过程。故C项错误。

法院开庭，公诉人和辩护人就案件事实和证据进行质证，就法的适用展开辩论。就案件事实和证据进行质证，就是要查明案件事实（演绎推理的小前提）；就法的适用展开辩论，就是要确定适用于本案的法律规范（演绎推理的大前提）。故D项正确。

考点17 法的发现与法的证成

117. 法的发现与法的证成的区分；涵摄；反向推理[A]

[解析] 在法律推理中，涵摄即演绎，是指将案件事实与法律规定结合进而得出结论，演绎推理是涵摄的形式。在该案中，法官将案件事实与司法解释规定相结合，进而得出殷某应当返还彩礼的结论，这属于涵摄的方法。故A项正确。

反向推理即所谓"明示其一，即否定其余"的推理方式，其要点是：若事实情形与法律规定不一致，那么就无法适用该法律规定得出结论。本题中，小刚请求返还彩礼的事实符合司法解释所规定的情形，因此法官适用司法解释的规定得出了结论，这没有运用反向推理。故B项错误。

演绎推理的大前提是法律规定，包括司法解释。本题中，法官调研发现当地确实有无偿赠送彩礼的风俗，但是在进行法律推理过程中并没有将其作为大前提，而是直接适用了司法解释的规定判决殷某败诉。因此，当地风俗并不是法官推理的大前提。故C项错误。

在法律裁判作出的过程中，法的发现是指法律人获得"法律决定"的事实过程，即特定法律人的心理因素与社会因素（如直觉、偏见、情感、利益立场等）引发他针对特定案件作出某个具体决定的实际过程。与之相关的是法的证成，指法律人对其所得出的"法律决定"提供尽可能充足的理由，为了使该决定是合理的而进行推理或论证的过程。二者是同一个过程的不同层面。在该案中，法官对民俗的查证是在查明和确认案件事实内容（论证小前提），寻找社会习惯并将其内容与国家的法律规定进行对照（论证大前提），是一个法的证成（论证）过程，不属于法的发现。故D项错误。【特别提醒】法的适用过程，不是一个法的发现过程，而是法的证成过程（论证过程），因为法的证成能够在更大程度上保证法律决定的可预测性与正当性的实现。而法的发现是指特定法律人的心理因素与社会因素引发或引诱他针对特定案件作出某个具体的决定的实际过程（事实过程），它将心理因素、社会因素与法律决定之间的关系视为因果关系而进行处理，夸大了社会因素和心理因素等法外因素对案件结果的影响能力，会导致判决缺乏可预测性和正当性。

118. 法适用的步骤；法的证成[ACD]

[解析] 法官认为王某未经许可的购买行为适用"非法买卖"罪名，重要的理由在于氰化钠具有极大的毒害性，而刑法规定的目的，正是要通过对行为人的惩罚防止危险物质对人体和环境造成毒害，所以，王某虽然只有购买行为，但也构成该罪。可见，法官对"非法买卖"进行了目的解释。故A项正确。

法律人查明和确认案件事实的过程不是一个纯粹的事实归结过程，而是一个在法律规范与事实之间的循环过程，即目光在事实与规范之间来回穿梭。在外部证成的过程中必然涉及内部证成。故B项错误。

法律决定是按照一定的推理规则从相关前提中推导出来的，属于内部证成。对法律决定所依赖的前提的证成属于外部证成。前者关涉的只是从前提到结论之间的推论是否有效的，故D项正确。后者关涉的是对内部证成中所使用的前提本身的合理性，即对前提的证成；法院对"非法买卖"的解释是为进一步确认法律适用的大前提，因此属于外部证成。故C项正确。

119. 内部证成；外部证成[ABD]

[解析] 法律决定的合理性在于两个因素，其一，法律决定是按照一定的推理规则从前提中推导出来的；其二，推导法律决定所依赖的前提是真实的。前者归

属于内部证成,后者归属于外部证成。内部证成与外部证成共同保证法律决定的合理性。故内部证成当然是给法律决定提供充足理由的过程。故 A 项正确。

内部证成是一个推导出法律决定的三段论推理过程,是按照一定的推理规则从相关前提中逻辑地推导出法律决定的过程。故 B 项正确。

内部证成是推导出法律决定的三段论推理过程,外部证成是对内部证成的前提的真实有效性的证明过程。外部证成才是对法律决定所依赖的前提的证成。故 C 项错误。

外部证成是对内部证成的前提的真实有效性的证明过程,但是,外部证成也是采取内部证成的三段论推理过程,即外部证成中实际上包含着内部证成。故 D 项正确。

120. 法律部门;法的要素;法的适用的一般原理 [ACD]

[解析] 基本法律,即全国人大制定和修改的刑事、民事、国家机构和其他方面的规范性文件。我国《婚姻法》和《民法通则》都是属于民法法律部门的成文法,都是由我国全国人大制定的基本法律。故 A 项正确。

法律规则具有明确的假定条件、行为模式、法律后果,而法律原则往往较为模糊,缺乏明确的假定条件、具体的行为模式、确定的法律后果。二者的区分关键在于:是否明确规定了权利义务的种类及具体内容。"民事活动应当尊重社会公德",没有规定权利义务的种类和具体内容,而是笼统的、抽象性的规定,属于法律原则,不属于法律规则,更谈不上"命令性规则"。故 B 项错误。

外部证成关涉的是对内部证成中所使用的前提本身的合理性,即对前提的证成。本案中,由于法律没有"隔代亲属的探望权"的规定,即缺乏适用的"大前提",法官无法直接依照法律规定作出裁判,转而从"民事活动应当尊重社会公德"这一法律原则中寻找依据,并从"有利于儿童健康成长"的角度进行证成,这种方法属于典型的外部证成。故 C 项正确。

法律人适用法律的目标就是要获得一个合理的法律决定。所谓合理的法律决定就是指法律决定具有可预测性和可接受性。注意:可预测性的含义就是安定性、确定性;可接受性的含义就是正当性、合目的性。故 D 项正确。

121. 内部证成、外部证成;法律推理;法律适用 [BC]

[解析] 法律证成分为内部证成和外部证成。按照一定的推理规则从相关前提中逻辑地推导出结论,属于内部证成;对法律决定所依赖的前提的证成,属于外部证成。前者关涉的只是从前提到结论之间推论是否有效,而推论的有效性或真假依赖于是否符合推理规则或规律。后者关涉的是对内部证成中所使用的前提的合理性,即对前提的证成。故 A 项正确。"法官根据法条直接推导出判决结论",仅考虑结论的有效性,不考虑前提本身的合理性,属于内部证成。故 B 项错误。无论是作为大前提的法律,还是作为小前提的案件事实的真实有效性,均采取外部证成的方式。故 C 项错误。

证成就是给一个决定提供充足理由的活动或过程,即推理过程。外部证成中必然涉及内部证成,即对前提的证成本身也是一个推理过程。法律推理或法律适用在整体框架上是个大三段论套小三段论、外部证成对内部证成的前提的真实有效性的证明,采取的是三段论的演绎推理过程。故作为对法律决定所依赖的前提的证成的外部证成本身也是一个推理过程。故 D 项正确。

122. 内部证成和外部证成 [ABC]

[解析] 内部证成是指,法律裁判必须按照一定的推理规则从前提中逻辑地推导出来,它关涉的是从前提到结论的推论是否有效。外部证成是指,对内部证成中使用的大小前提进行证成,关涉的是大前提和小前提本身是否合理。由此可知,外部证成针对的恰恰是案件事实问题(小前提)和法律规范问题(大前提)。故 A 项错误,当选。

外部证成解决的则是法律决定的前提的正当性、合理性问题。故 B 项错误,当选。

内部证成由于是从大前提、小前提到结论这一司法三段论式的逻辑推导过程,故其推理方法主要是演绎方法;而外部证成的过程必然涉及内部证成,且往往亦是三段论形式,故其推理方法亦主要是演绎方法。故 C 项错误,当选。

内部证成与外部证成都需要借助演绎推理,因此都需要遵循推理规则,都需要寻找支持性理由。故 D 项正确,不当选。

考点18 法律推理

123. 法律概念;法律推理;法律证成;法律解释 [BD]

[解析] 消费是为生产或生活需要而购买物品的行为,并不涉及好与坏的判断,而是对购物过程的客观描述,不含价值和感情色彩。故 A 项错误。

设证推理包括经验推定与规范推定两类,本题中法院运用的是经验推定。法官根据生活经验,认为消费者系为生活生产需要而购买物品者,而张三不是为生活生产需要而购买物品,而是为获利而购买物品,因此法官推定张三不是消费者。故 B 项正确。

内部证成是按照一定的推理规则从相关前提中逻辑地推导出决定的过程,外部证成则是对内部证成的前提进行的证成。本案中,法官需要最终认定的是张三是否为消费者从而获得赔偿,作出这一认定的小前提即张三是否为消费者,法官对消费者的界定就是对这一小前提的证成,属于外部证成。当然,外部证成的过程中也必然包含着内部证成,但是仅靠内部证成是不能得出相关结论的。故C项错误。

从文义来说,消费者即花钱购物的主体,所有购物的人都应该被当作消费者,不论其消费动机为何。但在本案中,法官将消费者的概念限缩在"为生活生产需要而购买物品"的人,而将"为获利而购买物品"的人排除在外,因此是一种限缩解释。故D项正确。

124. 法律概念;法律解释;法律事实;法律推理;法的特征[AD]

[解析] 国家以国家的强制力作为保证法实施的力量,因此法具有国家强制力,A项正确。

法律概念指任何具有法律意义的概念,包括两类:一是法律中所特有的概念,如"法人""债权"等。这类概念由法律本身的原理所产生,在法律之外没有意义或者即使有意义也已经失去本意。二是来自日常生活但具有法律意义的概念,如"故意""自然人"等。这类概念的特点是在日常生活中本就有其特定内涵。本案中的"马"属于来自日常生活中的法律概念。但是要注意,法律解释在法律适用中是必然存在的,法律适用的过程就是一个法律解释的过程。语言具有模糊性,在一个具体语境或具体交往行动中有不同的意义,这就需要法律解释来明确其具体的法律含义。故B项错误。

事实问题,即不需要从法律上进行评价的客观事实。法律问题,一方面指从法律的角度对该客观事实进行的评价,另一方面指对法律规范本身的理解。事实问题不需要法律适用人员的主观评价,而法律问题则需要法律适用人员的主观评价。就本案而言,对"白马究竟是不是马"这一问题的判断将直接关涉"马过城门应当纳税"这一法律规定是否对其适用,也就是说,这一判断回答了这里的"马"属不属于"马过城门应当纳税"中的"马",公孙龙是否应当为他的白马纳税。这是一个法律问题,而非事实问题。故C项错误。

本案中,守城士兵认为白马必须纳税,采用的是演绎推理:大前提是"马过城门应当纳税",小前提是"白马是马",结论是"白马过城门应当纳税"。反向推理即所谓"明示其一,即否定其余"的推理方式,其要点是,法律只能适用于其明确规定的情形,而不能适用于其未规定的情形。本案中法律明确规定"马过城门应当纳税",其反面即"不是马则不需要纳税"。公孙龙认为自己的白马不是马,所以不应当纳税,他进行的正是反向推理。故D项正确。

125. 设证推理;法的非正式渊源;法律规则[B]

[解析] 非正式的法的渊源是指不具有明文规定的法律效力,但具有法律说服力并能够构成法律人的法律决定的大前提的准则来源的那些资料。当今中国法的非正式渊源主要包括习惯、判例、政策等。话本小说《错斩崔宁》显然不具有法律说服力。故A项错误。

设证推理属于法律推理的方法之一,是在所有能够解释事实的假设中优先选择一个假设的推论。这种推理得出的结论不太靠谱,属于"或然型推理",但它在法律适用的过程中是不可放弃的。本题中,邻居仅凭"携带15贯钱"就断定崔宁为凶手所运用的方法是设证推理方法。故B项正确。

题干中"盗贼自刘贵家盗走15贯钱并杀死刘贵",属于法律推理的小前提(即法律事实),而不是大前提(即法律规则或原则),因此更谈不上"法律规则的假定条件"了。故C项错误。

法律适用过程作为一个证成过程,法律决定的合理性取决于下列两个方面:一方面,法律决定是按照一定的推理规则从前提中推导出来的;另一方面,推导法律决定所依赖的前提是合理的、正当的。本案中,官府当庭拷讯二人,陈、崔屈打成招,官府据此作出的法律决定(处斩)不符合证成标准。故D项错误。

126. 法律适用的步骤;法律推理;法的作用[AC]

[解析] 法律人适用法律解决个案纠纷的过程,首先要查明和确认案件事实,作为小前提;其次要选择和确定与上述案件事实相符合的法律规范,作为大前提;最后以整个法律体系的目的为标准,从两个前提中推导出法律决定或法律裁决。这实际上就是一个演绎推理过程。"徐某被何某侮辱后一直寻机报复,某日携带尖刀到何某住所将其刺成重伤"这一案件事实属于推理的小前提;法官判案所依据的刑事法律规范属于推理的大前提。故C项正确,D项错误。在实际的法律活动中,上述三个步骤绝不是各自独立且严格区分的单个行为,它们之间界限模糊并且可以相互转换,是一个在事实与规范之间来回循环考察的过程。因此,"徐某作案时辨认和控制能力存在,有完全的刑事责任能力"这一判断包含对事实的法律认定。故A项正确。法院判决体现了法的强制作用,也体现了评价作用,即判断、衡量他人行为合法与否的评判作用。故B项错误。

127. 法律适用;法律推理;法律责任的归责原则[C]

[解析] 从逻辑上,法律适用的步骤是:事实判断(小前提)+法律判断(大前提)→结论。但在实际的法律适用过程中,以上三个步骤并不能截然分开:(1)事实判断并不是纯粹地描述与归结事实,而是在法律

32

与事实之间"来回穿梭",即借助"法律(大前提)"来挑哪些"事实"属于"法律事实";(2)法律判断也并不是纯粹地解释法律词汇,同样需要在法律与事实之间"来回穿梭",即法律人在选择法律时,必须选择与案件事实相契合的法律。这表明,在法律适用中,不存在"纯粹的事实描述和归纳",也不存在"纯粹的法律选择和解释",存在的是"事实与法律的结合与融合"(但有侧重)。题干中"范某认为事故主要是该中心未尽到注意义务引起,要求赔偿10万余元",这两句表述都不属于纯粹的事实描述,前半句确定的是"法律上的因果关系",后半句确定的是"法律上的赔偿标准"。因此,范某在事实描述过程中融入了法律判断。故A项错误。

演绎推理以法律规范为大前提,以案件事实为小前提,"拔河人数过多导致了事故的发生"这一语句所表达的是一种裁判事实,也就是所谓案件事实,应当作为演绎推理的小前提。故B项错误。

法律决定是以法律规范作为大前提,以案件事实作为小前提推理出来的。"该中心按40%的比例承担责任,赔偿4万元"是依据"拔河人数过多导致事故的发生,范某本人也有过错"等前提推导出来的。故C项正确。

在我国,法律责任的归责原则主要有:责任法定、公正原则、效益原则和合理性原则。责任公正原则的要素是:违法必究+不枉不纵+责罚均衡+合理差别+遵守程序。责任效益原则的要素是:较小的成本获得较大的收益。本题在责任承担的问题上,是根据"拓展中心与范某的过错程度"来确定的,体现了"责罚相称",因此属于"公正原则",而不属于"效益原则"。故D项错误。

128. 法律解释当中司法解释的含义;非正式法律渊源的内容;法律推理的过程;法系的区分[B]

[解析] 司法解释仅指最高人民法院、最高人民检察院作出的对法律的适用的解释,刘法官的解释属于非正式解释,不是司法解释。故A项错误。

非正式渊源是指没有法律明文的规定,但是具有法律说服力的依据,如正义标准、道德信念、社会思潮、外国法等。在我国,判例属于非正式渊源。而刘法官在审判中运用了德国等国的判例作为支持性理由。故B项正确。

法律推理中的演绎推理是以法律为大前提,案件事实为小前提,然后得出法律决定。"经鉴定,谢某系'醉酒后猝死'"是推理的小前提。故C项错误。

任何国家都有判例,但判例法存在于英美法系。本题中,德国、奥地利、芬兰等国家虽然存在判例,但这些国家属于大陆法系,判例并不是法的正式渊源。故D项错误。

129. 法律解释;法律推理;公序良俗原则[ABD]

[解析] 法律解释特点包括:(1)对象是法律规定和他的附随情况;(2)与具体案件密切相关;(3)具有价值取向性;(4)受解释学循环的制约。其中,解释学循环是解释学中的一个中心问题,是指"整体只有通过理解它的部分才能得到理解,而对部分的理解又只能通过对整体的理解"。本题在解释下葬棺木是否属于民法上的物,势必要受"解释学循环"规律的约束。故A项正确。

在我国,非正式渊源主要有:判例、习惯、政策。在案件裁判中,如果遇到没有办法找到正式渊源的情形,可以选择非正式渊源作为案件裁判依据,因此在特定情况下,非正式渊源在法律推理中,也可以扮演大前提。"入土为安,死者不受打扰"是中国大部分地区的传统,属于一种风俗习惯,属于法的非正式渊源,在一定程度上可以成为法律推理的前提。故B项正确。

法律规范包括法律规则和法律原则。公序良俗原则是民法的基本原则之一,《民法典》第8条明确规定:"民事主体从事民事活动,不得违反法律,不得违背公序良俗。"可见,"公序良俗"这一伦理道德,已经被法律上升为法律原则,法官可将其作为判案的依据。另外,法官推理时既能依据法的正式渊源,也能依据法的非正式渊源,"公序良俗"属于非正式的法的渊源,即便未被上升为法律规范,在一定条件下也可以作为法律推理的前提。故C项错误。

法律具有"规范性",是调整人们行为的社会规范,具体含义如下:(1)法律属于社会规范的范畴;(2)调整对象是"人的意志行为";(3)法律应针对"一般人"设定行为模式。这里涉及第(3)点,法律既然强调"以一般人的行为模式"为标准来设定内容,那么刘某是否受到精神损害,应按照"一般人"的标准衡量,当地群众对该事件的一般看法,是确定精神损害时应当考虑的因素。故D项正确。

130. 法律解释和法律推理[C]

[解析] 法律推理是一种寻求正当性证明的推理,而不是为了发现真理和绝对的真相,这一点与科学研究不同。同时,法律推理中依据的"事实"只能是证据证明的事实,又称法律事实,而不是"绝对事实"。故A项错误。

法律解释和法律推理既有联系又有区别,二者在很多情况下是不可分割的。在进行法律解释时,必然要运用法律推理;而在法律推理过程中,经常需要对法律规范进行解释后才能运用于具体案件事实。故B项错误。

法官在进行法律推理时,要受到现行法律的约束,但同时法官也在进行价值判断,其综合考虑价值、利益、历史、目的诸因素认定案件事实的过程为法律适用过程的组成部分。由于立法不可能穷尽社会生活中的一切形态,在个案中更可能因为特殊情形的存在而使得价值冲突难以避免,因而法官在认定案件事实的过程中需要运用价值引导的思考方式。故 C 项正确。

法律推理不仅包括形式推理(演绎推理、归纳推理),还包括辩证推理、设证推理等,它作为人的一种逻辑思维活动,其主观能动性决定推理过程必然要受到个人价值观等主观要素的影响。故 D 项错误。

131. 法律规则的分类;法适用的一般原理;法的特征;法的作用[B]

[解析] 按照规则对人们行为规定和限定的范围或程度不同,可以把法律规则分为:(1)强行性规则,是指内容规定具有强制性质,不允许人们随便加以改变的法律规则。(2)任意性规则,是指规定在一定范围内,允许人们自行选择或协商确定为与不为、为的方式以及法律关系中的权利义务内容的法律规则。本条中规定当事人可以申请调解,也可以申请仲裁。属于典型的任意性规则。故 A 项正确。

法律人适用有效的法律规范解决具体个案纠纷的过程在形式上是逻辑中的三段论推理过程。故 B 项错误。

法的可诉性是指法律具有被任何人在法律规定的机构中通过争议解决程序加以运用以维护自身权利的可能性。《劳动争议调解仲裁法》本身就是对诉讼程序的规定,"对仲裁裁决不服的,除本法另有规定的外,可以向人民法院提起诉讼",明显体现出法的可诉性。故 C 项正确。

法律对人的行为的指引通常采用两种方式:一种是确定的指引,即通过设置法律义务,要求人们作出或抑制一定行为,使社会成员明确自己必须从事或不得从事的行为界限。另一种是不确定的指引,又称选择的指引,是指通过宣告法律权利,给人们一定的选择范围。该规定为行为人提供了不确定的指引。故 D 项正确。

132. 禁止拒绝裁判原则[ABD]

[解析] 法律的调整对象是人与人之间的社会关系。本题中的男女之间虽然没有法律上的夫妻关系,但由于该法律事实是在二人登记结婚途中发生的,导致法定权利(健康权)受到侵害,并产生了纠纷。此类纠纷属于法律的调整对象,法院应该受理。故 A 项错误。

首先,法官并没有使用类比推理,使用的是演绎推理:男女不存在婚姻关系是小前提,法无明文规定是大前提,不予受理则属于结论。其次,设证推理虽然是效力较弱的推理,但必然存在法律推理过程

中。因此,本案中法官运用了演绎推理和设证推理。故 B 项错误。

禁止拒绝裁判原则是法国民法典规定的一条原则。其意是指,法院有义务对其管辖范围内的待决案件作出裁判,不论法律规定清楚与否,也不论法律有无规定;任何情况下,法官都无权拒绝裁判。因为尽管法无明文规定,但是,理论上,法官可以适用非正式的法的渊源裁判案件。故 C 项正确。

就法律和社会的关系而言,是社会基础决定法律,法律只能反映社会,法律本身并不具有创造作用,亦谈不上法官发挥法律的创造作用。故 D 项错误。

考点19 法律解释

133. 法律解释[D]

[解析] "法律的最佳解释是法律本身"所强调的是,法律被制定出来之后,其包含的规范就具有了独立的生命和意义,承载法律规范的条文本身并不能完全由制定这些条文的立法者和条文出现的历史与社会背景所决定,而是具备了独立的客观目的。客观目的解释是对法律背后的"理性的目的"所作出的解释。这种理性的目的,展现的正是法律自身所具有的客观价值和目的。因此,这句话明显地体现出客观目的解释的意义。故 D 项正确。

法律解释是对法律的解释,即解释的对象是法律,只有法律被制定出来成为确定生效的规范之后才能启动法律解释。因此,可以说,法律解释存在于法律适用过程中,而非立法过程中。故 A 项错误。【**特别提醒**】立法是通过严格的程序将法律制定出来的过程,尽管在立法草案撰写、征求意见和表决的过程中都可能伴随着对草案条文含义的释明,但这种阐释的目的是展现某一条文应当如此规定的必要性,而非这个未生效的条文进行解释。只有在法律正式生效后,解释者针对立法者的动机和意图作出进一步的阐释,才构成法律解释。

对法律进行解释应当围绕法律自身的文本展开,但这并不意味着完全不能脱离法律文本对法律进行解释。如对立法者的主观目的的解释需要参照立法者的立法材料,对法律进行历史解释需要对历史事实进行分析。因此,法律解释主要围绕法律自身展开,但仍然需要借助于法律之外的其他因素。故 B 项错误。

法律解释的方法有多种,各种法律解释方法具有不同的功能,这是因为它们在法律解释中考虑的因素不同或提出问题的视角不同。这就意味着,在具体的情景下按照不同的解释方法对同一个法律文本进行解释可能得出完全不同的解释结果,甚至得出的结果可能相互冲突,这就需要在个案中结合案件情况进行法律解释方法位阶的判断。而在不同的个案中,可能会得出不同的位阶判断。C 项"有法律就有最佳解

释"所表达出来的意思是每一个法律都有最佳解释,这种说法显然是错误的。故C项错误。

134. 法律解释的适用模式;法律解释方法[ABD]

[解析] 本题中,法官审理查明,"自燃"属于"火灾"的一种,这是根据词语的字面意思(日常含义)进行的判断,属于文义解释。其后,法官在解释合同条款中"意外事故(包括火灾)"的含义时,将其置于整个合同和车辆保险体系中进行理解,认为"自燃"不属于保险合同约定的火灾情形,这是运用了体系解释的方法,将被解释的对象放在整部法律中乃至整个法律体系中,联系此法条与其他法条的相互关系来进行综合、系统的判断。故A、B项正确。

比较解释是指根据外国的立法判例和判例学说进行法律解释,本案法官显然没有用到此种解释,故C项错误。

法律解释的冲突模式是指同一被解释对象,因适用不同解释方法而导致解释结果相互冲突的情形。本题中,法官运用文义解释和体系解释得出的解释结果是相互对立、冲突的,因此属于法律解释的冲突模式。故D项正确。

135. 法律解释;法的适用[A]

[解析] "法官是会说话的法律",是指法律在现实的司法审判中,只有经过法官的解释才能够真正作用于案件裁判,产生直接影响当事人具体权利义务关系的司法判决。因此,这一法谚生动地指明了法律解释对于包括司法审判在内的法律实施的重要意义,可以说法律解释是将法律从"书本上的法"转化为"行动中的法"的必经之路。故A项正确。

法官并非法律解释的唯一主体,特定的国家机关可以作出正式解释,法律专家学者和社会公众也可以作出不具有规范性效力的非正式解释。故B项错误。

立法、执法与司法活动都要为人们设定义务。立法活动可以直接设定人们的法律义务,执法行为也可以通过行政处罚、行政强制等方式对当事人设定具体的义务。故C项错误。

法律生效之后才能予以适用,并非因为适用才产生效力。具体来说,法律的效力有无和高低取决于其制定主体本身的权威性和制定程序的规范性,对法律的具体适用并不是使得法律有效的原因。D项本末倒置,故错误。

136. 法律规则的分类;法律解释的方法[ABC]

[解析] 准用性规则,是指内容本身没有规定人们具体的行为模式,而是可以援引或参照其他相应内容规定的规则。《刑法》第180条第4款中规定,本身内容不确定,需要援引本条第1款的内容方能确定,属于准用性规则。故A项正确。

体系解释,也称逻辑解释、系统解释。这是指将被解释的法律条文放在整部法律中乃至整个法律体系中,联系此法条与其他法条的相互关系来解释法律。法院在解释《刑法》第180条第4款时认为,《刑法》其他条款中仅有"情节严重"的规定时,相关司法解释仍规定按照"情节严重""情节特别严重"两档量刑,这显然是结合《刑法》其他条款来解释相关问题,故B项正确。

《刑法》第180条第4款的规定属于准用性规则,即出现特定的假定条件时,按照"第1款"的规定处理,这样就避免了重复表述第1款的内容。故C项正确。

法院的解释对象虽然是"语言",没有直接探讨"法律的精神或价值",但任何解释都不能违背法律的公正、自由等基本价值。故D项错误。

137. 当代中国的法律解释体制;法律解释的种类[C]

[解析] 《立法法》第53条规定:"全国人民代表大会常务委员会的法律解释同法律具有同等效力。"故A项错误。

《立法法》第48条规定:"法律解释权属于全国人民代表大会常务委员会。法律有以下情况之一的,由全国人民代表大会常务委员会解释:(一)法律的规定需要进一步明确具体含义的;(二)法律制定后出现新的情况,需要明确适用法律依据的。"因此,全国人大常委会并不仅限于对《刑法》作法律解释。故B项错误。

题干中的解释将《刑法》第158条、第159条规定的适用范围限于依法实行注册资本实缴登记制的公司,而不适用于认缴登记制的公司,比条文中公司的字面含义要窄,属于限制解释。故C项正确。

法律解释可以分为正式解释(也称法定解释或有权解释)和非正式解释(也称学理解释)。学理解释,一般是指由学者或其他个人及组织对法律规定所作的不具有法律约束力的解释。本题中的解释是全国人大常委会的解释,属于法定解释、正式解释,而不是学理解释。故D项错误。

138. 法与道德的联系;法律解释的方法[AB]

[解析] 合法成立的契约,在当事人之间具有法律约束力。夏洛克依照契约中的约定来主张自己的权利,体现了强烈的权利意识,其主张有约必践,也体现了强烈的契约精神。故A项正确。

"恶法亦法"是实证法学的基本观点。即只要经过国家制定,无论其是否合乎道德都属于法的范畴。夏洛克有约必践的主张,本质上是"恶法亦法"的观点。故B项正确。

鲍西娅对契约是按照语言的一般正常含义来进行的解释,运用的是文义解释,没有结合历史事实,故

理论法 [答案详解]

· 35 ·

不是历史解释方法。故 C 项错误。

安东尼与夏洛克的契约,属于两个平等民事主体之间的约定,双方并没有强迫订立契约,因此,没有违反平等性。但是其约定"如果安东尼不能按时还款,必须以胸口的一磅肉偿还"违反了一般的公序良俗,违反了人权原则。故 D 项错误。

139. 正式的法的渊源与非正式的法的渊源;法律解释的种类[BD]

[解析] 法律规则和法律原则均属于法律规范,法律规范由国家制定或认可,属于正式的法的渊源。法学学说属于非正式法律渊源,当然不能作为法律原则。故 A 项错误。

根据解释主体和解释效力的不同,法律解释可以分为正式解释和非正式解释。正式解释,通常也叫法定解释,是指特定的国家机关、官员或其他有解释权的人对法律作出的具有法律上约束力的解释。非正式解释,通常也叫学理解释,一般是指由学者或其他个人及组织对法律规定所作的不具有法律约束力的解释。在我国,法律学说只是学者观点,不具有法律约束力。故 B 项正确。

法学学说在当代中国属于非正式的法的渊源,不具有明文规定的法律效力,但具有法律说服力并能够构成法律人的法律决定的大前提的准则来源,对案件的处理具有参照力、说服力。无论是民事、刑事还是行政案件,均可以引用法学学说作为说理依据。故 C 项错误;在法律条文需要解释时,参考法学学说有助于作出正确解释。故 D 项正确。

140. 法律解释的方法;法律解释方法的位阶;法律适用的步骤[ABC]

[解析] 法律解释的方法包括文义解释、体系解释、主观目的解释、历史解释、比较解释、客观目的解释。其中,文义解释强调对法律条文的语言文字进行解释,严格局限于法律条文本来的含义,法官的自由裁量权较小,具有较强的可预测性,故文义解释在六种解释方法中优先适用。一般地,在法律审判中,除非文义解释的结果不公正,否则就应当采用文义解释的结果。故 A 项正确。

扩张解释又叫扩大解释,指法律条文的字面含义显然比立法原意为窄时所作出的比字面含义为广的解释。本案中,如果严格依照法律条文的字面含义解释,工作时间不包括从工作单位到出差目的地的时间。但是,法官在审判中将出差途中的时间算作了工作时间,显然对该条文作了较字面意思为广的解释。而且,这种解释并未违背本条文的立法目的,本条文的立法目的在于保护工作者在工作过程中的身体健康,而出差途中是到达出差目的地完成工作任务的必须过程。将出差途中解释为工作时间并未违背立法

者保护工作人员身体健康的立法目的。故 B 项正确。

法律解释不能违背立法者的立法目的。故 C 项正确。

法律具有语言依赖性,而语言具有模糊性,因此法律解释是必然存在的,法律适用的过程就是法律解释的过程,并非只有在法律出现漏洞时才需要解释。故 D 项错误。

141. 法律解释的种类;当代中国的法律解释体制;法律解释的方法[AC]

[解析] 该解释属于司法解释。我国司法解释不是由个案裁判引起,而是对具体应用法律的问题所作的一般性解释,具有普遍的法律约束力。故 A、C 项正确。

文义解释的特点是将解释的焦点集中在语言上,而不顾及根据语言解释出的结果是否公正、合理。题中对"明显不合理的低价"的解释并非简单的文义解释,而是需要结合相关因素综合考虑予以确认,其最终目的是取得公正的结果。故 B 项错误。

《立法法》第 119 条第 2 款明确规定:"最高人民法院、最高人民检察院作出的属于审判、检察工作中具体应用法律的解释,应当自公布之日起三十日内报全国人民代表大会常务委员会备案。"故 D 项错误。

142. 法律解释的种类;法律解释的方法[D]

[解析] 法律解释由于解释主体和解释效力的不同可以分为:正式解释与非正式解释。本题中最高法与最高检联合所作的解释属于司法解释,是法定解释的一种。故 A 项正确。

一般理解"开设赌场"是开设实体赌场,该解释将虚拟世界的赌场也包括在内,"建立赌博网站或者为赌博网站担任代理,接受投注"以"开设赌场"论,显然较之"开设赌场"字面含义要广,属于扩大解释。故 B 项正确。

《监督法》第 31 条规定,最高人民法院、最高人民检察院作出的属于审判、检察工作中具体应用法律的解释,应当自公布之日起 30 日内报全国人民代表大会常务委员会备案。故 C 项正确。

历史解释是依据历史事实进行解释,题中运用的显然不是历史解释。故 D 项错误。

143. 当代中国的法律解释体制;法律监督体系[BCD]

[解析] 法律监督包括国家监督和社会监督,国家监督包括国家权力机关、行政机关和司法机关的监督;社会监督即非国家机关的监督,包括政党监督、社会组织监督、公民监督等。林某的监督属于公民监督。故 A 项正确。

全国人大常委会 1981 年《关于加强法律解释工作的决议》规定,凡属于法院审判工作中具体应用法

律、法令的问题,由最高人民法院进行解释。凡属于检察院检察工作中具体应用法律、法令的问题,由最高人民检察院进行解释。可知,司法解释的对象是法律、法令,不包括行政法规和地方性法规,故 B 项错误。司法解释不仅包括最高人民法院的解释,也包括最高人民检察院的解释。故 C 项错误。

根据《监督法》第 33 条规定,全国人民代表大会宪法和法律委员会、有关专门委员会经审查认为最高人民法院或者最高人民检察院作出的具体应用法律的解释同法律规定相抵触,而最高人民法院或者最高人民检察院不予修改或者废止的,可以提出要求最高人民法院或者最高人民检察院予以修改、废止的议案,或者提出由全国人民代表大会常务委员会作出法律解释的议案,由委员长会议决定提请常务委员会审议。可知,全国人大宪法和法律委员会、有关专门委员会无权直接撤销司法解释。故 D 项错误。

144. 内部证成与外部证成的区分;法律解释的方法[AC]

[解析] 法律证成可分为内部证成和外部证成。内部证成即法律决定必须按照一定的推理规则从相关前提中逻辑地推导出来;外部证成即对法律决定所依赖的前提的证成。内部证成关涉的是从前提到结论之间推论是否有效,外部证成关涉的是对内部证成所使用的前提本身的合理性,即对前提的证成。本案中,法官对"公共场所"含义的证成是对前提(法律规定)的证成,属于外部证成。故 A 项正确。

法官对"公共场所"的解释,运用的是体系解释方法,即将被解释的对象("公共场所")放在整个法律体系中,联系不同法律法规之间的关系加以解释。故 C 项正确,B 项错误。

同一个法律术语在整个法律体系中应当具有一致性,不同的法律条文之间不能相互矛盾,但是未必在所有法律条文中的含义都应作相同解释,如刑法中的"政治权利"与宪法中的"政治权利"就不能完全相同的解释。故 D 项错误。

145. 法律解释的分类;法律解释的运用;法律解释的位阶[D]

[解析] 法律解释根据法律解释主体和解释效力的不同分为正式解释与非正式解释。正式解释是指由特定的国家机关、官员或其他有解释权的人对法律作出的具有法律约束力的解释。非正式解释通常也称为学理解释,一般指由学者或其他个人或组织对法律规定所做的不具有法律约束力的解释。本题中李某作为个人对法律进行解释并不具有普遍约束力,属于非正式解释。故 A 项正确。

文义解释是指按照日常、一般的或法律的语言使用方式描述制定法的某个条款的内容。其特点是将解释的焦点集中在语言上,而不顾及解释的公正性与合理性。文义解释就是我们平常所说的"抠字眼",李某采取的正是文义解释方法。故 B 项正确。

体系解释,也称逻辑解释、系统解释,是指将被解释的法律条文放在整部法律中乃至整个法律体系中,联系此法条与其他法条的相互关系,利用逻辑中的矛盾来支持或反对某个解释结果的解释方法。其关键点在于"联系此法条与其他法条的相互关系"。法官结合《消费者权益保护法》第 7 条第 2 款中"消费者有权要求经营者提供的商品和服务,符合保障人身、财产安全的要求"的规定来解释第 7 条第 1 款,认为餐馆对商品和服务之外的因素导致伤害不应承担责任,符合体系解释。故 C 项正确。

法律解释有 6 种解释方法,现今大部分法学家都认可下列位阶:文义解释→体系解释→立法者的目的解释→历史解释→比较解释→客观目的解释。但上述位阶关系是相对的,不是绝对的,在具体案件中可能会有不同。究竟哪一种解释方法占优,往往取决于结果本身的重要性。故 D 项错误。

146. 法律解释的分类及其含义[C]

[解析] 正式解释,通常也叫法定解释,是指由特定的国家机关、官员或其他有解释权的人对法律作出的具有法律约束力的解释。在我国,正式的法律解释权由全国人大常委会、两高、国务院及主管部门享有。其他任何人都没有正式的法律解释权。故 A 项错误。

主观目的解释,是指根据制定者的意志或相关资料揭示对象的含义,在法律领域,这种解释方法又可称之为"立法者目的解释"。题干中,王某老伴及子女并没有专门推测"制定者意图",也没有查阅历史资料,因此不属于主观目的解释;他们只是按照日常、一般的语言使用方式来进行解释,因而属于文义解释。故 B 项错误。

王某立遗嘱时,具有完全民事行为能力,意识清楚,意志自由,采取打油诗的方式立遗嘱,亦非法律禁止的方式,且所处分为个人财产,故王某遗嘱符合意思表示真实、合法的要求。故 C 项正确。

D 项考查法律解释方法的位阶。法律解释方法之间的一般位阶:文义解释→体系解释→主观目的解释(立法者的目的解释)→历史解释→比较解释→客观目的解释。虽然在特定情况下可以改变这种位阶关系,但需要的条件是法律人必须进行充分的论证。由此可见,遗嘱中的"我的一半财产"应当首先进行"文义解释"。故 D 项错误。

147. 法律解释的含义及分类;法律原则和法律规则;法律规则的优先适用[B]

[解析] 学理解释,一般是指由学者或其他个人及组织对法律规定所作的不具有法律约束力的解释。

本题中,商场的本意是宣称有"正式解释权",从而对他人产生约束力,而不是宣称仅仅有"学理解释权"。只不过商场的这种宣称是无效的。故 A 项错误。C项中,当事人对合同进行的解释,属于非正式解释,不属于法定解释(正式解释)。该合同作为"非规范性法律文件",一旦对合同产生争议而诉诸法院,则应由法院对合同进行法定解释。故 C 项错误。

公平正义是法律的基石,是法的基本价值。任何法律都必须符合公平正义的内涵,法律解释也是如此。同时,在法律规则和法律原则的适用关系中,当法律规则导致的结果不公正时,应当适用法律原则,以弥补法律规则的僵硬性缺陷和法律漏洞。本题中,当事人对合同内容产生争议,如果没有具体的法律规则规定如何解决此种争议,出现了法律漏洞,可以借助公平正义原则来解释合同,作为处理案件的依据。故 B 项正确。

商场的做法夸大了自己的权利而减轻了自己的义务,并且忽视了顾客的权利,并不符合"权利义务相一致"原则。故 D 项错误。

148. 法律解释的种类;比较解释[AC]

[解析] 法律解释分为正式解释与非正式解释。正式解释也称有权解释、法定解释。根据解释的国家机关的不同,法定解释又可以分为立法、司法和行政 3 种解释。非正式解释又称无权解释、任意解释,是非法定主体对法律所作的解释。本案中杨某属于个人,其解释为任意解释。故 A 项正确,D 项错误。

比较解释是指根据外国的立法判例和判例学说对某个法律规定进行解释。杨某并未援引外国的立法例与判例。故 B 项错误。

文义解释,也称语法解释、文法解释、文理解释,是指按照日常的、一般的或法律的语言使用方式清晰地描述制定法的某个条款的内容。杨某对"尸体"的文字意义按照其所理解的语言使用方式作出的解释属于文义解释。故 C 项正确。

149. 法律解释;法律推理;司法解释;行政解释;类比推理;演绎推理[ABC]

[解析] 司法解释,是指最高司法机关(最高法、最高检)对法律的具体应用问题所作的解释。交警部门不是司法机关,所作的解释不是司法解释。故 A 项错误,当选。

行政解释,是由国务院及其主管部门对于不属于审判和检察工作中的其他法律的具体应用问题以及自己依法制定的法规进行的解释。交警部门不属于行政解释的主体。故 B 项错误,当选。

类比推理是从个别到个别的推论,是根据两个或两类事物在某些属性上的相似性,从而推导出它们在另一个或另一些属性上也是相似的。题中交警部门作出解释并非基于两类事物的对比,没有类比参照物。故 C 项错误,当选。

演绎推理,是从大前提和小前提中必然地推导出结论或结论必然地蕴含在前提之中的推理,即从一般到个别的推论,其经典方法是三段论。交警部门对推车前行不属于"酒驾"的解释是否属于演绎推理,我们来看一看是否可以通过三段论的方式予以推理。本题中,"酒后驾驶机动车辆"是大前提,"机动车未发动,只操纵方向盘,由人力或其他车辆牵引不是驾驶机动车的行为"是小前提,故"推车前行不属于'酒驾'"是推导出来的结论。符合演绎推理的规则。故 D 项正确,不当选。

150. 法律渊源的分类;地方性法规的效力与解释;法律体系的划分[C]

[解析] 当代中国法律体系主要有七个法律部门组成,分别是宪法及宪法相关法、民法商法、行政法、经济法、社会法、刑法、诉讼与非诉讼程序法。《食品卫生条例》主要是关于行政机关对食品安全的管理内容,属于行政法领域。故 A 项正确,不当选。

当代中国法的正式渊源包括宪法、法律、行政法规、地方性法规等,法院在审理相关案件时可以直接适用。《食品卫生条例》属于地方性法规(省级或设区的市级人大及其常委会制定),法院审理案件可以直接适用。故 B 项正确,不当选。

1981 年全国人大常委会作出《关于加强法律解释工作的决议》规定,凡关于法律条文本身需要进一步明确界限或作补充规定的,由全国人大常委会进行解释;凡属于地方性法规条文本身需要进一步明确界限或作补充规定的,由制定法规的省、自治区、直辖市的人大常委会进行解释或作出规定。关于法规的应用解释问题,该决议规定:"凡属于地方性法规如何具体应用的问题,由省、自治区、直辖市人民政府主管部门进行解释。"故 C 项错误,当选。

法的普遍性包括:效力普遍性、法律平等性以及趋势一致性。其中,趋势一致性是指,法律文件的效力范围与制定机关的管辖范围具有一致性。本题中,该法规在该省范围内适用,符合法律的普遍性原理。故 D 项正确,不当选。

151. 法律解释的分类;文义解释、历史解释、目的解释的具体含义[C]

[解析] 体系解释,也称逻辑解释、系统解释。这是指将被解释的法律条文放在整部法律中乃至整个法律关系中,联系此法条与其他法条的相互关系来解释法律。故 A 项正确。

尽管法律解释各种方法的位阶不是固定的,但是现今大部分法学家都认可下列位阶:(1)文义解释;(2)体系解释;(3)立法者意图或目的解释;(4)历史

· 38 ·

解释；(5)比较解释；(6)客观目的解释。据此可知，文义解释在适用顺序上，相对于其他解释方法具有优先性。故B项正确。

历史解释是依据正在讨论的法律问题的历史事实对某个法律规定进行解释，具体内容是：第一，正在讨论的法律问题的特定解决方案在过去曾被实施过；第二，该方案导致了一个后果F；第三，F是不合乎社会道德标准的；第四，过去与现在的情形的不同不能充分排除F在目前的情形下不会出现；第五，该解决方案在目前也许不被称赞。可见，历史解释与特定解决方案中的法律后果有关。故C项错误。

客观目的解释，是指根据"理性的目的"或"在有效的法秩序的框架中客观上所指示的目的"即法的客观目的，对某个法律规定进行解释，其基本途径有三：其一，理性的目的，即从道德、公序良俗的角度解释法律；其二，立法者也不能改变的法的客观目的。从社会物质生活条件的角度解释法律；其三，一些法伦理原则，就是从所谓同类事情同类对待的平等性原则的角度解释法律。故D项正确。

152. 法律规则的特征和分类；法的作用；当代中国法的正式渊源；法律解释方法的位阶[D]

[解析] 按照规则内容的确定性程度不同，可以把法律规则分为：(1)确定性规则，是指内容本身明确肯定，可以直接适用，无须援引或参照其他规则来确定其内容的法律规则。在法律条文中规定的绝大多数法律规则属于此种规则。(2)委任性规则，是指内容尚未确定，而只规定某种概括性指示，由相应国家机关通过相应途径或程序加以确定的法律规则。(3)准用性规则，是指内容本身没有规定人们具体的行为模式，而是可以援引或参照其他法律规定的法律规则。该规定内容明确，可以直接适用，属于确定性法律规则。故A项正确。

法的预测作用指凭借法律的存在，可以预先估计到人们相互之间会如何行为。法的指引作用是指法对人本身的行为具有引导作用。根据该法条，物权孳息当事人能够对自己的行为和自己与合同相对方的行为得到明确的预测和指引。故B项正确。

在法无明文规定或不适合用法的正式渊源时，习惯作为中国法的非正式渊源，可以作为司法审判的依据，以弥补成文立法的不足。题目中《物权法》第116条规定"没有约定或者约定不明确的，按照交易习惯取得"，事实上允许法官可以在一定条件下以习惯作为司法审判的依据。故C项正确。

尽管法律解释各种方法的位阶不是固定的，但是现今大部分法学家都认可下列位阶：(1)文义解释；(2)体系解释；(3)立法者意图或目的解释；(4)历史解释；(5)比较解释；(6)客观目的解释。当然这只是一般情况下应当遵循的解释位阶，特定情况下会有所区别，但如果要调整解释位阶，要提供更强理由。因此客观目的的解释相对于文义解释和体系解释没有优先性。故D项错误。

153. 法律解释的方法[C]

[解析] 体系解释，也称逻辑解释、系统解释，是指将被解释的法律条文放在整部法律中乃至整个法律体系中，联系此法条与其他法条的相互关系来解释法律。本题中，法官将第141条放在整个刑法体系中，联系其与第147条规定的关系来加以解释，属于体系解释。故C项正确。

比较解释是指根据外国的立法例和判例学说对某个法律规定进行解释。因此，比较解释中的"比较"是相对于外国法而言。故A项错误。

历史解释是指依据正在讨论的法律问题的历史事实对某个法律规定进行解释，与本题明显不符。故B项错误。

目的解释分为主观目的解释和客观目的解释。本题中法官的行为并没有体现出根据立法者的主观目的或法的客观目的的解释法律。故D项错误。

考点20 法律漏洞的填补

154. 法律漏洞的填补；类比推理；法律权利[B]

[解析] 根据漏洞的表现形态，可将法律漏洞分为明显漏洞与隐藏漏洞。明显漏洞，是指法律应该作出规定而未作出规定(应规定却未规定)；隐藏漏洞，是指法律虽已作出规定，但对应设例外之处却未设例外(已规定却不完善)。在本案中，《著作权法》并未对网络游戏使用电视剧形象的做法作出明确规定，鉴于互联网的迅速发展，这是应当规定而未规定的事项，因此是明显漏洞，而非隐藏漏洞。故A项错误。

《著作权法》第52条所规定的内容仅指在创作视听作品时未经许可而以改编、翻译、注释等方式使用他人的视听作品构成侵权，而网络游戏在情节设计和人物形象上与视听作品具有较强的可类比性，因此法官将第52条的目的扩张到网络游戏这种原本未被规范涵盖的情形之中，从而对著作权人形成更有力的保护。这种做法属于典型的目的论扩张，借此来弥补《著作权法》所存在的法律漏洞。故B项正确。

类比推理，是指通过两个案例的相似性而将一个案例的判决结果应用于待决案件之上。只有在两个类似案例之间进行类比才是类比推理。本案中，法官将网络游戏参照于视听作品，并不是在网络游戏案件和视听作品案件之间进行类比，而是将改编视听作品这一规定的目的扩张到网络游戏这一案例之中，这属于目的论扩张，而非类比推理。故C项错误。

本案法官通过法律填补漏洞的方式对乙的著作权实施保护，只能说是对著作权的权利内涵加以丰富,而非创设了新的法律权利。故 D 项错误。

155. 法律漏洞的填补;外部证成;法律原则[ABD]

[解析] 外部证成,是指对内部证成中使用的大小前提进行证成,关涉的是大前提和小前提本身是否合理。由此可知,外部证成针对的恰恰是案件事实问题(小前提)和法律规范问题(大前提),法律解释、案件事实的认定、法律渊源的判定等工作都属于典型的外部证成。本题中,法院对《民法典》居住权立法目的的说明属于法律解释的范畴,因此属于外部证成,故 A 项正确。

目的论扩张,是指法律规范的文义所未能涵盖某类案件,但依据其规范目的应该将相同的法律后果赋予它,因而扩张该规范的适用范围,以将它包含进来。本题中,根据法律规定,房屋上本没有为秦某设立居住权,但是基于立法目的,应当考虑秦某的居住权,因此法院扩张了《民法典》居住权的适用范围,属于目的论扩张。故 B 项正确。

根据我国《宪法》规定,国家依照法律规定保护公民的私有财产权和继承权,所有权是公民依据《宪法》享有的基本权利。而居住权是依据《民法典》享有的权利,属于普通权利。普通法律以宪法为基础,普通权利也应以基本权利为依据。故 C 项错误。

本题中,法院考虑到"秦某年事已高,无其他生活来源,让其搬离将无家可归",判决秦某享有房屋居住权,是基于关爱老人的传统美德,维护公序良俗的秩序。故 D 项正确。

156. 法律漏洞的分类与填补方法[BC]

[解析] 根据漏洞产生的时间,可以将法律漏洞分为自始漏洞和嗣后漏洞。自始漏洞是指法律制定时即已存在的法律漏洞。嗣后漏洞是指法律制定和实施后,因社会客观形势的变化发展而产生了新问题,但这些新问题在法律制定时并未被立法者所预见以致没有被纳入法律的调控范围,由此构成法律漏洞。故 A 项错误。

目的论扩张,是指法律规范的文义所未能涵盖某类案件,但依据其规范目的应该将相同的法律后果赋予它,因而扩张该规范的适用范围,以将它包含进来。故 B 项正确。

目的论限缩,是指虽然法律规范的文义涵盖了某类案件,但依据其规范目的不应该赋予它与文义所涵盖的其他情形相同的法律后果,因而限缩该规范的适用范围,以将它排除出去。目的论限缩面对的是法律之"过度包含"的情形,也就是法律文义所指的范围宽于规范目的所指的范围,或者说立法者"言过其实"的情形。故 C 项正确。

目的论扩张的意旨在于将原本不为规范文义所涵盖的案件类型包含进该规范的适用范围之内,或者说逾越语义,将该规范的法律后果扩张适用于规范明文规定的案件类型之外。明显漏洞是指法律应当规定,但却没有规定的漏洞。为了弥补明显漏洞,需要目的论扩张。故 D 项前半句错误。目的论限缩的意旨在于将原为法律文义所涵盖的案件类型剔除其不合规范目的的部分,使之不在该法律适用范围之内。隐藏漏洞是指法律应当排除,但却没有排除的漏洞。为了弥补隐藏漏洞,需要目的论限缩。故 D 项后半句也错误。

专题三 法的演进

考点21 法的产生及一般规律

157. 法的产生;法产生的一般规律[A]

[解析] 法产生的一般规律有三个:(1)法的产生经历了从个别调整到规范性调整、一般规范性调整到法的调整的发展过程;(2)法的产生经历了从习惯到习惯法、再由习惯法到制定法的发展过程;(3)法的产生经历了法与宗教、道德浑然一体到法与宗教、道德的相对独立的发展过程。该学者的解释属于第(1)种情形。故 A 项正确。

按照马克思的观点,法律是商品经济发展到一定阶段的产物。这表明:(1)原始社会没有"法律",更谈不上法律是调整工具;(2)阶级社会出现了法律,但不一定占首要地位;(3)在法治社会,法律才真正成了首要工具。故 B 项错误。

该学者的解释并没有揭示经济政治因素在法产生中的作用。此外,法律与其他社会规范的区别在于法律由国家制定、认可并由国家强制力保证实施,该学者的解释,也没有提及法和其他社会规范的区别。故 C、D 项错误。

考点22 法的继承与移植

158. 法的继承;法的移植[ABD]

[解析] 法的继承是不同历史类型的法律制度之间的延续和继受,一般表现为旧法对新法的影响和新法对旧法的承接和继受。法国资产阶级以奴隶制时代的罗马法为基础制定的《法国民法典》体现了法的继承性,是资本主义法与奴隶制法这两个不同历史类型的法的继承。故 A 项正确。

国内法对国际法不是"继承"关系,而是"移植"关系。判断是否为法的继承,主要从以下两方面着手:(1)新旧法是否属于不同的历史类型,只有不同历史类型的法才可以继承,即需存在"旧法体系已经灭亡"的事实;(2)在具体内容上是否有承继关系。由此可见,国内法与国际法不可能存在继承关系,因为如果国内法继承国际法,需要"国际法已灭亡"这个事实,显然这是不符合现实的。故 B 项正确。

法的移植主要反映一个国家对同时代其他国家法律制度的吸收和借鉴,主要体现的是空间关系而不是时间关系。注意"主要"二字,任何法律现象都包含具体的"时间和空间要素",只不过有所侧重。法律移植,主要体现的是"空间关系",但说成"仅"体现空间关系,则是绝对的,"同时代"就是时间概念的体现。故 C 项错误。

法的移植的对象包括外国法、其他地区的法、国际条约和国际惯例。一个国家的法律既包括制定法,又包括习惯法。故法律移植的范围除了制定法,还包括习惯法。故 D 项正确。

考点 23 法律意识

159. 法律意识概念;法律意识同法律规范、制度的区分[BCD]

[解析] 法律意识是指人们关于法律现象的思想、观念、知识和心理的总称,是社会意识的一种特殊形式。法律意识与法律规范、法律制度、法律行为等法律现象之间,既有有机联系,又相对独立。《法国民法典》属于法律规范,不属于法律意识的范畴。故 A 项错误。

法律意识本身在结构上可以分为两个层次:(1)法律心理是人们对法律现象表面的、直观的感性认识和情绪,是法律意识的初级形式和阶段,C 项的"和为贵""少讼""厌讼"即是人民对法律的一种表面感知和态度,属于法律心理范畴。故 C 项正确。(2)法律思想体系是法律意识的高级阶段,它以理性化、理论化、知识化和体系化为特征,是人们对法律现象进行理性认识的产物,也是人们对法律现象的自觉的反映形式。西周的"以德配天,明德慎罚"思想和当代中国的社会主义法治理念,都属于法律思想体系的范畴。故 B、D 项正确。

考点 24 法系

160. 法系;法律移植[AD]

[解析] 法系是比较法学上的基本概念,是根据法的历史传统和外部特征的不同,对法所做的分类。在历史上,世界各主要地区曾经存在过许多法系,诸如印度法系、中华法系、伊斯兰法系、民法法系和普通法系等,随着历史的发展,有些法系已经消失或衰落,当今世界上最有影响的是民法法系和普通法系,但除此之外还存在其他法系,如伊斯兰法系。故 A 项正确,B 项错误。

民法法系,是指以古罗马法,特别是以 19 世纪初《法国民法典》为传统产生和发展起来的法律的总称,又称大陆法系、罗马—德意志法系、法典法系。普通法系是指以英国中世纪的法律,特别是以普通法为基础和传统产生与发展起来的法律的总称,被称为普通法系、英国法系、判例法系、英美法系。民法法系的主

要发展阶段都有代表性的法典,普通法系国家在总体上不倾向于进行系统的法典编纂,但也有制定法。可见,并不是有成文法典的国家都属于民法法系。故 C 项错误。

法律移植的对象是国际条约、外国法等,对于后进国家而言,这是法律现代化的一种必要途径,同时是法系形成和发展的重要途径。故 D 项正确。

考点 25 法的现代化

161. 法的现代化;当代中国法的现代化的特点[C]

[解析] 根据法的现代化的动力来源,法的现代化过程大体上可以分为外源型法的现代化和内发型法的现代化。外源型法的现代化具有依附性。这种情况下展开的法的现代化进程,带有明显的工具色彩,一般被要求服务于政治、经济变革。故 A 项错误。外源型法的现代化具有被动性。一般表现为在外部因素的压力下本民族的有识之士希望通过变法以图民族强盛。故 C 项正确。内发型法的现代化是在西方文明的特定社会历史背景中孕育、发展起来的。故 B 项错误。中国法的现代化的启动形式是立法主导型。故 D 项错误。

162. 法律意识;法的现代化[BCD]

[解析] 根据法的现代化的动力来源,法的现代化过程大体上可以分为内发型法的现代化和外源型法的现代化。内发型法的现代化,是指由特定社会自身力量产生的法的内部创新。这种现代化是一个自发的、自下而上的、缓慢的、渐进变革的过程。外源型法的现代化是指在外部环境影响下,社会受外力冲击,引起思想、政治、经济领域的变革,最终导致法律文化领域的革新。中国法的现代化属于外源型法的现代化。外源型法的现代化的特点在于:(1)具有被动性。由外部因素压迫导致法律的现代化,如我国清末修律即为帝国主义列强的压迫导致。(2)具有依附性。法的现代化具有明显的工具色彩,一般被要求服务于政治、经济变革。如我国清末修律,法的现代化的目的在于富国强兵。(3)具有反复性。传统的本土文化与现代的外来文化之间矛盾比较尖锐,法的现代化过程经常出现反复。例如,我国法的现代化过程中,传统法律文化与现代法律制度之间的斗争。故 A 项错误,C 项正确。

法律意识是指人们关于法律现象的思想、观念、知识和心理的总称。法律意识相对独立于法律制度。法律意识具有相对稳定性,具有一定的连续性,可以使得一个国家的法律传统得以延续。例如,我国传统的"清官意识"就是法律意识的体现,"清官意识"是人治的产物,但时至今日,普通民众依然欢迎和爱戴"清官"。故 B 项正确。

我国法的现代化之启动,肇始于清末修律。清末之前,我国一直是传统的中华法系。故 D 项正确。

考点26　法治理论

163. 民主、专制与法治的概念及关系辨析[B]

[解析] 民主意味着多数人自我统治,专制意味着少数人统治多数人。古代法律大多属于专制型的,近现代法律大多属于民主型,从性质上看,有民主的法律,也有专制的法律这一判断是正确的。故 A 项正确。

现代民主国家包括共和制国家与君主立宪制国家。在实行民主的国家里,并非君主或者国王不可以参与立法。只要法律维护的是人民的利益,君主或者国王也可以参与立法,只不过君主或国王在民主国家里没有至高无上的权威。故 B 项错误。

在实行专制的国家,国家权力高度集中,君主或者国王将自身的意志规定到法律中,从而把自己专制的意志上升为法律。故 C 项正确。

民主和法治基本如影随形,因为多数人自我统治的最好方式就是大家普遍遵守代表公共理性与体现公共利益的法律,故民主的国家里法律有高于一切的权威。故 D 项正确。

专题四　法与社会

考点27　法和社会的一般理论

164. 法与社会的一般关系;法的本质[AB]

[解析] 马克思主义法学认为法以社会为基础,法是社会的产物。社会性质决定法律性质,社会物质生活条件决定法的本质。制定、认可法律的国家以社会为基础,国家权力以社会力量为基础;国家法以社会法为基础,"纸上的法"以"活法"为基础。总之,法以社会为基础,不仅指法律的性质与功能决定于社会,还指法律变迁与社会发展的进程基本一致。故 A、B 项正确。

马克思主义法学认为,社会决定法律,法律反映社会,是社会物质生活条件的需要产生了法律,因此,社会物质生活条件才是法律产生的根本原因。故 C 项错误。

法的作用分为规范作用与社会作用。社会作用主要指社会公共职能,如为社会提供公共产品,规范社会秩序,维持社会治安等。法的规范作用主要有五种,即指引作用、评价作用、预测作用、教育作用、强制作用。D 项中提及的是法的社会作用而非规范作用,故 D 项错误。

165. 法与社会的关系[D]

[解析] 奥地利法学家埃利希的这句话深刻揭示了法的发展与社会的关系。法律作为一种特殊的、重要的社会规范和社会现象,是人类社会发展到一定阶段的必然产物,法律以社会为基础,社会的存在决定着法律的存在,社会的发展变化决定着法律的发展变化。故 A、C 项正确。

法的社会基础的另外一层含义,就是制定、认可法律的国家以社会为基础,国家权力以社会为基础;同时还可以说,国家法以社会法为基础,"纸上的法"以"活法"为基础。故 B 项正确。

法以社会为基础,并不意味着法能脱离司法实践与法学理论而对立发展,法的社会发展过程就是不断研究与实践的过程,立法本身就是一种造法活动,司法则是对社会调整的重要方式,而法学研究是对法学自身体系的丰富与完善。离开理论与实践,法也就不能成为法了。故 D 项错误。

考点28　法与经济、政治、科学技术的关系

166. 法与科技;法律原则[B]

[解析] 法律并不一定滞后于科技,在一些情况下,法律也可以作出超前规定,预先对科技活动进行规制。故 A 项错误。

科技并未完全与价值无关,从先前克隆技术引发的伦理争议,到近年人工智能对人的主体性造成的冲击,都表明科技并非价值中立的,因此必须对科技进行监管,从而防范科技引发的价值危机。故 B 项正确。

公理性原则,是具有较大的普适性的原则,如法律平等原则、诚实信用原则、无罪推定原则、罪刑法定原则等。政策性原则,是出于一定的政策考量针对具体事务而制定的原则,具有针对性、民族性和时代性。《办法》中规定的"发展和安全并重、促进创新和依法治理相结合的原则"是针对生成式人工智能所采取的,是针对当前阶段该技术的发展所制定的原则,具有一定的时代性,属于政策性原则。故 C 项错误。

题干中提到了三个原则:发展和安全并重原则、促进创新原则和依法治理原则,根据该《办法》的立法目的,三者之间显然不是并列关系,而是发展和安全并重原则优先,然后才是促进创新原则。生成式人工智能作为一种新兴技术,其对人类社会带来的风险是显著的,因此要把发展和安全并重放在首位,优先保障人类安全。因此,这是一种价值位阶原则,而非个案平衡原则。故 D 项错误。

167. 法与权力的关系[ACD]

[解析] 近代法治的精义在于控权,控制国家权力的目的不是将国家权力变得弱小,而是要规范国家权力的运行,使之更好地为公民服务。故法律控权实际上主要是弱化权力的不受制约性,当然同时也可以强化规范运行的权力。故 A 项正确。

近代法治理论不仅仅认识到了公权力对个人权

利的侵害而控制公权力,也意识到私人权利的滥用会带来的危害后果,因而规定了对私权利的限制,如对所有权的限制。法律控制公权力,目的便是要公权力更好地为公民服务。实际上,公权力存在的目的之一,便是对肆意践踏他人权利的行为进行限制。故 B 项错误。

在最一般的意义上,法与国家权力构成相互依存、相互支撑的关系。法表述和确认国家权力,以赋予国家权力合法性的形式强化和维护国家权力。在近现代法治国家,法律对国家权力的控制方式即是对权力在形式和实质上的合法性的强调。因此说权力不被法律控制,将失去合法性。故 C 项正确。

现代法治国家,控权主要是通过法律的方式,尤其是通过程序规范权力运行的方式与步骤。总之,权力的运行方式、权利的运行方式皆须实现有法可依。因此,权力制约权力、权利制约权力实际就是在法律范围内的制约和法律程序上的制约。故 D 项正确。

168. 法与经济的关系[ABD]

[解析] 法作为上层建筑的一部分,是由经济基础决定的。有什么样的经济基础,就有什么样的法律。法必须适应经济基础的要求而作相应的变化,否则就不能达到为自己经济基础服务的目的。故 A 项正确。

法律反映社会,这种反映是积极的反作用,表现为对社会发展的促进或者延缓。故 B 项正确。

法的起源、本质、作用和发展变化,都要受到社会经济基础的制约。但是,不能因此就认为法律不受其他因素的影响,或与其他社会现象无关。除经济之外,法律还要受到政治、道德、宗教等社会因素的影响。故 C 项错误。

徒法不足以自行,法的作用的实现,受到道德、政策等多方面的影响。法律需要与其他社会规范积极配合,才能更好地发挥对社会的管理作用。故 D 项正确。

169. 法与社会的关系[ABCD]

[解析] 社会是法的基础,法律的性质与功能决定于社会,法律变迁与社会发展的进程基本一致,随着社会的发展而变化。故 A 项正确。

科技发展对一些传统法律领域提出了新问题,要求各个法律部门的发展要不断深化,另外,法促进和保障科技的发展。总之,科学技术的发展拓宽了法律的调整范围,但是,法律也可以鼓励科学技术的发展。故 B 项正确。

当代中国正式的法的渊源主要是以宪法为核心的各种制定法,包括宪法、法律、行政法规、地方性法规、经济特区的规范性文件、特别行政区法律法规、规章、国际条约、国际惯例等。故 C 项正确。

合理的法律决定兼顾可预测性与可接受性,但是,二者之间存在紧张关系。本题所涉及的案例中,虽然依照《巴黎公约》对该域名侵权进行了裁判,实现了法律决定的实质正义,但由于网络域名的注册和使用均超出了中国《商标法》的调整范围,使得当事人对法律决定的可预测性程度降低,这就体现了法律决定的可预测性与可接受性之间存在着一定的紧张关系。故 D 项正确。

考点29 法与道德

170. 法与道德[B]

[解析] 法律是道德的底线和保障,道德问题的解决并非都必须依赖法律,道德问题也并非都可以依赖法律的强制手段解决。故 A 项错误。道德具有教化作用,能为法律的实施创造良好的人文环境,但法律的有效实施并非总是必须诉诸道德和舆论。故 C 项错误。

公布失信被执行人名单,通过社会舆论对其形成压力,有助于形成守法光荣、违法可耻的社会氛围。故 B 项正确。

通说认为,法律与道德具有最低限度的一致性,但法律不等于道德;二者在概念上具有必然关系也仅是非实证主义的观点。法的作用主要是止恶,而道德的作用不仅是止恶,还要求扬善;违反法律的行为未必违反道德,违反道德的行为也未必违反法律;法的调整范围要远小于道德的调整范围。故 D 项错误。

171. 法与道德的关系[BD]

[解析] 情与法的关系本质是道德与法律的关系。我们应当尽量做到法理和情理的有机统一,但是,法律不是万能的,法律是有局限的,不是所有的法和情的冲突都能找到完美的解决方案。在有些情况下二者会出现紧张关系,此时法律具有初始的优先性。故 A 项错误。

重视伦理和亲情是中华法律文化精华之一,也是中华传统文化的特点之一,对当代法治建设具有借鉴意义。故 B 项正确。

孟子认为,舜既不能以天子之权要求有司枉法,也不能罔顾亲情坐视父亲受刑,他提出的解决方案是放弃天子之位,与父隐居,是在法与情之间的折中,既顾及了法律,又保全了亲情。故 C 项错误。

事物都有历史性。不同法律传统对情与法的矛盾的处理,受到该法律传统的制约,不可能采取完全一致的处理方式。故 D 项正确。

172. 法与道德的区别[B]

[解析] 法律非常重要,但也是有局限的,不能调整所有的社会关系,如"同居关系""情谊关系"。故 A 项错误。

法官审案应区分法与道德,不能用道德的标准来

理论法 [答案详解] · 43 ·

处理法律问题,但是在司法裁判过程中法官往往要参照道德进行价值判断。故 B 项正确。

在法律没有规定的时候(即没有正式的法律渊源),在民商领域也可以用非正式渊源进行裁判。因此道德规范作为法的非正式渊源,有的情况下也可以作为司法裁判的理由。故 C 项错误。

法律具有国家强制性,由军队等国家强制力保障实施。但是,道德不具有这一特征,没有国家强制性。故 D 项错误。

173. 法与道德的关系[ABCD]

[解析] 通说认为法律是最低限度的道德,但法和道德之间仍然存在着紧张关系,违反法律的行为未必违反道德,同理,违反道德的行为未必违反法律。故 A 项正确。

探究真理的权利属于思想自由的范畴,并非法律调整的事项。法律不仅不能处罚,相反应当保护人们探究真理的权利,为人们探究真理创造条件。故 B 项正确。

苏格拉底之死是西方哲学和伦理学经常讨论的话题,这个事件最典型地体现了法律和道德之间的冲突。苏格拉底明知城邦的判决是不公正的,但仍然选择遵守城邦的法律表明他认可法的尊严。他并没有用自己的正义和良知去否认城邦法律。所以不能说他承认"恶法非法"。苏格拉底对待法律和他的朋友劝他逃亡的态度可以看出他们对于正义有着不同的理解,他们的良知、道德感与法律之间的冲突是显而易见的。故 C、D 项正确。

174. 道德与法律的关系[B]

[解析] 法与道德在内容上存在相互渗透的密切关系,而不是要么是浑然一体的,要么是绝然分离。故 A 项错误。

题干中表明,立法者"倾向于只将最低限度的道德要求转化为法律义务",可知二者之间是可以相互转化的。结合现实我们也能得出一致结论,例如通奸行为在中华民国时期属于犯罪,但是,新中国成立后,通奸行为却属于道德调整的领域。故 B 项正确。

一般来说,近代以前的法在内容上与道德的重合程度极高,有时甚至浑然一体。因此,古代立法者强调法律与道德的融合,而不是分离。故 C 项错误。

近现代以法与道德之间的关系为标准,诞生两大主要法学流派,实证主义法学的典型代表分析实证主义法学强调"恶法亦法",而非实证主义法学的典型代表自然法学派则强调"恶法非法"。故 D 项错误。

175. 法与道德的关系[ABD]

[解析] 法是国家制定或认可而产生的行为规范,具有国家意志性、国家强制性。而道德是自发演进形成的社会规范,在本质上是良心和信念的自由,因而强制是内在的,主要凭靠内在良知认同或责难,即便是舆论压力和谴责也只能在主体对谴责所依据的道德准则认同的前提下发挥作用。故 A 项正确。

分析实证主义法学认为法与道德在本质上没有必然联系,强调恶法亦法。故 B 项正确。

法在生成上往往与有组织的国家活动相关,由权威主体经程序主动制定认可,具有形式上的建构性。道德在社会生产生活中自然演进生成,不是自觉制定和程序选择的产物,自发而非建构是其本质属性。故 C 项错误。

法律是最低限度的道德,但是,法和道德并非完全重合,违反法律的行为未必违反道德;同样,违法道德的行为未必违反法律。从另一方面来说,在道德上,义务不对应权利,也不以权利为前提,因而,不存在以交涉为本质的程序。并且,道德以主体内省和自决的方式生成和实现,也使道德与程序无关。道德的重心在于义务或责任。因此,违反程序不一定违反道德。故 D 项正确。

考点30 法与其他规范的联系与区别

176. 法与人权的关系;法的作用的局限性[ABD]

[解析] 人权是"人之所以成为人的"那些权利。人权具有双重属性,即法律属性和道德属性。法定权利也属于人权,是人权的法律化。因此,居住权作为法定权利,也具有人权的双重属性。故 A 项正确。

居住权既然属于人权范畴,从逻辑上当然先于《民法典》而产生,《民法典》只是将其上升为法定权利,赋予了居住权法律强制力。故 B 项正确。

法律的调整范围有局限性,不可能把所有的社会关系和人的需求都纳入法律的调整范围,比如道德范围内的事项就不需要或不适宜由法律来调整。故 C 项错误。

居住权设立,有利于满足社会上存在的离婚妇女、孤寡老人等弱势群体的住房需求,也有利于中低收入群体的住房保障,同时满足不同群体对房屋财产权益的不同需求,达到"住有所居"。故 D 项正确。

177. 法与人权[A]

[解析] 人权是指人作为人应当享有的权利,本质上属于一种道德权利。为了保障人权的实现,人权必须被法律化,但是,并不是所有的人权在实际上都被法律化。故 A 项错误。

人权不是天赋的,也不是理性的产物,而是历史地产生的,最终是由一定的物质生活条件所决定的。它的具体内容和范围总是随着历史发展、社会进步而不断丰富和扩展的。故 B、D 项正确。

人权对法的作用体现在:(1)指出了立法和执法所应坚持的最低的人道主义标准和要求;(2)可以诊

· 44 ·

断现实社会生活中法律追索权的症结,从而提出相应的法律救济的标准和途径;(3)有利于实现法律的有效性,促进法律的自我完善。故C项正确。

178. 人权;人权的属性[D]

[解析] 人权在本源上具有历史性。人权存在和发展的内因是人的自然属性,外因是社会的经济、文化状况。"权利永远不能超出社会的经济结构以及由经济结构所制约的文化发展"这句话表明,人权不是天赋的,也不是理论推导的产物,而是历史地产生的,最终是由一定物质生活条件所决定的。它的具体内容和范围总是随着历史发展、社会进步不断丰富和扩展的。

本题中,A、C项表达的不是人权的历史性;B项表达的是权利义务的关系;D项表达的是人权要受到社会的制约,随着社会的变动而变动,具有历史性。故A、B、C项错误,D项正确。

中国法律史 [答案详解]

专题五 先秦时期的法律思想与制度

考点31 先秦时期的法律思想与制度

179. 西周时期的法律思想[ABC]

[解析] 中国古代的礼在精神原则上可以归纳为"亲亲"和"尊尊"两方面。亲亲是指在家族范围内,按自己身份行事,不能以下凌上、以疏压亲,而且亲亲父为首,全体亲族成员都应以父家长为中心。舜的父亲犯罪,舜放弃天子之位背着父亲逃跑,体现的正是舜将其父亲作为行为的中心,哪怕是放弃天子之位。故A项正确。

孟子强调舜应当"夜晚偷偷背上父亲逃跑",突出的是舜不利用天子的独有权力,而是首先尊重法律,将父亲抓起来,其次是放弃天子权力,背着父亲逃跑退隐。故B项正确。

法律虽然是关于人们如何行为的明确规范,但法律的运行既离不开法律所赖以存续的社会环境,也呈现出强烈的道德意义。孟子关于舜背父逃亡的言论,体现的正是他对法律运行(杀人受刑)的严肃性以及法律所引发的社会意义(不能枉法和干预执法)和伦理意义(忠孝需两全)的调和。孟子既没有忽视法律的严肃性,也通过舜的抉择体现了法律的社会意义和伦理意义。故C项正确。

孟子主张,舜应当放弃天子之位,背上父亲逃跑,在其看来,尽孝道比得天下还重要,尽孝道比忠于国家还有价值。但这并不意味着孝道与守法不能两全。孟子特别强调了应该先把舜的父亲抓起来,这体现了对法律的尊重。尽管背父逃跑从现代法律的视角来看是逃脱法律的处罚,但孟子举此例的重点在于他认为尽孝和守法能够两全,但尽孝是基础和根本。故D项错误。

180. 出礼入刑;五刑[D]

[解析] 周礼,在具体的礼仪形式上分为五礼,即:吉礼(祭祀之礼)、凶礼(丧葬之礼)、军礼(行兵仗之礼)、宾礼(迎宾待客之礼)、嘉礼(冠婚之礼)。周礼的核心是"亲亲""尊尊",但未规定政治关系的等级。故A项错误。

西周时期五刑适用于庶民,也适用于贵族。故B项错误。

西周之"礼"具备法的性质,具有规范性、国家意志性和强制性。故C项错误。违礼即违法,"礼"与"刑"的关系是出礼入刑,二者缺一不可。故D项正确。

181. 西周的契约与婚姻;继承法律制度[A]

[解析] 西周的买卖契约称为"质剂"。"质",是指买卖奴隶、牛马所使用的较长的契券;"剂",是指买卖兵器、珍异之物所使用的较短的契券。故A项正确。

"质""剂"由官府制作,并由"质人"专门管理。故B项错误。

契约达成后,要先由官府进行制作,再交由"质人"专门管理。故C项错误。

西周的借贷契约称为"傅别",其买卖契约称为"质剂"。故D项错误。

182. 铸刑书与铸刑鼎[C]

[解析] 公元前536年,郑国执政子产将郑国的法律条文铸在象征诸侯权位的金属鼎上,向全社会公布,史称"铸刑书",这是中国历史上第一次公布成文法的活动。公元前513年,晋国赵鞅把前任执政范宣子所编刑书正式铸于鼎上,公之于众,这是历史上第二次公布成文法的活动。故A项错误。

春秋时期成文法的公布,对旧贵族操纵和使用法律的特权产生严重的冲击,是新兴地主阶级的一次重大胜利,因而遭到奴隶主贵族的反对。故B项错误。

春秋时期成文法的公布,打破了"刑不可知,则威不可测"的旧传统,明确了"法律公开"这一新兴地主阶级的立法原则。故C项正确。

孔子对"铸刑鼎"持反对态度,认为这是亡国之举:"晋其亡乎!失其度矣。"故D项错误。

183. 出礼入刑[C]

[解析] 礼是中国古代社会长期存在的、维护血缘宗法关系和宗法等级制度的一系列精神原则以及言行规范的总称,商周两朝在前代礼制的基础之上,都有所补充和发展。故,周礼并非自然流传到西周的产物。故A项错误。

中国古代的礼具有两层含义,其一是抽象的精神原则;其二是具体的礼仪形式。西周时期的礼已经具备法的性质,属于事实上的法律。故,周礼不仅仅属于宗教、伦理道德的范畴。故B项错误。

"刑不上大夫,礼不下庶人"是中国古代法律的一项重要原则,强调官僚贵族的法律特权。"礼不下庶人"强调礼有等差,禁止越礼的行为。"刑不上大夫"强调贵族士大夫适用刑法有特权。故C项正确。

· 46 ·

西周时期的礼刑相为表里,出礼入刑,两者共同构成西周完整的法律体系。故 D 项错误。

184. 西周法制思想(以德配天、明德慎罚、德主刑辅);永徽律疏与中华法系;明刑弼教[ACD]

[解析] 西周立法思想"以德配天,明德慎罚",强调教化为主,刑罚为辅。道德教化主要依靠礼,处罚主要依靠刑,所谓出礼入刑,形成了当时"礼""刑"结合的宏观法制特色。故 A 项正确。

秦朝自商鞅变法后,推行法家主张,强调"以法治国""明法重刑",诸事一断于法。"德主刑辅,礼刑并用"是汉代的立法思想。汉朝统治者正是吸取秦代只重法家立法思想导致王朝短命的教训,采取了"德主刑辅,礼刑并用"的立法思想。故 B 项错误。

唐律强调"礼律合一",法律制度"一准乎礼",真正实现了礼与律的统一,使得中国古代法律制度达到了顶峰,是中华法系的代表,包括日本的《大宝律令》、越南的《刑书》、朝鲜的《高丽律》几乎都照抄唐律。故 C 项正确。

宋代著名理学家朱熹首先对"明刑弼教"作了新的阐释,他有意提高了礼刑关系中刑的地位,认为礼律二者对治国同等重要,强调刑与教的实施可"或先或后","或缓或急"。自此,可以"先刑后教"行事。故 D 项正确。

185. 西周法制;西周政治法律主张;西周继承制;西周借贷制度[B]

[解析] "德主刑辅,礼刑并用"是汉代的立法思想。"以德配天,明德慎罚"是西周的立法思想。以德配天属于神学立法思想,是对夏商神学立法思想的改造,认为有德之人方可享有天下。此理论改造解决了周作为臣子何以伐作为天子的商纣的问题。故 A 项错误。

西周时期的礼已具备了法的性质,礼与刑的关系主要表现为:(1)出礼入刑,"礼"正面、积极规范人们的言行,而"刑"则对一切违反礼的行为进行处罚。(2)刑不上大夫(贵族大夫适用刑罚有特权),礼不下庶人(礼有等差,不可逾越)。故 B 项正确。

西周的买卖契约为质(买卖奴隶、牛马所使用的较长的契券)剂(买卖兵器、珍异之物所使用的较短的契券),借贷契约为傅(把债的标的和双方的权利义务等写在契券上)别(在简札中间写字,然后一分为二,双方各执一半,札上的字为半文)。C 项中的"书约"并非西周时期的借贷契约,故 C 项错误。

西周时期继承制度为嫡长子继承制,所谓"立嫡以长不以贤,立子以贵不以长"。由于实行一夫多妻制,王位的继承必须是嫡妻所生长子,无论其贤与否;若妻无子,则立贵妾之子,不管其年龄如何。这种继承主要是王、贵族政治身份的继承,土地、财产的继承是

其次。故 D 项错误。

186. 我国古代诉讼、审判制度[ABD]

[解析] 西周时期民事案件称为"讼",而刑事案件称为"狱",因此"听讼"为审理民事案件,"断狱"为审理刑事案件。故 A 项正确。

唐代地方司法机关仍由行政长官兼理。县以下乡官、里正对犯罪案件具有纠举责任,对轻微犯罪与民事案件具有调解处理的权力,结果须呈报上级。故 B 项正确。

明代的会审制度包括九卿会审、朝审和大审。大审始于宪宗成化十七年,司礼监会同三法司在大理寺共审囚徒,每五年举行一次。故 C 项错误。

清末司法机关的变化:改刑部为法部,掌管全国司法行政事务;改大理寺为大理院,为全国最高审判机关;实行审检合署。故 D 项正确。

187. 西周的契约法规[B]

[解析] "傅别"是指西周的借贷契约,即处理债权债务关系的凭证。故 A 项错误。

西周的买卖契约称为"质剂"。这种契约写在简牍上,一分为二,双方各执一份。据《周礼》记载,"质""剂"有别。"质"是买卖奴隶、牛马所使用的较长的契券;"剂"是买卖兵器、珍异之物所使用的较短的契券。故 B 项正确。

随着人类社会的进步,语言文字逐渐形成,生产力的发展促进了商业的繁荣,原始的口头契约已不能满足日益频繁的交易需求,人们开始在竹木契券上书写协议的内容,口头契约由此发展成书面契约,古代称之为"书券""券书"。"券书""书券"二者没有实质区别,"质剂""傅别"是其进一步发展的产物。故 C、D 项错误。

专题六 秦汉至魏晋南北朝时期的法律思想与制度

考点32 秦汉至魏晋南北朝时期的法律思想与制度

188. 魏晋南北朝时期的法律思想与制度[C]

[解析] 晋元主张鞭父母以问子女,即支持对父母进行刑讯以查明案情,从这一点来看,不能得出晋元帝重伦理轻法律的结论,反而在其看来法律比伦理要更为重要,为查明案情可以不顾伦理。故 A 项错误。

亲亲相隐即"亲亲得首匿"原则,确立于汉宣帝时期,影响深远。但是,确定其作为一项正式法律制度并非一蹴而就,且在不同的朝代有不同的制度设置。本题中,晋元帝为了审案而对亲亲相隐不予认可,可见,其在当时尚未确立为一种正式的法律制度。故 B

项错误。

亲亲得首匿原则,主张亲属间首谋藏匿犯罪可以不负刑事责任,是儒家法律化的延续,使得伦理因素可以成为抗御刑讯的正当理由。卫展上书的主张即这一原则的体现。故C项正确。

在古代礼法合一的体制下,伦理和刑罚在一定程度上可以融合,无论是"准五服以制罪",还是"亲亲得首匿",都是伦理与刑罚实现融合的制度体现。故D项错误。

189. 中国古代重要法典[BCD]

[解析] "具法"是关于定罪量刑中从轻从重法律原则的规定,起着"具其加减"的作用,相当于近代刑法典中的总则部分,在《法经》的最后一篇。《法经》第一篇是"盗法"。故A项错误。

《魏律》对秦汉旧律进行了较大改革,将《法经》中的"具律"改"刑名",置于律首。B项正确。

《北齐律》是魏晋南北朝成就最高的法典,将刑名与法例律合为"名例律"一篇,奠定了后世刑法的总则。C项正确。

《大清律例》是我国最后一部成文法典,以名例为总则,吏、户、礼、兵、刑、工六部为分则。D项正确。

190. 秦律原则[C]

[解析] 秦律规定,凡属未成年犯罪,不负刑事责任或减轻刑事处罚。秦律以大约六尺五寸的身高为成年标准。故A项错误。

秦律重视故意与过失犯罪的区别。故意诬告者,实行反坐;主观上没有故意的,按"告不审"从轻处理。因此,对于过失犯罪,不是不视为犯罪,而是从轻处罚。故B项错误。

秦律规定,对于共犯、累犯等加重处罚,对自首、犯后主动消除犯罪后果等减轻处罚;教唆未成年人犯罪的,加重处罚。故C项正确,D项错误。

191. 秦律的渎职罪[B]

[解析] "纵囚"指应当论罪而故意不论罪,以及设法减轻案情,故意使案犯达不到定罪标准,从而判其无罪,故A项正确。

"见知不举"指官吏发现犯罪而不揭发、举报,该罪的适用以官吏发现或知道犯罪为前提,而不以过失为要件,故B项错误。

"失刑"指因过失而量刑不当(若系故意,则构成"不直"罪),故C项正确。

"不直"指的是罪应重而故意轻判,轻应重而故意重判,故D项正确。

192. 中国古代律典历史变迁[C]

[解析] 《法经》中"具法"篇是关于定罪量刑中从轻从重法律原则的规定,起着"具其加减"的作用,相当于近代刑法典中的总则部分。故A项正确。

《晋律》又称《泰始律》《张杜律》,共20篇602条。《晋律》与魏律相比,在刑名律后增加法例律,丰富了刑法总则的内容。故B项正确。

"《北齐律》共12篇,将刑名与法例律合并为名例律一篇,充实了刑法总则"表述正确,但并未对其进行逐条逐句的疏议。注意,唐朝时期,唐高宗安排律学通才和重要幕僚以疏议的形式对《永徽律》全篇律文逐条逐句地做了统一的法律解释,与《永徽律》合并,形成《永徽律疏》。故C项错误。

《大清律例》的结构、形式、体例、篇目与《大明律》基本相同,共分名例律、吏律、户律、礼律、兵律、刑律、工律七部分。故D项正确。

193. 中国历史上法制变革历程;商鞅变法;肉刑废除;《大清新刑律》[C]

[解析] 商鞅变法全面贯彻法家"以法治国""明法重刑"的主张。包括:(1)以法治国,要求全体臣民特别是国家官吏学法、"明法",百姓学习法律者,"以吏为师";(2)轻罪重刑;(3)不赦不宥,强调法律的严肃性,凡有罪者皆应受罚;(4)鼓励告奸,规定"告奸者与斩敌首同赏";(5)实行连坐,以十家为什,五家为伍,什伍之中有作奸犯法者,相互负连带责任。A项属于"轻罪重刑"的内容。故A项正确。

文帝废除肉刑的起因是缇萦上书,景帝在文帝基础上对肉刑制度作进一步改革。具体措施包括:颁布《箠令》,规定笞杖尺寸,以竹板制成,削平竹节,以及行刑不得换人等,使得刑制改革向前迈了一大步。文帝、景帝时期的刑制改革,为结束传统肉刑制度、建立新的刑罚制度奠定了重要基础。故B项正确。

北朝与南朝相继宣布废除宫刑,自此结束了使用宫刑的历史。所以废除宫刑不是在唐代。故C项错误。

《大清新刑律》有以下特点:(1)是中国历史上第一部近代意义上的专门刑法典;(2)结构上分总则和分则两篇,后附《暂行章程》5条;(3)抛弃了旧律诸法合体的编纂形式,以罪名和刑罚等专属刑法范畴的条文作为法典的唯一内容;(4)确立了新刑罚制度,规定刑罚分主刑、从刑;(5)采用了一些近代西方资产阶级的刑法原则和刑法制度,如罪刑法定原则和缓刑制度等。故D项正确。

194. "春秋决狱"的内容、特征[ABD]

[解析] 题干文言文之要旨为:必须根据案情事实,追究行为人的动机;动机邪恶者即使犯罪未遂也不免其责;首恶者从重惩治;主观上无恶念者从轻处理。这里强调审断时应重视行为人在案情中的主观动机;在着重考察动机的同时,还要依据事实分别首犯、从犯和已遂、未遂。如犯罪人主观动机符合儒家"忠""孝"精神,即使其行为构成社会危害,也可以减

48

免刑事处罚。相反,犯罪人主观动机严重违背儒家倡导的精神,即使没有造成严重危害后果,也要认定犯罪给予严惩。但春秋决狱,论心定罪,因为过于强调动机,往往会成为司法官吏主观臆断和陷害无辜的口实,在某种程度上为司法擅断提供了依据。故A、B、D项正确。

但是,《春秋》决狱实行"论心定罪"原则,如犯罪人主观动机符合儒家"忠""孝"精神,即使其行为构成社会危害,也可以减免刑事处罚,而不是不给予刑事处罚。故C项错误。

195. 战国、南北朝、宋代、清代重要法典的历史地位[A]

[解析]《法经》作者为战国时期魏国人李悝,是中国历史上第一部比较系统的成文法典。有人认为《法经》是中国历史上第一部比较系统的封建成文法典,故本选项错误。注意,《法经》成书于战国时期,为封建法典,自无异议。而《法经》之前的法典,包括春秋时期的《刑书》《刑鼎》,为奴隶制性质的法典,且虽为成文法典,但是缺乏系统性。故《法经》也可称之为第一部比较系统的成文法典。故A项正确。

《北齐律》在中国古代法律史上起着承先启后的作用,而非《北魏律》。故B项错误。

中国古代的法典实行诸法合体、以刑为主的传统,彻底打破传统诸法合体体制的是清代的《大清新刑律》。《宋刑统》虽为第一部刊印颁行之法典,但是其内容并非仅含刑事内容。《宋刑统》的编纂体例仿唐宣宗《大中刑律统类》,将性质相同或相近的律及有关的敕、令、格、式、起、请等条文合编,形成律令合编的体例。故C项错误。

《大明会典》为行政法典,仿《唐六典》,以六部官制为纲,为《大清会典》所承继。而《大明律》为刑事法典,仿《元典章》,采七篇结构,为《大清律例》所继承。故D项错误。

196. 秦汉刑罚中的徒刑类型[ABD]

[解析] 秦代刑法包括八大类,五大主刑:笞、徒、流放、肉、死刑;三大附加刑:髡、耐等羞辱刑,赀刑(经济刑),族和收(株连刑)。但还未形成完整的刑罚体系。其中徒刑主要有:(1)城旦舂(男犯筑城墙,女犯舂米做饭,5年);(2)鬼薪、白粲(男犯为祭祀鬼神砍柴,女犯为祭祀鬼神做饭,4年);(3)隶臣妾(男犯收为臣,女犯收为妾,3年);(4)司寇(伺察寇盗,2年);(5)候(发往边境充当斥候,1年)。故本题A、B、D项正确。另外,弃市为死刑,意指杀人后不准收尸,不是徒刑,故C项错误。

197. 秦朝刑事罪名;秦朝刑事罪名特色[D]

[解析] 秦禁书令规定,"有敢偶语《诗》《书》者,弃市。以古非今者,族。"秦始皇为了加强思想统治,维护皇权,接受李斯的建议,下令焚烧《秦记》以外的列国史记,对不属于博士馆的私藏《诗》《书》等也限期交出烧毁;有敢谈论《诗》《书》的处死,以古非今的灭族;禁止私学,想学法令的人要以官吏为师。很显然是一种带有专制性的法律措施。故A、B项不当选。

"非所宜言",属于秦危害皇权罪的一种,即说了不应说的话。至于什么是不应说的话,秦律无明文规定,封建统治者可以随便解释,加罪于人,这是典型的封建专制主义法律。故C项不当选。

"失刑"罪,是指官吏因过失而量刑不当而应承担的一种渎职罪,是对执法者在执法过程中不公、不慎、不明造成冤假错案的惩罚原则,以后各封建朝代都对此行为作了规定,对于规范官吏合法合理执法起到了一定的警示作用,属于渎职罪。故D项当选。

198. 汉律;亲亲得相首匿原则的内涵与实质[B]

[解析] "亲亲得相首匿"原则首先由汉宣帝规定,主张亲属间首谋隐匿犯罪可以不负刑事责任。其中,对卑幼亲属首匿尊长亲属的犯罪行为,不追究刑事责任。尊长亲属首匿卑幼亲属,罪应处死的,可上请皇帝宽贷,减轻刑事责任,而不是不负刑事责任。故A项正确,B项错误。

"亲亲得相首匿"对于有亲属关系的隐匿行为,可以宽宥,是法律儒家化的具体体现,其目的是尊崇儒家伦理。故C、D项正确。

199. 中国法律制度的发展演进历程与重要事件[ACD]

[解析] 商鞅的"改法为律"强调法律规范的普遍性,具有"范天下不一而归于一"的功能。"改法为律",是在法律观念上的又一进步。故A项正确。

汉代废肉刑缘于汉文帝十三年的"缇萦上书",景帝时对肉刑作了进一步改变。文帝、景帝时期的刑制改革,顺应了历史发展,为结束奴隶制肉刑制度,建立封建刑罚制度奠定了重要基础。因此,不是汉武帝,是汉文帝。故B项错误。

三国两晋南北朝为中国封建社会承上启下之时代,上接秦汉,下续隋唐,其法律制度也体现为承先启后之特色,为最终唐朝达到封建法律制度的高峰奠定了基础。三国两晋南北朝时期法律内容的变化主要表现在礼法结合的进一步发展。也就是说,在汉代中期以后的法律儒家化的基础上,更广泛、更直接地把儒家的伦理规范上升为法律规范,使礼、法更大程度上实现融合。故C项正确。

清末变法修律的宗旨是"中学为体、西学为用",即仿效外国资本主义的法律形式,固守中国的封建法制传统。故D项正确。

200. 我国古代法典结构体例[C]

[解析]《法经》共六篇:《盗法》《贼法》《网法》

理论法 [答案详解]

· 49 ·

《捕法》《杂法》《具法》。其中最后一篇为《具法》，是关于定罪量刑中从轻从重法律原则的规定，起着"具其加减"的作用，相当于近代刑法典中的总则部分。故A项正确。

魏明帝时改定刑制，作《魏律》，《魏律》对秦汉旧律有较大改革。首先，将《法经》中的"具律"改为"刑名"置于律首；其次，将"八议"制度正式列入法典；再次，进一步调整法典的结构与内容，使中国封建法典在系统和科学上前进了一大步。故B项正确。

晋武帝时诏颁《晋律》，对汉魏法律继续改革，在"刑名律"后增加"法例律"，形成20篇602条的格局。而到了《北齐律》时，将刑名与法例合为"名例律"一篇，充实了刑法总则。因此，首次有"名例律"是《北齐律》，而非《晋律》。故C项错误。

唐朝时期，唐高宗安排律学通才和重要幕僚以疏议的形式对《永徽律》全篇律文逐条逐句地做了统一的法律解释，而且尽可能以儒家经典为根据解释，并将疏议分附于律文之后颁行，分为12篇30卷，是为《永徽律疏》。故D项正确。

201. 死刑复奏制度[ABD]

[解析] 死刑复奏制度是指奏请皇帝批准执行死刑判决的制度，北魏太武帝时正式确立这一制度。这一制度的建立既加强了皇帝对司法审判的控制，又体现了皇帝对民众的体恤。故A、D项正确。

隋唐时期，每个死刑案件要复奏三次，故称三复奏。后唐太宗为避免错杀，进一步慎重死刑执行制度，在京师实行"五复奏"。故B项正确。

明清时期的朝审制度始于明天顺三年（1459年），明英宗命每年霜降之后，三法司会同公侯、伯爵、在吏部尚书（或户部尚书）主持下会审重案囚犯。但是死刑案件最终仍需奏请皇帝批准。故明清时期的朝审制度并未取代死刑复奏制度。故C项错误。

专题七 隋唐宋元时期的法律思想与制度

考点33 隋唐宋元时期的法律思想与制度

202. 宋代契约法制[ACD]

[解析] 宋代买卖契约分为绝卖、活卖与赊卖三种。绝卖为一般的买卖。活卖为附条件的买卖，当所附条件完成，买卖才算最终成立。赊卖是采取类似商业信用或者预付方式，一段时间之后收取出卖物的价金。A项描述的付款方式符合"赊卖"的性质，故正确。

宋代对房宅的租赁称为"租""赁"或"借"，同时因袭唐制，区分借与贷。借是使用借贷，不付息，当时称为"负债"；贷指消费借贷，需付息，当时称为"出举"。B项中的房屋租赁应属于"负债"（使用借贷），而非"出举"（消费借贷），故错误。

典卖在宋代称为"活卖"，即通过让渡物的使用权收取部分利益而保留赎回权的一种交易方式。C项描述的事实符合"活卖"性质，正确。

宋代租佃土地活动十分普遍，地主与佃农签订租佃土地契约时，必须明定纳租与纳税的条款，或按成比例收租（分成租），或实行定额租。D项描述的事实符合"租佃"性质，正确。

203. 古代刑罚与法律制度[B]

[解析] 先秦的奴隶制五刑以肉刑为中心，包括：墨（刺字）、劓（割鼻）、刖（断足）、宫（男性去势，女性幽闭）、大辟（死刑）。故A项正确。

隋朝的《开皇律》形成封建制五刑：笞、杖、徒、流、死，刑罚依次加重。唐代得以沿用。因此，唐代的最低刑是笞刑。故B项错误。

唐代形成较为完善的三法司，其中，大理寺主审判，刑部主复核，御史台主监察。故C项正确。

《大明律》强调"重其所重，轻其所轻"原则。所谓重其所重，指贼盗及有关钱粮等事，明律较唐律处刑为重，且扩大株连范围。所谓轻其所轻，指典礼及风俗教化等一般性犯罪，明律处罚轻于唐律。故D项正确。

204. 秋冬行刑；隋唐法律制度[ACD]

[解析] 成语"秋后算账"来源于中国古代的租佃契约。中国传统上属于春种秋收的农耕社会，宋代租佃土地活动十分普遍。佃农秋收后过期不交地租，地主可于每年十月初一到正月三十日向官府投诉，由官府代为索取。遂形成"秋后算账"的传统。故A项错误。

《开皇律》在北齐律"重罪十条"的基础上加以删增，创设了"十恶"条款，此即俗说"十恶不赦"之来源。"十恶"制度为唐朝所承袭，并在此后一千余年一直作为传统法典的核心内容而存在。故B项正确。

C项"诸化外人同类自相犯者，各依本俗法；异类相犯者，以法律论"，是指同一国籍的人产生纠纷，则依其所属国法律处罚，这是属人管辖；不同国籍的人产生纠纷，则依据唐律处罚，这是属地管辖。故C项错误。

D项"诸断罪而无正条，其应出罪者，则举重以明轻；其应入罪者，则举轻以明重"，是指法律文无明文规定的同类案件，凡应减轻处罚的，则列举重罪处罚规定，比照以解决轻案；凡应加重处罚的罪案，则列举轻罪处罚规定，比照以解决重案。当然推理指的是由某个更广泛的法律规范的效力推导出某个不那么广泛的法律规范的效力。换言之，它指的是"如果较强的规范有效，那么较弱的规范就必然更加有效"。当

· 50 ·

然推理包括两种形式:一是举轻以明重;二是举重以明轻。类比推理是根据案件事实的相似性进行推理,而当然推理则是根据案件事实性质的轻重程度不同进行推理。因此 D 项是当然推理,而非类比推理。故 D 项错误。

205. 司法制度(刑讯与仇嫌回避原则)[B]
[解析] A 项是对刑讯条件的规定,即在拷讯前,必须先审核口供的真实性,然后反复查验证据。证据确凿,仍狡辩否认的,经过主审官与参审官共同决定,可以使用刑讯;未经法定程序拷讯的,承审官要负刑事责任。故 A 项不当选。

B 项是关于据证定罪的规定,即对那些人赃俱获,经拷讯仍不认罪的,也可"据状断之"。故 B 项当选。

C 项是关于禁止使用刑讯的规定。故 C 项不当选。

D 项是关于依法断狱的规定。故 D 项不当选。

206. 契约形式[B]
[解析]《宋刑统》与《庆元条法事类》在买卖之债的发生的法律规定上,强调双方的"合意"性,对强行签约违背当事人意愿的,要"重锟典宪"。故 A 项正确。活卖为附条件的买卖,当所附条件完成,买卖才算最终成立。赊卖是采取类似商业信用或预付方式,而后收取卖物的价金。故 B 项错误。不付息的使用借贷为负债,付息的消费借贷称为出举。"(出举者)不得迴利为本",不得超过规定实行高利贷盘剥。故 C 项正确。

宋代租佃土地活动十分普遍。地主与佃农签订租土地契约中,必须明定纳租与纳税的条款,或按收成比例收租(分成租),或实行定额租。地主同时要向国家缴纳田赋。若佃农过期不交地租,地主可于每年 10 月初一到正月 30 日向官府投诉,由官府代为索取。故 D 项正确。

207. 永徽律疏与中华法系[D]
[解析] 唐律承袭和发展了以往礼法并用的统治方法,使得法律统治"一准乎礼",真正实现了礼与律的统一。正如唐太宗所说:"失礼之禁,著在刑书。"把封建伦理道德的精神力量和法律政治力量紧密糅合在一起。故 A 项正确。

唐朝立法以科条简要、宽简适中为特点。在立法技术上表现出高超的水平,如自首、化外人有犯、类推原则的确定都有充分表现。唐律结构严谨,为举世所公认。故 B 项正确。

唐律是中国传统法典的楷模与中华法系形成的标志。唐律在中国法制史上具有继往开来、承前启后的重要地位。故 C 项正确。

唐律作为中华法系的代表作,不仅在本国而且在世界法制史上也占有重要地位。它对亚洲诸国产生了重大影响,但对欧洲诸国产生重大影响的提法不准确。故 D 项错误。

208. 南宋的契约与婚姻法律制度[D]
[解析] 宋代法律在继承关系上,有很大的灵活性。除沿袭以往遗产兄弟均分外,允许在室女(未嫁女)享有部分继承财产权,继子与绝户之女均享有继承权。只有在室女的,在室女享有 3/4 的财产继承权,继子享有 1/4 的财产继承权;只有出嫁女(已婚女)的,出嫁女享有 1/3 的财产继承权,继子享有 1/3,另外的 1/3 收为官府所有。本题属于只有出嫁女的情况,因此霍甲、霍丙、官府各享有 1/3。故 A、B、C 项错误,D 项正确。

209. 类推;十恶[A]
[解析]《唐律·名例律》规定:"诸断罪而无正条,其应出罪者,则举重以明轻;其应入罪者,则举轻以明重。"即对律文无明文规定的同类案件,凡应减轻处罚的,则列举重罪处罚规定,比照以解决轻案;凡应加重处罚的罪案,则列举轻罪处罚规定,比照以解决重案。唐律规定,谋杀(即预谋杀害,"谋而未行"以及"行而未伤")尊亲斩,但无已伤已杀(即既遂,出现伤害、死亡的客观结果)重罪的条文,在处理已杀已伤尊亲的案件时,通过类推可以知道更应处以斩刑。故 A 项正确,B、C 项错误。

谋杀尊亲属于"十恶"犯罪中的"不睦"行为。"不孝"是指未经祖父母、父母同意而私立门户、分异财产,对祖父母,父母供养有缺,为父母尊长服丧不如礼等行为。故 D 项错误。

210. 唐代类推原则[D]
[解析]《唐律·名例律》规定:"诸断罪而无正条(律文无明文规定的同类案件),其应出罪者,则举重以明轻(凡应减轻处罚的,则列举重罪处罚规定,比照以解决轻案);其应入罪者,则举轻以明重(凡应加重处罚的罪案,则列举轻罪处罚规定,比照以解决重案)。"

"无正条",即没有明文规定时可以适用类推制度。故 A 项错误。

类推之罪处罚的轻与重,要根据实际的案情具体分析。出罪者,则举重以明轻;入罪者,则举轻以明重。故 B、C 项错误。

反映唐朝立法技术发达的制度包括:自首、化外人、类推、公私罪等。故 D 项正确。

211.《唐律疏议》的特点、性质、地位[ABCD]
[解析] 本题属于材料分析题,A 项与 B 项直接考查对题干的理解。从题干来看,该条文规定的是,为了避免后世的仇杀,对于杀害同乡人的祖父母、父母者,虽然被免罪但也要移居外乡,体现了"情法结

理论法 [答案详解] · 51 ·

合"的特点。故A、B项正确。

唐律的立法技术非常完善,表现出高超的水平。例如,确定了自首、化外人、类推原则;再如,为防止官吏滥用比附,用精确的语言规定在法无明文规定的条件下,官吏故意与过失出入人罪的处理办法,并结合社会现实特点,实现了法律与社会较高程度的融合。故C项正确。

唐律具有明显的"礼法合一"特点,承袭和发展了以往"礼法并用"的统治方法,使得法律统治"一准乎礼",真正实现了礼与法的统一。本题中,"移乡避仇制"的确立,就是在充分考虑"情"与"法"等因素后形成的特殊处理模式。故D项正确。

212. 宋代离婚改嫁制度[D]

[解析] 宋代在婚姻制度方面,仍实行唐制"七出"与"三不去"制度,但也有少许变通。具体包括:(1)《宋刑统》规定:夫外出三年不归,六年不通问,准妻改嫁或离婚;但是"妻擅走者徒三年,因而改嫁者流三千里,妾各减一等"。(2)夫亡,妻若改适(嫁)其,见在部曲、奴婢、田宅不得费用。即允许妇女改嫁,但是不得转移家族财产。严格维护家族财产不得转移的固有传统。故A、B、C项属于变通规定,不当选。

南宋时期一些地域规定了适用户绝财产继承的办法。户绝指家无男子承继。户绝立继承人有两种方式:凡"夫亡而妻在",立继从妻,称为"立继";凡"夫妻俱亡",立继从其尊长亲属,称为"命继"。D项规定的是继承制度中的"户绝"制度,与离婚或改嫁制度的变通并无关联。故D项当选。

213. 审判制度的发展;西周的狱讼制度;汉代的春秋决狱制度;唐代的证据定罪制度;明代的九卿会审制度[C]

[解析]《春秋》决狱制度强调论心定罪,重视嫌疑人的犯罪动机,所谓"志善而违于法者免,志恶而合于法者诛",本案并未涉及。故A项错误。

"听讼""断狱"为西周司法制度,听讼为审理民事案件,断狱为审理刑事案件,同题意不符。故B项错误。

"据状断之"是指对于那些人赃俱获,却没有拷讯获取口供,或者拷讯后仍拒不认罪,根据证据定罪,本案正是证据确凿而定案的例证。故C项正确。

九卿会审为明代会审制度,由六部尚书及通政使司的通政使、都察院左都御史、大理寺卿组成联合法庭,审判皇帝交付的案件或已判决但因犯仍翻供不服之案。本案并没有使用"九卿会审"。故D项错误。

214. 唐、宋、西周的契约关系[A]

[解析] 典当制度在唐代已形成,唐末开始使用"典"或"典当"一词。宋承唐制,典当制度进一步完善成熟。故A项正确。

西周的买卖契约称为"质剂"。故B项错误。

宋代的买卖契约分为三种:绝卖、活卖与赊卖,其中活卖又叫典卖,即通过让渡物的使用权收回部分利益而保留回赎权的一种交易方式,多用于土地的典当。故C项错误。

《唐律》中的六赃制度包括:受财枉法、受财不枉法、受所监临、强盗、窃盗、坐赃。其中"坐赃",指官吏或常人非因职权之便非法收受财物的行为。故D项错误。

215. 宋代法律和相关制度[C]

[解析]《宋刑统》于宋太祖建隆四年开始修订,同年7月完成,由宋太祖诏"付大理寺刻板摹印,颁行天下",成为中国历史上第一部刊印颁行的法典。故A项正确。

宋代法律因袭唐制,对借与贷作了区分。借指使用借贷,而贷则指消费借贷。当时把不付息的使用借贷称为负债,把付息的消费借贷称为出举。故B项正确。

敕的本意是尊长对卑幼的一种训诫,南北朝以后成为皇帝诏令的一种。宋代的敕是指皇帝对特定的人或事所做的命令。宋仁宗前基本上是"敕律并行",宋神宗朝敕地位提高,"凡律所不载者,一断以敕",敕已到足以破律、代律的地步。故C项错误。

宋建隆四年颁行"折杖法",意在笼络人心,改变五代以来刑罚严苛的弊端。折杖法除死刑不折外,笞杖徒流皆可折为杖刑,流刑杖后就地配役一年,加役流配三年。故D项正确。

216. 永徽律疏[ABD]

[解析]《唐律疏议》(《永徽律疏》)是唐高宗李治在位时期完成的。故A项错误。

北齐为维护封建国家根本利益,在《北齐律》中首次规定"重罪十条",是对危害统治阶级根本利益的十种重罪的总称。隋《开皇律》在"重罪十条"的基础上加以损益,首次确立了十恶制度。唐律承袭此制,将"十恶"列入《名例律》之中。故B项错误。

唐高宗安排律学通才和重要幕僚以疏议的形式对《永徽律》全篇律文逐条逐句地做了统一的法律解释,而且尽可能以儒家经典为根据,并将疏议附于律条之后,颁行天下,是为《永徽律疏》。故C项正确。

《永徽律》是在《贞观律》基础上修订的法典。唐高宗在永徽三年下令召集律学通才和一些重要臣僚对《永徽律》进行逐句的解释,历时1年,撰《律疏》30卷奏上,与《永徽律》全编在一起,于永徽四年十月经高宗批准,将疏议分附于律文之后颁行,计分12篇,共30卷,称为《永徽律疏》。故认为《永徽律疏》是对《贞观律》解释的说法是错误的。《永徽律疏》是我国历史上迄今保存最完整、最早、最具有社会影响力的古代成文法典,标志着中国古代立法达到最高水平,在中国立法史上占有最为重要的地位。故D项错误。

专题八 明清时期的法律思想与制度

考点34 明清时期的法律思想与制度

217. 清代刑罚与审判制度[BCD]

[解析] 根据"准五服以制罪"制度,尊犯卑,处分较常人相犯为轻;卑犯尊,处分较常人相犯为重。在本案中,张安夫妻杀害父亲,以卑犯尊,显然比以尊犯卑的刑罚更重。故A项正确。

根据《大清律例》,妻殴伤夫之父母(即其公婆),应科斩罪,如殴毙公婆,即殴打公婆致死,处凌迟极刑。但拒奸情而致公公伤亡,应当别论:儿媳拒奸,伤及公公,情有可原,罪可免科;如果导致公公死亡,则法不容情,儿媳必得死罪,为被杀者"抵命"。故B项错误。

明清时期的刑法已经明确区分故杀和谋杀两种杀人罪类型。谋杀是有预谋的故意杀人,而故杀是没有预谋、突然起意的故意杀人。张张氏和丈夫如果有杀害公公的想法,算是谋杀的起意谋划阶段,但并未实施相应行为,只能定为有犯意无表示,这种情况不能用刑,否则会与明德慎罚的理念相冲突。故C项错误。

清代的中央司法机关为刑部、大理寺、督察院,刑部是最重要的司法机构,既有最终审判权,也有对地方上报案件的复核权(死刑案件由大理寺复核)。故D项错误。

218. 会审公廨[D]

[解析] 会审公廨是1864年清廷与英、美、法三国驻上海领事协议在租界内设立的特殊审判机关。会审公廨的主审官为中国官员,但凡涉及外国人案件,须有领事官员参加会审;凡中国人与外国人之间的诉讼案,由本国领事裁判或陪审,甚至租界内纯属中国人之间的诉讼也由外国领事观审。这是对我国司法主权的践踏。故A、B项正确,D项错误。

中华民国成立后,继承了清廷与列强签署的各项国际条约,会审公廨直到1927年才撤销。故C项正确。

219. 清末修律主要内容[C]

[解析]《钦定大清商律》是清朝第一部商律,包括《商人通例》和《公司律》,不包括《破产律》。故A项错误。

清廷制定商律是为了解决工商业发展过程中的矛盾,乃形势所迫,是一种被动的、被迫的立法活动,虽然有利于工商业发展,但不能表明其工商业政策发生根本性转变。故B项错误。

清末的商事立法,大致可以分为前后两个阶段:1903~1907年为第一阶段;1907~1911年为第二阶段。在第一阶段,商事立法主要由新设立的商部负责;在第二阶段,主要商事法典改由修订法律馆主持起草。故C项正确。

清末修律成果包括《大清现行刑律》《大清新刑律》《大清商律草案》《大清民律草案》及诉讼法律、法院编制法等,不包括《大清律例》。《大清律例》是中国历史上最后一部封建成文法典,于乾隆五年完成。故D项错误。

220. 清末主要修律内容(《大清现行刑律》;《大清新刑律》);清末司法体制的变化(法部;四级三审制)[A]

[解析]《大清现行刑律》只是在形式上对《大清律例》稍加修改,主要变化包括:对纯属民事性质的条款不再科刑;废除了一些残酷的刑罚手段,如凌迟;增加了一些新罪名,如妨害国交罪等。故A项正确。

《大清新刑律》是中国历史上第一部近代意义上的专门刑法典,但仍保持着旧律维护专制制度和封建伦理的传统。故B项错误。

清末司法机关的变化有:改刑部为法部,掌管全国司法行政事务;改大理寺为大理院,为全国最高审判机关;实行审检合署。同时,清末实行四级三审制。故C、D项错误。

221. 清朝会审[C]

[解析] 清代的秋审和朝审后案犯处理情况分为:(1)情实:情况属实,死刑立即执行。(2)缓决:情况属实,危害不大,减为军流。(3)可矜:可疑之罪,减为徒流。(4)留养承嗣:亲老丁单时,奏请皇帝申请留养承嗣,可免于处罚。

情实是死刑立即执行,而非斩监候。故A项错误。

缓决指情况属实,危害不大,减为军流。秋审和朝审已经是终审判决。故B项错误。

可矜指案情属实,但有可矜或可疑之处,可免于死刑,一般减为徒、流刑罚。故C项正确。

留养承嗣指案情属实,罪名恰当,但有亲老丁单情形,合乎申请留养条件者,按留养奏请皇帝裁决,留养承嗣针对的是犯罪人而不是被害人有亲老丁单情形。故D项错误。

222. "十九信条"[B]

[解析]《宪法重大信条十九条》,又称"十九信条",是清政府于辛亥革命武昌起义爆发后抛出的又一个宪法性文件。1911年清王朝迫于武昌革命风暴,匆匆命令资政院迅速起草宪法,企图度过危机,资政院仅用3天时间即拟定,并于11月3日公布。"十九信条"形式上被迫缩小了皇帝的权力,相对扩大了议

理论法 [答案详解]

· 53 ·

会和总理的权利,但仍强调皇权至上,且对人民权利只字未提,更暴露其虚伪性。故A、C、D项正确,B项错误。

223.明律与明大诰[ABC]

[解析]《大诰》是明初的一种特别刑事法规。《大诰》的特点有:其一,对于大明律中原有的罪名,一般都加重处罚;其二,滥用法外之刑;其三,"重典治吏",大多数条文专为惩治贪官污吏而定。故A、C项正确。

《大诰》也是中国法制史上空前普及的法规,每户人家必须有一本,科举考试也列入《大诰》的内容。故B项正确。

明太祖朱元璋死后,《大诰》被束之高阁,不具法律效力,但并未被明文废除。故D项错误。

224.清末修律的指导思想[B]

[解析] 清末变法修律一贯穿着"仿效外国资本主义形式,固守中国法制传统"的方针:仿效外国资本主义法律的最新形式,即为"西用";而固守中国封建伦理专制之本体不变,即为"中体"。故B项正确,A、C、D项错误。

225.清代的审判制度;清朝的热审制度[CD]

[解析] 在明代会审制度的基础上,清朝进一步完善了重案会审制度,形成了秋审、朝审、热审等比较规范的会审体制。秋审是清朝的国家大典,是最重要的死刑复审制度。每年秋八月,九卿、詹事、科道、军机大臣、内阁大学士等共同审理全国上报的绞斩监候案件。朝审是对刑部判决的重案及京师附近斩、绞监候案件进行的复审,每年霜降十日后举行,其审判组织、方式与秋审大体相同。热审于每年小满后十日至立秋前一日,由大理寺官员会同各道御史及刑部承办京师笞杖刑案件的重审。

题干中京师的甲被判笞刑,属于热审的对象。A项描述的是秋审制度,不当选;B项描述的是朝审的时间,不当选;C项描述的是热审的审判组织,当选;D项描述的是热审的时间,当选。

226.明代法律制度;明代刑法原则;明代会审制度[C]

[解析] 鉴于元末法制败坏的教训,朱元璋曾说:"夫法度者,朝廷所以治天下也。"故A项正确,不当选。

明律确立了"重其所重,轻其所轻"的原则。对于贼盗及有关钱粮等事,明律较唐律处刑为重。唐律一般根据情节轻重作出不同处理,牵连范围相对较狭;而明律则不分情节,一律处重刑,且扩大株连范围,此即"重其所重"原则。对于"典礼及风俗教化"等一般性犯罪,明律处罚轻于唐律,此即"轻其所轻"原则。故B项正确,不当选。

《大明会典》在明英宗时开始编修、孝宗弘治十五年初步编成,但未及颁行,武宗、世宗、神宗三朝重加校刊增补。《大明会典》基本仿照《唐六典》,以六部官制为纲,分述各行政机关职掌和事例。在每一官职之下,先载律令,次载事例。因此,《大明会典》仿《元六典》的说法不能成立。故C项错误,当选。

明代的会审制度包括:(1)九卿会审(又称"圆审"),由六部尚书及通政使司的通政使、都察院左都御使、大理寺卿九人会审皇帝交付的案件或已判决但囚犯仍翻供不服之案。(2)朝审,始于天顺三年,每年霜降之后,三法司会同公侯、伯爵,在吏部尚书(或户部尚书)主持下会审重案囚犯。清代秋审、朝审皆渊源于此。(3)大审,始于成化十七年,宪宗命司礼监在堂居中而坐,尚书各官列左右,会同三法司在大理寺共审囚徒,《明史·刑法志》载:"自此定例,每五年辄大审。"故D项正确,不当选。

227.谋杀和故杀的理解与区分[B]

[解析] 区分谋杀与故杀的根本标准在于有无事先预谋。事先预谋杀人属于谋杀,突然起意的杀人属于故杀。

A项,浦某胞弟是见其兄被打伤,突然起意杀人,属于故杀。故A项不当选。

B项,"立志复仇""趁宋某独自上山之机"等用语可以看出洪某蓄谋已久,最可能被认定为谋杀者。故B项当选。

C项,卢某"恐其败露欲杀之",是突然起意杀人,系"起意于殴杀之时",属于故杀。故C项不当选。

D项,刘某没有预谋杀害李朱氏和其外孙,而是临时起意杀人,属于故杀。故D项不当选。

228.中外法律制度演变[D]

[解析] 西周"七出""三不去""六礼"等婚姻立法的原则和制度,多为后世法律所继承和采用,成为中国传统法律的重要组成部分。故A项正确,不当选。

汉代根据"天人感应"理论,规定春、夏不得执行死刑,实行"秋冬行刑"制度。除谋反大逆等"决不待时"者外,一般死刑犯须在秋天霜降以后、冬至以前执行。秋冬行刑制度对后世有着深远影响,唐律规定"立春后不决死刑",明清律中的"秋审"制度亦溯源于此。故B项正确,不当选。

清末修律的时候,清政府对旧的诉讼体制和审判制度进行了一系列改革:(1)司法机关的变化:改刑部为法部;改大理寺为大理院;实行审检合署。(2)实行四级三审制。(3)初步规定了法官及检察官考试任用制度。(4)建立并改良监狱及狱政管理的制度。故C项正确,不当选。

法国国民会议于1789年8月26日通过《人权与

54

公民权利宣言》(简称《人权宣言》),这一划时代的历史性文件第一次明确而系统地提出了资产阶级民主和法制的基本原则,是建立资产阶级统治的纲领性文件。而《独立宣言》是1776年北美十三个英属殖民地宣告独立时发布的文件。故 D 项错误,当选。

229. 古代法律观念和司法制度[ABCD]

[解析]《幼学琼林》有"世人惟不平则鸣,圣人以无讼为贵"句,这反映了中国古代社会的某种"无讼"的诉讼观念,涉及当世的法律观念和司法制度。故 A 项正确。

《弟子规》中的"财物轻,怨何生,言语忍,忿自泯"句,要求人们重义轻利,告诫年轻人应当自控息怒、多多忍让,以防止出现违法犯罪的后果,涉及当世的法律观念和司法制度。故 B 项正确。

《增广贤文》中的"礼义生于富足、盗出于贫穷"句,为对犯罪产生原因的思考和总结,与犯罪、刑罚相关,涉及当世的法律观念和司法制度。故 C 项正确。

《女儿经》中的"遵三从,行四德,习礼义,看古人,多贤德,为法则"句,表明中国古代的女性要遵守"三从四德",涉及中国古代社会的婚姻家庭法律观念,也是对当世的法律观念和司法制度的反映。故 D 项正确。

230. 清末变法修律的指导思想、立法内容、形式[ABCD]

[解析] 清末修律在立法指导思想上采取中体西用之原则,即"仿效外国资本主义法律形式,固守中国封建法制传统"的方针。因此,借用西方近现代法律制度的形式,坚持中国固有的封建制度内容,即成为统治者变法修律的基本宗旨。故 A 项正确。

在内容上,清末修订的法律表现出封建专制主义传统与西方资本主义法学最新成果的奇怪混合。一方面,君主专制体制及封建伦理纲常"不可率行改变",在新修订的法律中继续保持肯定和维护专制统治的传统;另一方面,又标榜"吸引世界大同各国之良规、兼采近世最新之学说",大量引用西方法律理论、原则、制度和法律术语,使得保守落后的封建法律内容与先进的近现代法律形式同时显现在这些新的法律法规之中。故 B 项正确。

在法典编纂形式上,清末修律改变了传统的"诸法合体"形式,明确了实体法之间、实体法与程序法之间的差别,分别制定、颁行或起草了宪法、刑法、民法、商法、诉讼法、法院组织等方面的法典或法规,形成了近代法律体系的雏形。故 C 项正确。

清末修律标志着延续几千年的中华法系开始解体,不仅传统的"诸法合体"形式被抛弃,而且中华法系"依伦理而轻重其刑"的特点也受到极大的冲击。清末变法修律为中国法律的近代化奠定了初步基础。通过清末大规模的立法,参照西方资产阶级法律体系和法律原则建立起来的一整套法律制度和司法体制,为其后民国政府法律制度的形成与发展提供了条件。故 D 项正确。

231. 中国古代刑罚制度;八议;秋冬行刑;大诰;明刑弼教[B]

[解析] 魏明帝在制定《魏律》时,以《周礼》"八辟"为依据,正式规定了"八议"制度。"八议"制度是对封建特权人物犯罪实行减免处罚的法律规定。具体包括亲、故、贤、能、功、贵、勤、宾。故 A 项正确。

秋冬行刑制度,始自汉代,其理论基础为"天人感应",对后世有深远影响,唐律规定"立春后不决死刑",明清时期的"秋审"制度皆可溯源于此。故 B 项错误。

《明大诰》是朱元璋创立的刑事特别法,其法律形式源自《尚书·大诰》周公对臣民之训诫。《明大诰》对于大明律中原有的罪名,一般都加重处罚。大诰还有"滥用法外之刑""重典治吏"的特点。故 C 项正确。

"明刑弼教"一词,最早见于《尚书·大禹谟》"明于五刑,以弼五教"之语。宋以前论及"明刑弼教",多将其附于"德主刑辅"之后,其着眼点仍是"大德小刑"和"先教后刑"。宋代以降,在处理德、刑关系上始有突破。著名理学家朱熹首先对"明刑弼教"作了新的阐释,强调刑与教的实施可"或先或后","或缓或急"。自此,可以"先刑后教"行事。明刑弼教成为朱元璋重典治国的理论依据。故 D 项正确。

232. 故杀与谋杀;《唐律》"六杀"制度。[AC]

[解析]《唐律》规定了"六杀",即(1)"谋杀"是指预谋杀人;(2)"故杀"是指事先虽无预谋,但情急杀人时已有杀人的意念;(3)"斗杀"指在斗殴中出于激愤失手将人杀死;(4)"误杀"指由于种种原因错置了杀人对象;(5)"过失杀"指"耳目所不及,思虑所不到",即出于过失杀人;(6)"戏杀"指"以力共戏"而导致杀人。该原则被后来的法律继承,包括《大清律例》。

从本题可以看出,唐达根并无事先预谋,而是情急而临时起意杀人。故 A 项正确,B 项错误。二人并非"以力共戏"而是于斗殴中产生了杀人的后果,应为"斗杀"。故 C 项正确,D 项错误。

233. 清末司法体制;外国在华领事裁判权及其扩大[B]

[解析] 随着鸦片战争的开始,外国侵略者在华领事判决不断扩充。1864年,清廷与英美法三国驻上海领事在租界内设立了一种特殊的审判机构,即会审公廨。凡涉及外国人的案件,必须有领事官员参加会审;凡中国人与外国人之间诉讼案,由本国领事裁判

或陪审,甚至租界内纯属中国人之间的诉讼也由外国领事观审并操纵判决。本题正是通过历史上著名的"苏报案"来考查考生对领事裁判权和会审公廨的认识与理解。该案由谳员、上海知县、英国副领事三人组成的审判庭对中国人进行审理,而非由清廷独立审理,表明了外国人在租界内对中国司法裁判权的直接干涉。故 B 项正确。

A、D 项均与题目无关,C 项不是外国人受限制,而是领事裁判权对中国司法主权的限制。故 A、C、D 项错误。

专题九 中华民国时期的法律思想与制度

考点35 中华民国时期的法律思想与制度

234.马锡五审判方式[BCD]

[解析] 马锡五审判方式的主要特点包括:(1)深入农村调查研究,实事求是了解案情。(2)依靠群众,教育群众,尊重群众意见。(3)方便群众诉讼;手续简便、不拘形式。由题干信息可知,在审理本案时,马锡五没有停留在纸面材料中,而是广泛调研,深入了解,而且诉讼过程充分考虑群众的便利,没有拘泥于严肃的诉讼程序,故 B、C、D 项当选。本题案情中并未体现出调解的运用,故 A 项不当选。

235.《中华民国临时约法》的特征、内容、地位[C]

[解析] 辛亥革命胜利后,中华民国南京临时政府于 1912 年 3 月由孙中山颁布了《中华民国临时约法》,它是中国历史上唯一的一部具有资产阶级共和国性质的宪法性文件,但不属于正式颁布的宪法。辛亥革命后第一部正式颁布的宪法是 1923 年 10 月 10 日由北洋政府公布的《中华民国宪法》。故 A 项错误,C 项正确。

在政治体制和组织原则上,《临时约法》采用的是责任内阁制,规定了临时大总统、副总统和国务院行使行政权力,参议院是立法机关,法院是司法机关。故 B 项错误。

《临时约法》肯定了资产阶级民主共和国的政治体制和组织原则,确立了行政、立法和司法三种权利分立的原则,并非五权分离。故 D 项错误。

236.中国近代法制的发展历程;清末修律活动[B]

[解析]《大清民律草案》完成后,修订法律大臣俞廉三上陈"奏进民律前三编草案折"中表示:"此次编辑之旨,约分四端:(1)注重世界最普遍之法则。(2)原本后出最精确之理理。(3)求最适于中国民情之法则。(4)期于改进上最有利益之法则。"很显然,其基本思路并未超出"中学为体,西学为用"的思想格局。故 A 项正确。

《大清新刑律》是我国第一部近代意义上的刑法典,以罪名和刑罚等专属刑罚范畴的条文作为法典的唯一内容,不包括民事条款。保留"不必科刑的民事条款"的清末法典是《大清现行刑律》。故 B 项错误。

1910 年颁行的《法院编制法》规定司法审判实行四级三审制,同时还规定了审判公开原则。故 C 项正确。

1947 年《中华民国宪法》的主要特点是表面上的"民有、民治、民享"和实际上的个人独裁。它罗列人民各项民主自由权利,比以往任何宪法性文件都充分,但在实践中却没有得到很好的实行。故 D 项正确。

宪法 [答案详解]

专题十 宪法基本理论

考点36 宪法的词源、特征、本质与分类

237. 宪法的分类；宪法的渊源 [D]

[解析] 不成文宪法不具有统一法典的形式，是由一系列宪法性法律、宪法惯例、宪法判例构成。其特征是没有统一的宪法典，而不是没有制定法。故A项错误。

成文宪法具有统一的法典，在法律文件上明确表明为宪法，名称上往往使用宪法字样，但并不绝对。故B项错误。

美国是典型的成文宪法国家，但其宪法渊源不仅包括宪法典，也包括宪法惯例。故C错误。

英国的宪法是不成文宪法，也是柔性宪法，制定、修改的机关和程序与一般法律相同。故D项正确。

238. 依法治国 [B]

[解析] 在建设法治国家进程中，要坚持依法治国与以德治国的有机统一。社会主义法律与社会主义道德同属于上层建筑，共同体现我国社会主义国家的根本性质，共同反映着广大人民的社会理想与社会要求，共同体现社会主义核心价值；法治和德治相辅相成，互为补充，共同发挥着维护社会秩序、规范社会成员的思想和行为的作用。故A项表述是正确的。

在我国社会的规范体系中，除了宪法和法律等规范性法律文件外，还有党的方针政策、党规党纪、社会主义道德准则、各种社会组织合法的规章制度，以及为人民群众所广泛认同的民规、民俗、民约等等。所有这些规范，都对我国社会关系具有调整作用，对社会成员的行为具有约束或导向功能。《宪法》第24条第1款规定："国家通过普及理想教育、道德教育、文化教育、纪律和法制教育，通过在城乡不同范围内的群众中制定和执行各种守则、公约，加强社会主义精神文明的建设。"由此可见，依法治国要求全面发挥各种社会规范的调整作用，综合协调地运用多元化的手段和方式来实现对国家的治理和管理。故B项表述是错误的。

依法治国也要求树立司法权威，司法机关和司法人员要切实做到公正、高效、廉洁司法，提高司法的公信力；全社会要依照宪法的规定，尊重司法机关依法独立行使审判权和检察权，尊重司法机关作出的生效裁决。故C项表述是正确的。

依法治国需要强化监督制约，构建权力制约监督体系与机制。要从法律上构建起"以权力制约权力、以权利制约权力、以道德制约权力"的权力制约监督体系与机制，以保证执政党的权力和立法、执法、司法等各种权力的设置和行使始终不偏离我国民主政治的正确轨道。故D项表述是正确的。

239. 社会主义法治理念；公平正义理念的内涵；宪法与公平正义的关系；平等权 [D]

[解析] 尽管我们坚持法律面前人人平等，但平等并不要求禁止合理的差别。我们不搞绝对平均，绝对平均只会导致绝对贫穷。注意把握判断合理差别的三个原则：是否符合人的尊严、是否符合公共利益、采取的手段与目的之间是否有合理的联系。故D项错误，A、B、C项正确。

240. 宪法分类；法国宪法的特点；英国宪法；德国法；美国宪法 [B]

[解析] 成文宪法，也可称之为文书宪法或制定法，是指具有统一法典形式的宪法。其最显著的特征在于法律文件上既明确表述为宪法，又大多冠以国名。成文宪法与不成文宪法的分类并不是以文本多少来划分的，而是指具有统一法典形式的宪法。如我国既具有宪法典，还有一系列宪法修正案。故A项错误。

英国是不成文宪法国家，没有统一的宪法典。一般认为1215年《自由大宪章》是英国宪法最早的组成部分，其他还包括1628年《权利请愿书》、1679年《人身保护法》、1689年《权利法案》、1701年《王位继承法》等。故B项正确。

典型的协定宪法主要有两个：英国1215年的《自由大宪章》和法国1830年宪法。典型的钦定宪法主要有两个：1889年日本《明治宪法》和1908年清政府的《钦定宪法大纲》。可知，法国1830年宪法并非钦定宪法，而是协定宪法。故C项错误。

柔性宪法是指制定、修改的机关和程序与一般的法律相同的宪法，在实行柔性宪法的国家里，由于宪法和法律都是同一机关根据同样的程序制定或者修改的，因而宪法的效力和权威等同于一般法律。故D项错误。

考点37 宪法的基本原则

241. 人民法院、人民检察院与公安机关的关系 [ACD]

[解析] 依法治国，要求国家机关在行使职权时，必须遵循"法定职责必须为、法无授权不可为"的原

则。分工负责即各机关各司其职,各尽其责;互相配合是基于三机关工作目的和任务的一致性,在分工负责的基础上,通力合作,密切配合,依法办理刑事案件;从目的上看,包括惩罚犯罪和保护人民两个方面。互相制约是指三机关按法定职权和程序互相监督。故A、C项正确,B项错误。

权力制约原则在我国表现为监督原则,具体表现为人民对国家机关的监督、公民对国家机关的监督,以及国家机关内部的监督。公检法之间相互制约正是国家机关内部的监督,属于权利制约原则的一种。故D项正确。

242. 人民主权原则;人民代表大会制度的概念与特点[ACD]

[解析]《宪法》第2条第1款规定:"中华人民共和国的一切权力属于人民。"这一规定表明国家一切权力来自人民,一切权力属于人民。故A项正确。

《宪法》第2条第3款规定:"人民依照法律规定,通过各种途径和形式,管理国家事务,管理经济和文化事业,管理社会事务。"这充分说明"一切权力属于人民"体现在国家和社会生活的各个领域、各个层次和各个方面,而不是仅体现在直接选举制度之中,在间接选举和其他制度中都有体现。故B项错误,D项正确。

人民主权原则是人民代表大会制度的前提,人民行使国家权力的机关是全国人大和地方各级人大。故C项正确。

243. 依法治国理念;权力制约原则;合宪性审查制度[ABC]

[解析] 全国人民代表大会和地方各级人民代表大会都由民主选举产生,对人民负责,受人民监督。这体现了人民对国家权力的监督。故A项正确。

人民法院、人民检察院和公安机关办理刑事案件,应当分工负责、互相配合、互相制约,以保证准确有效地执行法律。这体现了不同国家机关的权力制约与监督。故B项正确。

国家行政机关、监察机关、审判机关、检察机关都由人民代表大会产生,对它负责,受它监督。这体现了国家权力机关对"一府两院一委"的监督。故C项正确。

我国法律没有规定法院对法律合宪性的审查。在我国,法律的合宪性审查权由国家权力机关及其常设机关行使,主要通过"规范性文件备案"和"改变或撤销"的方式来解决。故D项错误。

考点38 宪法的历史发展

244. 宪法产生和发展[D]

[解析] 近代宪法的产生有着它深刻的经济、思想、政治和法律条件,其中就经济条件而言,资本主义商品经济的普遍化发展是近代宪法产生的经济基础。故A项表述是正确的。

1787年美国宪法是世界第一部近代意义上的成文宪法。故B项表述是正确的。

1918年《苏俄宪法》的颁布,标志着第一部社会主义宪法的诞生,其与1919年德国《魏玛宪法》共同标志着现代宪法的产生。故C项表述是正确的。

就行政权力的范围而言,中国行政权总体趋势是在限缩,将更多的自主权交由市场和社会,对于行政权力的监督也在不断加强。故D项表述不准确。

245. 我国近代宪法的历史发展[B]

[解析] 1911年辛亥革命爆发后,慑于革命的压力,清政府又于11月3日颁布《重大信条十九条》,并宣布立即执行,但旋即被革命的浪潮所淹没,这是清政府的最后一部宪法性文件。故A项错误。

1905年清政府派五大臣出洋考察各国宪法,后于1908年颁布以"君上大权"为核心的《钦定宪法大纲》,这是中国历史上第一部宪法性文件。故B项正确。

《中华民国约法》是1914年袁世凯炮制的一部宪法性文件,从根本上动摇了临时约法确立的资产阶级民主共和制度,确立了大总统集权制,是中国近代史上一部十分反动的宪法性文件。故C项错误。

《中华苏维埃共和国宪法大纲》是在中国共产党领导下以马克思列宁主义的国家观、法律观为指导而制定的第一部人民民主政权的宪法性文件。故D项错误。

考点39 宪法的制定与修改

246. 宪法修正案[BCD]

[解析] 宪法序言作为我国宪法的重要组成部分,1993年、1999年、2004年和2018年宪法修正案对其作了重要修正。1993年宪法修正案将"我国正处于社会主义初级阶段"写入宪法序言,1999年宪法修正案又调整为"我国将长期处于社会主义初级阶段"。故A项正确。

对于爱国统一战线,2004年宪法修正案加入了"社会主义事业的建设者",2018年修正案加入了"致力于中华民族伟大复兴的爱国者"。故B项错误。

2018年宪法修正案在序言部分将我国的根本任务调整为"把我国建设成为富强民主文明和谐美丽的社会主义现代化强国,实现中华民族伟大复兴"。故C项错误。

2018年宪法修正案中,"中国共产党领导是中国特色社会主义最本质的特征"是规定于《宪法》正文(第1条第2款),而非序言部分。故D项错误。

247. 我国宪法的修改程序[BC]

[解析] 宪法规范与社会生活之间冲突时宪法修

改是一种解决方式,但不是唯一方式,宪法解释也是解决方式之一。故 A 项错误。

宪法修改由全国人大常委会或者 1/5 以上的全国人大代表提议,并由全国人大以全体代表的 2/3 以上的多数通过。故 B 项正确。

在我国,现行宪法并没有明确规定宪法修正案的公布机关,但实践中已形成惯例,均由全国人大公告公布施行,具体公布组织机构是全国人大主席团。故 C 项正确。

1988 年《宪法修正案》第 2 条规定,宪法第 10 条第 4 款"任何组织或者个人不得侵占、买卖、出租或者以其他形式非法转让土地。"修改为:"任何组织或者个人不得侵占、买卖或者以其他形式非法转让土地。土地的使用权可以依照法律的规定转让。"并未规定"依照法规的规定转让。"故 D 项错误。

248. 宪法的制定;宪法的修改[B]
[解析] 制宪权与修宪权是两种不同性质的权力。修宪权受制宪权的约束,不得违背制宪权的基本精神和原则。故 A 项错误。

人民作为制宪主体并不意味着人民直接参与制宪的过程。在现代社会,人民一般并不直接使用宪权,但可通过多种形式参与,对宪法草案发表意见即是其一。故 B 项正确。

关于宪法的制定,《宪法》本身没有规定,《宪法》第 64 条只规定了我国宪法的修改由全国人民代表大会以全体代表的 2/3 以上的多数通过。故 C 项错误。

1954 年《宪法》是第一届全国人民代表大会第一次会议以中华人民共和国全国人民代表大会公告形式公布的。故 D 项错误。

249. 宪法修改[A]
[解析] 宪法修改分为两种,其一是部分修改,对宪法个别条款的增加、修改、删除,既能保证宪法的稳定性,又能保证宪法的灵活性。如我国 1982 年《宪法》经过了 1988 年、1993 年、1999 年、2004 年、2018 年五次部分修改,形成五次修正案。其二是全面修改,将上一部宪法的全文全部进行修改。我国 1954 年《宪法》全面修改为 1975 年《宪法》,1975 年《宪法》全面修改为 1978 年《宪法》,1978 年《宪法》全面修改为 1982 年《宪法》。故 A 项正确。

根据我国宪法规定,全国人大常委会或者 1/5 以上全国人大代表有权启动宪法修改程序。故 B 项错误。

《宪法》第 62 条规定,修宪主体只能是全国人民代表大会,其他任何主体都不具有修改宪法的权力。全国人民代表大会常务委员会仅具有解释宪法与监督宪法实施的权力。故 C 项错误。

我国宪法并未明确规定宪法的修改方式,直至 1982 年,宪法修改均是采用"直接修改"的方式,在 1988 年后宪法修改开始采用"宪法修正案"的方式,并且"宪法修正案"的方式由于有利于保持宪法的稳定性和权威性而延续下来,并被认为是中国重要的宪法惯例。故 D 项错误。

250. 宪法关于经济制度的规定;宪法修正案的内容;宪法修正情况[BCD]
[解析] 1999 年《宪法修正案》第 13 条规定:"宪法第五条增加一款,作为第一款,规定:'中华人民共和国实行依法治国,建设社会主义法治国家。'"但该项修正案是对社会主义法制的规定,而不是对经济制度的规定。故 A 项错误。

1993 年《宪法修正案》第 7 条将宪法第 15 条修改为:"国家实行社会主义市场经济。""国家加强经济立法,完善宏观调控。""国家依法禁止任何组织或者个人扰乱社会经济秩序。"故 B 项正确。

现行宪法第 6 至 18 条关于经济制度的规定,仅第 9、12、18 条没有被修改过。故 C 项正确。

1993 年《宪法修正案》第 6 条将宪法第 8 条第 1 款修改为:"农村中的家庭联产承包为主的责任制和生产、供销、信用、消费等各种形式的合作经济,是社会主义劳动群众集体所有制经济。参加农村集体经济组织的劳动者,有权在法律规定的范围内经营自留地、自留山、家庭副业和饲养自留畜。"故 D 项正确。

251. 我国相关宪法修正案的主要内容[D]
[解析] 2004 年《宪法修正案》第 23 条规定,宪法第 14 条增加 1 款,作为第 4 款规定:"国家建立健全同经济发展水平相适应的社会保障制度。"故 D 项正确,A、B、C 项错误。

252. 宪法的修改程序、修改机关、修改方式与公布方式;全国人大职权[C]
[解析] 我国宪法结构包括:序言;第一章:总纲;第二章:公民的基本权利和义务;第三章:国家机构;第四章:国旗、国歌、国徽、首都。由此可见,我国《宪法》并未有专章规定宪法修改。但《宪法》第 64 条规定了宪法修改问题,具体为:宪法的修改,由全国人民代表大会常务委员会或者 1/5 以上的全国人民代表大会代表提议,并由全国人民代表大会以全体代表的 2/3 以上的多数通过。可见,只有全国人大有修宪的权力。故 A、B 项正确。

我国宪法并未明确规定宪法修正案的公布机关,但是五次修正案均为全国人大主席团公布,已成宪法惯例。故 C 项错误。

《全国人民代表大会议事规则》第 60 条第 2 款规定,宪法的修改,采用无论名投票方式表决。故 D 项正确。

253. 宪法的修改；宪法的历史发展[D(原答案为CD)]

[解析] 1954年宪法对我国宪法修改制度从两个方面作了规定：(1)规定了宪法修改的机关是全国人民代表大会；(2)规定了宪法修改的通过程序，明确规定了宪法的修改由全国人民代表大会全体代表的2/3的多数通过。宪法修改的提案主体在1982年宪法中才明确规定，1954年宪法没有规定。故A项错误。

1982年宪法是对1978年宪法的全面修改。我国宪法共经过了三次全面修改：第一次全面修改是对1954年宪法的修改，通过并颁布了1975年宪法；第二次全面修改是对1975年宪法的修改，通过了1978年宪法；第三次全面修改是对1978年宪法的修改，通过了1982年宪法。故B项错误。

我国现行宪法总共进行了1988年、1993年、1999年、2004年和2018年五次修改，通过了共52条宪法修正案。故C项错误。

2004年《宪法修正案》第24条规定："宪法第三十三条增加一款，作为第三款：'国家尊重和保障人权。'第三款相应地改为第四款。"故D项正确。

考点40 宪法的效力与基本功能

254. 宪法的效力[C]

[解析] 宪法的根本法地位体现在三个方面：(1)在内容上，宪法规定一个国家最根本、最核心的问题，如国家的性质、国家的政权组织形式、国家的结构形式、公民的基本权利和义务、国家机构的组织和职权等。因此，③正确。(2)在法律效力上，宪法具有最高法律效力。宪法的法律效力高于普通法律，在国家法律体系中处于最高地位。因此，①②正确。(3)在制定和修改的程序上，宪法比普通法律更加严格。

④主要体现的是宪法的贯彻实施以及人们对宪法的认同，并不是宪法的根本法地位的体现。

综上，本题①②③体现了宪法的根本法地位，故C项正确。

255. 宪法效力[D]

[解析] 最高法院的规定意味着法院裁判案件不得直接适用宪法，即依据宪法作出裁判。故D项正确。

宪法条文可以在说理部分予以引用，阐述其原则和精神。故A项错误。

宪法是根本法，具有最高的法律效力，对立法、司法、执法、守法均具有明确的约束力。当事人可以援引宪法论证自己的主张，裁判文书不得与宪法相冲突。故B、C项错误。

256. 宪法效力的概念；宪法与法律的关系[D]

[解析] "宪法具有最高的法律效力"中的"法律"是指法的一般特征，即一般性、规范性等；"一切法律"中的"法律"指全国人大及其常委会制定的法律。故A项错误。

宪法效力具有直接性，即宪法对立法行为和依据宪法进行的各种行为产生直接的约束力。故B项错误。

宪法的最高效力并不局限于立法活动。其涵盖立法、执法、司法、守法、法律监督五大法治实践。故C项错误。

相应的审查或监督制度有利于维护宪法的效力，否则宪法的最高法律效力就会落空。故D项正确。

257. 宪法效力[ACD]

[解析] 宪法修正案是对宪法的完善和补充，它体现了宪法灵活性与稳定性的统一，是宪法的当然组成部分，与宪法其他条文具有同等的效力。故A项的表述是正确的。

宪法适用于所有本国公民，无论公民生活在国内还是国外。故B项的表述是错误的。

外国人和法人在一定的条件下可以成为行使某些基本权利的主体，在享有基本权利的范围内，宪法效力适用于外国人和法人的活动。故C项的表述是正确的。

宪法的空间效力及于国家行使主权的全部空间，即国家领土。领土包括一个国家的陆地、河流、湖泊、内海、领海以及它们的底床、底土和领空，是主权国家管辖的国家全部疆域。任何一个主权国家的宪法空间效力都及于国土的所有领域，也及于这一主权国家的所有公民，这是主权的唯一性和不可分割性决定的，也是由宪法的根本法地位决定的。故D项的表述是正确的。

258. 宪法效力的普遍性和特殊性[ABD]

[解析] 领土包括一个国家的陆地、河流、湖泊、内海、领海以及它们的底床、底土和上空(领空)。故A项正确。

领土是国家的构成要素之一，是国家行使主权的空间，也是国家行使主权的对象。B项是对教材原文的重述，正确。

由于宪法本身的综合性和价值多元性，宪法在不同领域的适用上是有所差异的。例如，在不同的经济形态之间、在普通行政区和民族自治地方之间自然有所区别，但这种区别绝不是说宪法在某些区域有效力而有些区域没有效力。因为宪法是一个整体，任何组成部分上的特殊性并不意味着对这个整体的否定，宪法作为整体的效力是及于中华人民共和国的所有领域的。故C项错误。

一个主权国家只有一个主权，《宪法》的空间效力及于国土全部领域，是由主权的唯一性和不可分割性决定的。故D项正确。

259. 宪法的属人效力、属地效力、效力来源；宪法的适用性[D]

[解析]《宪法》规定,中华人民共和国保护华侨的正当权益,保护归侨和侨眷的合法权益。侨居国外的华侨仍具有我国国籍,身份上是我国公民,受到我国宪法的保护。故 A 项正确,不当选。

任何一个主权国家的宪法的空间效力都及于国土的所有领域,这是主权的唯一性和不可分割性决定的,也是宪法的根本法地位决定的。因此,我国宪法的效力及于中华人民共和国的所有领域。故 B 项正确,不当选。

《宪法》序言明确了宪法效力的最高性。宪法之所以具有最高法律效力首先是宪法具有正当性基础,即宪法是社会共同体基本规则,是社会多数人共同意志的最高体现。其基础在于:(1)宪法制定权来源的正当性;(2)宪法规定内容的合理性;(3)宪法程序的正当性。故 C 项正确,不当选。

一切国家机关和武装力量、各政党和各社会团体、各企业事业组织都必须遵守宪法和法律,法院的审判活动也必须遵守宪法与法律。在现实生活中,法院在作出裁判时,一般不能直接根据宪法来裁判,并不意味着宪法对法院审判活动没有约束力。法院的任何审判活动都不能违宪,在这个意义上,宪法对法院的审判活动具有约束力。故 D 项错误,当选。

260. 宪法在立法中的作用[C]

[解析] 宪法对立法、司法、执法、守法、法律监督均具有重要作用。宪法对立法的重要作用有:确立了社会主义法律体系的基本目标,确立了立法的统一基础,宪法是合理的法律体系建立的基础,宪法规定了解决法律体系内部冲突的基本机制,宪法是立法体制发展与完善的基础。故 A、B、D 项均正确。

宪法具有宏观性与原则性,宪法不可能规定完善的立法体制与具体规划。宪法是根本法,规定国家政治经济生活的方方面面,对如此广泛的问题,不能规定得非常具体,只能作原则性规定,其规范的表述具有概括性,具体通过其他法律法规进行细化。故 C 项错误。

考点41 宪法规范、渊源与宪法的结构

261. 宪法典的结构；新中国宪法的产生与发展[D]

[解析] 所谓宪法序言,是指写在宪法条文前面的陈述性的表述,以表达本国宪法发展的历史、国家的基本政策和发展方向等。从形式上看,各国的宪法序言长短不尽相同。故 A 项错误。

附则的效力通常具有特定性和临时性,但我国宪法没有规定附则。故 B 项错误。

很多国家的宪法序言比较简短,不可能规定国家和社会生活诸方面的原则,它是宪法精神和内容的高度概括。宪法正文是宪法典的主要部分,一般包括:社会制度和国家制度基本原则;公民的基本权利义务;国家标志;国家机构等。故 C 项错误。

新中国成立后的前三部宪法均将国家机构置于公民的基本权利和义务之前,现行宪法调整了这种结构,将公民的基本权利和义务一章提到国家机构之前。故 D 项正确。

262. 宪法的渊源[C]

[解析] 宪法的渊源主要有宪法典、宪法性法律、宪法惯例、宪法判例、国际条约和国际习惯等。但一国宪法究竟采取哪些表现形式,取决于历史传统和现实状况等多种因素。故 A 项正确。

宪法惯例与宪法或宪法性法律的主要区别在于它不见诸正式的宪法文件,或者说宪法或法律对其没有作出明确规定。但不管怎样,它和宪法或宪法性法律一样,都是指引政治行为者应当如何行为的规范。故 B 项正确。

宪法性法律主要包括两种情况,一是指在不成文宪法国家,如英国规定宪法问题的所有法律都叫宪法性法律;二是指在成文宪法国家,由国家立法机关为实施宪法典而制定的有关规定宪法内容的普通法律,如组织法、选举法、代表法、立法法、代议机关议事规则等。所谓"为实施宪法典而制定的调整宪法关系的法律",专指第二种情况。故 C 项错误。

有些成文宪法国家的法院(如美国联邦最高法院)享有宪法解释权。因而基于宪法解释而形成的判例也构成该国的宪法渊源。故 D 项正确。

263. 宪法规范[BD]

[解析] 本题是关于公民人格尊严的规定,它属于权利性规范,并没有涉及国家机构部分,不是"组织性规范"。故 A 项错误。

《民法典》中对姓名权的规定,就实施宪法中的人格尊严条款而言,在性质上属于间接实施。故 B 项正确。但是,按照我国目前的宪法实施状况和法院实践,我国法院不能直接适用宪法,即不能直接根据宪法条文作出判决。故 C 项错误。

需要明确的是,这并不意味着"宪法对司法没有约束力"。法院虽然不能直接适用宪法判案,但仍要遵守宪法规定,如法院的判决不能违宪。

宪法规范具有原则性,主要通过具体法律规范予以间接实施。所以,宪法中的有关人格尊严的规范与法律中的相关规定结合在一起,共同构成有关人格尊严的规范体系。故 D 项正确。

264. 宪法文本内容的辨析[D]

[解析] 关于宪法和条约的关系,宪法中一般有三种规定方式,即宪法高于条约,或条约高于宪法,或

不作规定。《宪法》没有明确规定宪法与条约的关系,而是以和平共处五项基本原则为基础判定。故 A 项错误。

我国宪法没有规定宪法的制定制度,《宪法》只是在第三章"国家机构"部分的第一节"全国人民代表大会"中的第 64 条第 1 款规定了宪法修改问题,具体为:"宪法的修改,由全国人民代表大会常务委员会或者五分之一以上的全国人民代表大会代表提议,并由全国人民代表大会以全体代表的三分之二以上的多数通过。"故 B 项错误。

《宪法修正案》是我国宪法的组成部分,与宪法同样具有最高法律效力,但是《宪法修正案》并非我国宪法的附则。我国现行宪法没有附则。故 C 项错误。

《宪法》第 111 条第 1 款规定:"城市和农村按居民居住地区设立的居民委员会或者村民委员会是基层群众性自治组织。居民委员会、村民委员会的主任、副主任和委员由居民选举。居民委员会、村民委员会同基层政权的相互关系由法律规定。"故 D 项正确。

265. 宪法规范的表现形式;我国宪法的特色[B]

[解析] 我国是成文宪法国家,宪法典具有最高法律效力,宪法规范自然具有最高法律效力。故 A 项正确。

一般地,宪法渊源主要包括:成文的宪法典、宪法性法律、宪法惯例、宪法判例。宪法判例主要存在于不成文宪法国家,我国宪法规范的表现形式中没有宪法判例。故 B 项错误。

宪法规范是国家制定或认可的、宪法主体参与国家和社会生活最基本社会关系的行为规范。宪法规范是我国最基本的行为规范。故 C 项正确。

宪法规范包括确认性规范、禁止性规范、权利性规范与义务性规范、程序性规范。从我国宪法的规定看,权利性与义务性规范有下列三种形式:一是权利性规范。宪法赋予特定主体权利,使之具有权利主体资格。二是义务性规范,集中体现在公民应履行的基本义务。三是宪法中的权利性与义务性规范相互结合为一体。如《宪法》规定,中华人民共和国公民有劳动的权利和义务。在这类规范中,权利与义务互为一体,表现其特殊的调整方式。权利与义务互为一体的宪法规范是我国宪法规范的特色。故 D 项正确。

266. 对我国宪法结构的理解[C]

[解析] 宪法序言,指写在宪法正文前面的陈述性的表述,是宪法精神与内容的高度概括。我国宪法规定,宪法以法律的形式确认了中国各族人民奋斗的成果,规定了国家的根本制度和根本任务,是国家的根本法,具有最高的法律效力。故 A 项正确,不当选。

宪法正文是宪法典的主要部分,具体规定宪法基本制度和权力体系的安排。我国现行宪法正文的排列顺序是:总纲,公民的基本权利与义务,国家机构以及国旗、国歌、国徽、首都。故 B 项正确,不当选。

宪法的附则是指宪法对于特定事项需要特殊规定而作出的附加条款。由于附则是宪法的一部分,因而其法律效力当然应该与一般条文相同。但有特定性、临时性的特点。另外我国宪法没有附则。故 C 项错误,当选;D 项正确,不当选。

267. 中国 1982 年《宪法》的结构[B]

[解析] 我国 1982 年《宪法》除序言外,正文部分分为总纲,公民的基本权利和义务,国家机构,国旗、国徽、国歌、首都,共四章 138 条,没有附则部分。故 B 项正确。

专题十一 国家的基本制度(上)

考点 42 我国的政治、经济、文化、社会基本制度

268. 政协制度;《共同纲领》[CD]

[解析]《中国人民政治协商会议共同纲领》在我国起临时宪法的作用,我国正式颁行的第一部社会主义宪法是 1954 年宪法。故 A 选项错误。

《中国人民政治协商会议共同纲领》规定,国家最高政权机关为全国人民代表大会,全国人民代表大会闭会期间,中央人民政府为行使国家政权的最高机关。故 B 选项错误。

《中国人民政治协商会议共同纲领》规定,中华人民共和国的国家政权属于人民,人民行使国家政权的机关为各级人民代表大会和各级人民政府。故 C 选项正确。

《中国人民政治协商会议共同纲领》规定,公民有选举权和被选举权,有思想、言论、集会、结社、通讯、人身、居住、迁徙、宗教信仰及示威游行的自由权。故 D 选项正确。

269. 政协制度[C]

[解析] 政协委员不是选举产生,而是以协商推荐的方式产生。每届全国政协委员名额和人选经上届全国委员会主席会议审议同意后,由常务委员会协商决定。政协委员的产生步骤:第一步,提名推荐。第二步,协商确定建议名单。第三步,政协常务委员会会议通过。第四步,公布。故 A 项错误。

全国政协委员列席全国人大的全体会议,而非各种会议。故 B 项错误。

中国人民政治协商会议是中国人民爱国统一战线的组织,是中国共产党领导的多党合作和政治协商制度的重要机构,并非国家机关。故 C 项正确、D 项错误。

· 62 ·

270. 人民代表大会制度[ABC]

[解析] 人民代表大会制度是我国的根本政治制度,其基本内涵为:(1)人民代表大会制度体现了人民主权原则。人民代表大会制度以主权在民为逻辑起点,而人民主权构成了人民代表大会制度的最核心的基本原则。(2)人民代表大会制度是人民掌握和行使国家权力的组织形式与制度。全国人民代表大会和地方各级人民代表大会是人民掌握和行使国家权力的组织形式。(3)全国人民代表大会和地方各级人民代表大会都由民主选举产生,对人民负责,受人民监督。选民或者选举单位有权依法罢免自己选出的代表。(4)各级人大是国家权力机关,其他国家机关都由人大选举产生,对其负责,受其监督。全国人大是最高国家权力机关,地方各级人大属于地方国家权力机关。各级人民代表大会上下级之间是监督关系,上级人大有权依照法律规定指导、监督下级人大的工作。故 A、B、C 项正确。

社会主义民主的实现形式多种多样,如人民代表大会制度、多党合作与政治协商制度、选举制度、基层群众自治制度等均为社会主义民主的实现形式。故 D 项错误。

271. 社会主义公有制是我国经济制度的基础;现行宪法的历次修改[B]

[解析] 在我国,国有企业和国有自然资源是国家财产的主要部分。此外,国家机关、事业单位、部队等全民单位的财产也是国有财产的重要组成部分。故 A 项错误。

《宪法》第 10 条规定,城市的土地属于国家所有。农村和城市郊区的土地,除由法律规定属于国家所有的以外,属于集体所有;宅基地和自留地、自留山,也属于集体所有。故 B 项正确,C 项错误。

1993 年 3 月 29 日通过的《宪法修正案》将"国营经济"修改为"国有经济"。《宪法》第 7 条规定,国有经济,即社会主义全民所有制经济,是国民经济中的主导力量。故 D 项错误。

272. 我国宪法关于基本社会制度的规定[BCD]

[解析]《宪法》第 1 条第 2 款规定:"社会主义制度是中华人民共和国的根本制度。中国共产党领导是中国特色社会主义最本质的特征。禁止任何组织或者个人破坏社会主义制度。"故 A 项错误。

我国现行宪法对基本社会制度的规定主要包括:社会保障制度;医疗卫生事业;劳动保障制度;人才培养制度;计划生育制度;社会秩序及安全维护制度。其中,社会保障制度是基本社会制度的核心内容。故 B 项正确。另外,就劳动保障制度而言,职工的工作时间和休假制度由《宪法》第 43 条加以明确规定。故 C 项正确。

包括劳动规范、劳动保障在内的社会法,是社会领域的重要法律,加强社会法的实施,当然是发展和完善我国社会制度的重要途径。故 D 项正确。

273. 国家的基本社会制度[B]

[解析] 我国现行宪法对基本社会制度的规定主要包括以下方面:社会保障制度、医疗卫生事业、劳动保障制度、社会人才培养制度、计划生育制度、社会秩序及安全维护制度。而发展社会科学事业是国家基本文化制度的内容。故 A 项错误,B 项正确。

关于社会弱势群体和特殊群体的社会保障的规定是社会实质平等原则的体现,属于合理差别范畴,并没有突破平等原则。故 C 项错误。

《宪法》第 14 条第 4 款规定,国家建立健全同经济发展水平相适应的社会保障制度。故 D 项错误。

274. 国家的基本文化制度[BD]

[解析] 我国的基本文化制度包括教育、科学、文学艺术及其他文化事业、公民道德教育等方面。爱国统一战线是我国人民民主专政制度中的主要特色之一。故 A 项错误。

《宪法》第 19 条第 4 款规定:"国家鼓励集体经济组织、国家企业事业组织和其他社会力量依照法律规定举办各种教育事业。"故 B 项正确。

自德国《魏玛宪法》首次全面系统地规定了国家的文化制度后,为许多资本主义国家宪法效仿。现代宪法,无论是资本主义性质,还是社会主义性质,一般都对国家的基本文化制度作出规定。故 C 项错误。

我国《宪法》第 24 条规定,国家通过普及理想教育、道德教育、文化教育、纪律和法制教育,通过在城乡不同范围的群众中制定和执行各种守则、公约,加强社会主义精神文明的建设。故 D 项正确。

275. 基本经济制度[AD]

[解析]《宪法》第 15 条第 1 款规定,国家实行社会主义市场经济。故 A 项正确。

《宪法》第 16 条规定:"国有企业在法律规定的范围内有权自主经营。国有企业依照法律规定,通过职工代表大会和其他形式,实行民主管理。"故 B 项错误。

《宪法》第 8 条第 1 款规定:"农村集体经济组织实行家庭承包经营为基础、统分结合的双层经营体制。农村中的生产、供销、信用、消费等各种形式的合作经济,是社会主义劳动群众集体所有制经济。参加农村集体经济组织的劳动者,有权在法律规定的范围内经营自留地、自留山、家庭副业和饲养自留畜。"故 C 项错误。

《宪法》第 10 条规定,土地的使用权可以依照法律的规定转让。故 D 项正确。

理论法 [答案详解] 63

276. 宪法制度中的文化制度；各国宪法制度的比较[A]

[解析] 美国宪法由序言和7条正文组成：立法权、行政权、司法权、授予各州的权力、宪法修正案的提出和通过程序、宪法及依据宪法制定的法律和签署条约的最高效力、宪法本身的批准问题。其中并没有涉及文化权利和国家的文化政策。美国1787年宪法是早期资产阶级宪法的代表，其主要内容为联邦国家机构以及联邦和州的权力界线问题，且美国宪法关于公民权利规定在修正案中。故A项错误。

魏玛宪法第一次比较全面地规定了一个国家的基本文化政策和公民的文化权利。故B项正确。

我国宪法对文化制度的原则、内容等做了较全面和系统的规定，主要规定在第19、22、24条等条文中。故C项正确。

宪法中的主体就是公民和国家机关，公民的文化权利、国家的文化职权和政策当然就是宪法文化制度的主要内容，在我国宪法条文中均有规定。故D项正确。

277. 基本文化权利；宪法对文化制度的原则、内容的规定[D]

[解析] 文化制度是指一国通过宪法和法律调整以社会意识形态为核心的各种基本关系的规则、原则和政策的综合。基于宪法作为国家基本法的性质和地位，宪法规定的文化制度是基本文化制度而非具体的制度。故A项正确。

1919年德国《魏玛宪法》不仅详尽地规定了公民的文化权利，而且还明确地规定了国家的基本文化政策。这部宪法第一次比较全面系统地规定了文化制度，后为许多资本主义国家宪法所效仿。故B项正确。

我国的文化制度主要包括国家发展教育事业、国家发展科学事业、国家发展医疗卫生体育事业和国家发展文学艺术及其他文化事业，根据我国《宪法》第19条规定，公民文化教育权利是我国文化制度的重要内容。故C项正确。

文化教育权利是公民根据《宪法》的规定，在教育和文化领域享有的权利和自由，包括受教育的权利、进行科学研究、文学艺术创作和其他文化活动的自由。知识产权属于民商事领域的具体权利，不是由宪法予以规定的，不属于基本文化权利。故D项错误。

278. 我国宪法基本经济制度；公私财产相关规定[ABD]

[解析]《宪法》第12条第1款规定："社会主义的公共财产神圣不可侵犯。"故A项正确。

社会主义公共财产包括全民所有制（即国家公有的财产）和劳动群众集体所有的财产。故B项正确。

《宪法》第13条第3款规定："国家为了公共利益的需要，可以依照法律规定对公民的私有财产实行征收或者征用并给予补偿。"征收、征用应予以补偿，故C项错误。

《宪法》第10条第4款规定："任何组织或者个人不得侵占、买卖或者以其他形式非法转让土地。土地的使用权可以依照法律的规定转让。"故D项正确。

279. 宪法中经济制度相关知识[D]

[解析] 1919年德国魏玛共和国时期，颁布了大量的"社会化"法律，并将经济制度引入宪法，使德国成为经济立法和劳工立法的先导。自此，经济制度成为现代宪法的重要内容之一。故A项正确，不当选。

经济制度是经国家确认调整经济关系的制度，它由宪法、法律、政策等构成。宪法是国家根本法，它对经济关系特别是对生产关系的确认与调整构成一个国家的基本经济制度。故B项正确，不当选。

1999年《宪法修正案》第16条规定，在法律规定范围内的个体经济、私营经济等非公有制经济，是社会主义市场经济的重要组成部分。故C项正确，不当选。

《宪法》第12条规定，社会主义公共财产神圣不可侵犯，国家保护社会主义的公共财产。第13条规定，公民的合法的私有财产不受侵犯。可见，我国宪法只对合法的私有财产进行保护，没有像对公共财产一样使用"神圣不可侵犯"的表述。故D项错误，当选。

专题十二　国家的基本制度（下）

考点43 选举制度

280. 直接选举程序[B]

[解析]《选举法》第9条第2款规定，不设区的市、市辖区、县、自治县、乡、民族乡、镇设立选举委员会，主持本级人民代表大会代表的选举。故A项错误。

《选举法》第30条第2款规定，各政党、各人民团体，可以联合或者单独推荐代表候选人。选民或者代表，10人以上联名，也可以推荐代表候选人。故B项正确。

《选举法》第31条第2款规定："由选民直接选举人民代表大会代表的，代表候选人的人数应多于应选代表名额三分之一至一倍；由县级以上的地方各级人民代表大会选举上一级人民代表大会代表的，代表候选人的人数应多于应选代表名额五分之一至二分之一。"县人大代表的选举属于直接选举，代表候选人的人数应多于应选代表名额1/3至1倍。故C项错误。

《选举法》第53条第1款规定:"罢免县级和乡级的人民代表大会代表,须经原选区过半数的选民通过。"据此,罢免直接选举的代表需要全体选民过半数同意。《选举法》第45条第1款规定:"在选举直接选举人民代表大会代表时,选区全体选民的过半数参加投票,选举有效。代表候选人获得参加投票的选民过半数的选票时,始得当选。"据此,直接选举中代表候选人获得参加投票的选民(非全体选民)过半数的选票时即可当选。故D项错误。

法条变更	《中华人民共和国全国人民代表大会和地方各级人民代表大会选举法》
	根据2020年10月17日第十三届全国人民代表大会常务委员会第二十二次会议《关于修改〈中华人民共和国全国人民代表大会和地方各级人民代表大会选举法〉的决定》第七次修正

281. 选举权的平等性原则;地方人大代表名额的分配原则[ABC]

[解析] 法律面前人人平等是我国《宪法》规定的基本原则,选举平等也是应有之义。故A项正确。

"大体相等"中的"大体"即差不多之意。故B项正确。

该规定涉及的两句话存在递进关系。故C项正确。

《选举法》第15条第1款规定:"地方各级人民代表大会代表名额,由本级人民代表大会常务委员会或者本级选举委员会根据本行政区域所辖的下一级各行政区域或者各选区的人口数,按照每一代表所代表的城乡人口数相同的原则,以及保证各地区、各民族、各方面都有适当数量代表的要求进行分配。在县、自治县的人民代表大会中,人口特少的乡、民族乡、镇,至少应有代表一人。"省人大选举实施办法不得与选举法相抵触,亦需保证各地区、各民族、各方面都有适当数量的代表。就题中规定而言,亦推导不出"不保证各地区、各民族、各方面都有适当数量代表"的要求。故D项错误。

282. 选举机构;选举程序[A]

[解析]《选举法》第10条第1款规定,乡、民族乡、镇的选举委员会的组成人员由不设区的市、市辖区、县、自治县的人民代表大会常务委员会任命。故A项正确。

《选举法》第9条第2款规定,不设区的市、市辖区、县、自治县、乡、民族乡、镇设立选举委员会,主持本级人民代表大会的选举。故B项错误。

《选举法》第39条规定,县级以上地方各级人大

在选举上一级人大代表时,由各该级人大主席团主持。故C项错误。

《选举法》第10条第2款规定:"选举委员会的组成人员为代表候选人的,应当辞去选举委员会的职务。"故D项错误。

283. 选举制度[ACD]

[解析]《选举法》第49、53条规定,县人大代表由直接选举产生,乙县选民有权罢免之(须经原选区过半数的选民通过)。故A项正确。

《选举法》第55条规定,县级的人民代表大会代表可以向本级人民代表大会常务委员会书面提出辞职。故B项错误。

《选举法》第58条第1款第1项规定,"以金钱或者其他财物贿赂选民或者代表,妨害选民和代表自由行使选举权和被选举权的"属于破坏选举的行为,应当承担相应的法律责任。故C项正确。

《选举法》第39条规定,县级以上的地方各级人民代表大会在选举上一级人民代表大会代表时,由各该级人民代表大会主席团主持。可知本题主持选举的机构是乙县人大主席团。《选举法》第59条规定,主持选举的机构发现有破坏选举的行为或者收到对破坏选举行为的举报,应当及时依法调查处理;需要追究法律责任的,及时移送有关机关予以处理。故D项正确。

284. 选举制度;罢免[BD]

[解析]《选举法》第8条规定,全国人民代表大会和地方各级人民代表大会的选举经费,列入财政预算,由国库开支。也就是说,全国人民代表大会和地方各级人民代表大会因选举而发生的各项费用,均由国家财政开支,并不意味着由中央财政统一开支。故A项错误。

香港特别行政区全国人大代表的选举采取选举会议的方式进行。香港特别行政区全国人大代表选举会议第一次会议由全国人大常委会召集,根据全国人大常委会委员长会议的提名,推选选举会议成员组成主席团。主席团从其成员中推选常务主席一人。主席团主持选举会议。主席团常务主席主持主席团会议。故B项正确。

《选举法》第51条第1款规定,县级以上的地方各级人民代表大会举行会议的时候,主席团或者1/10以上代表联名,可以提出对由该级人民代表大会选出的上一级人民代表大会代表的罢免案。在人民代表大会闭会期间,县级以上的地方各级人民代表大会常务委员会主任会议或者常务委员会1/5以上组成人员联名,可以向常务委员会提出对由该级人民代表大会选出的上一级人民代表大会代表的罢免案。罢免案应当写明罢免理由。故C项错误。

理论法 [答案详解]

《选举法》第30条第2款规定,各政党、各人民团体,可以联合或者单独推荐代表候选人。选民或者代表,10人以上联名,也可以推荐代表候选人。故D项正确。

285. 代表罢免;选举名额限制;代表的辞职[AB]

[解析]《选举法》第55条第2款规定:"县级的人民代表大会代表可以向本级人民代表大会常务委员会书面提出辞职,乡级的人民代表大会代表可以向本级人民代表大会书面提出辞职。县级的人民代表大会常务委员会接受辞职,须经常务委员会组成人员的过半数通过。乡级的人民代表大会接受辞职,须经人民代表大会过半数的代表通过。接受辞职的,应当予以公告。"故A项正确。

《选举法》第50条第1款规定,对于县级的人民代表大会代表,原选区选民50人以上联名,对于乡级的人民代表大会代表,原选区选民30人以上联名,可以向县级的人民代表大会常务委员会书面提出罢免要求。故B项正确。

《选举法》第53条第1款规定,罢免县级和乡级的人民代表大会代表,须经原选区过半数的选民通过。故C项错误。

《选举法》第57条第1、4款规定,代表在任期内,因故出缺,由原选区或者原选举单位补选。补选出缺的代表时,代表候选人的名额可以多于应选代表的名额,也可以同应选代表的名额相等。补选的具体办法,由省、自治区、直辖市的人民代表大会常务委员会规定。故D项错误。

286. 少数民族人大代表的名额分配[D]

[解析]《选举法》第19条第1款规定:"有少数民族聚居的地方,每一聚居的少数民族都应有代表参加当地的人民代表大会。"故A项正确。

《选举法》第21条第1款规定:"散居的少数民族应选当地人民代表大会的代表,每一代表所代表的人口数可以少于当地人民代表大会每一代表所代表的人口数。"故B项正确。

《选举法》第19条第2款规定,聚居境内同一少数民族的总人口数占境内总人口数30%以上的,每一代表所代表的人口数应相当于当地人民代表大会每一代表所代表的人口数。故C项正确。

《选举法》第19条第3款规定,聚居境内同一少数民族的总人口数不足境内总人口数15%的,每一代表所代表的人口数可以适当少于当地人民代表大会每一代表所代表的人口数,但不得少于1/2;实行区域自治的民族人口特少的自治县,经省、自治区的人民代表大会常务委员会决定,可以少于1/2。D项说法缺少经省、自治区的人民代表大会常务委员会决定的程序,故D项错误。

287. 选举机构的设置[B]

[解析] 香港和澳门特别行政区选举全国人民代表大会代表,均由全国人民代表大会常务委员会主持。故A项正确,不当选。

《选举法》第9条第3款规定:"省、自治区、直辖市、设区的市、自治州的人民代表大会常务委员会指导本行政区域内县级以下人民代表大会代表的选举工作。"可知,应当是"指导"而非"领导"。故B项错误,当选。

《选举法》第9条第2款规定:"不设区的市、市辖区、县、自治县、乡、民族乡、镇设立选举委员会,主持本级人民代表大会代表的选举。不设区的市、市辖区、县、自治县的选举委员会受本级人民代表大会常务委员会的领导。乡、民族乡、镇的选举委员会受不设区的市、市辖区、县、自治县的人民代表大会常务委员会的领导。"故C项正确,不当选。

《选举法》第29条规定:"对于公布的选民名单有不同意见的,可以在选民名单公布之日起五日内向选举委员会提出申诉。选举委员会对申诉意见,应在三日内作出处理决定……"故D项正确,不当选。

288. 选举制度,地方人大代表名额的分配[AB(原答案为ABCD)]

[解析]《选举法》第12条第1款规定,地方各级人民代表大会的代表名额,按照下列规定确定:(1)省、自治区、直辖市的代表名额基数为350名,省、自治区每15万人可以增加1名代表,直辖市每25000人可以增加1名代表;但是,代表总名额不得超过1000名;(2)设区的市、自治州的代表名额基数为240名,每25000千人可以增加1名代表;人口超过1000万的,代表总名额不得超过650名;(3)不设区的市、市辖区、县、自治县的代表名额基数为140名,每5000人可以增加1名代表;人口超过155万的,代表总名额不得超过450名;人口不足5万的,代表总名额可以少于140名;(4)乡、民族乡、镇的代表名额基数为45名,每1500人可以增加1名代表;但是,代表总名额不得超过160名;人口不足2000的,代表总名额可以少于45名。根据上述第(1)(2)项,A、B项正确;根据第(3)(4)项,C、D项错误。【旧题新解】本题原本C、D项也是正确的,2020年10月《选举法》修订,对本条第1款第(3)(4)项作出了修改,代表名额基数发生变化,故根据新法,C、D项错误。

289. 选民登记制度[D]

[解析]《选举法》第27条第1款规定:"选民登记按选区进行,经登记确认的选民资格长期有效。每次选举前对上次选民登记以后新满18周岁的、被剥夺政治权利期满后恢复政治权利的选民,予以登记。对选民经登记后迁出原选区的,列入新迁入的选区

选民名单;对死亡的和依照法律被剥夺政治权利的人,从选民名单上除名。"可知,"重新登记"错误。故A项错误。

《选举法》第28条规定:"选民名单应在选举日的二十日以前公布,实行凭选民证参加投票选举的,并应当发给选民证。"可知,"15日以前公布"错误。故B项错误。

《选举法》第29条规定:"对于公布的选民名单有不同意见的,可以在选民名单公布之日起五日内向选举委员会提出申诉。选举委员会对申诉意见,应在三日内作出处理决定。申诉人如果对处理决定不服,可以在选举日的五日以前向人民法院起诉,人民法院应在选举日以前作出判决。人民法院的判决为最后决定。"可知,对于公布的选民名单有不同意见的,只能先申诉再起诉。故C项错误,D项正确。

290. 我国选举的组织与程序[ACD]

[解析]《选举法》第9条第1款规定:"全国人民代表大会常务委员会主持全国人民代表大会代表的选举。省、自治区、直辖市、设区的市、自治州的人民代表大会常务委员会主持本级人民代表大会代表的选举。"故A项正确。

《选举法》第9条第2款规定:"不设区的市、市辖区、县、自治县、乡、民族乡、镇设立选举委员会,主持本级人民代表大会代表的选举。不设区的市、市辖区、县、自治县的选举委员会受本级人民代表大会常务委员会的领导。乡、民族乡、镇的选举委员会受不设区的市、市辖区、县、自治县的人民代表大会常务委员会领导。"故C、D项正确。"县级以上"包括县级。故B项错误。

考点44 国家结构形式

291. 行政区划的变更;地方人大常委会[A]

[解析] 行政区域划分中,国务院的审批范围为主要为:(1)省、自治区、直辖市的区域界线的变更;(2)自治州、县、自治县、市、市辖区的设立、撤销、更名及隶属关系的变更;(3)自治州、自治县行政区线的变更;(4)县、市、市辖区行政区域界线的重大变更。故A项正确。

根据《选举法》第13条规定,设区的市、自治州和县级的人民代表大会代表的具体名额,由省、自治区、直辖市的人民代表大会常务委员会确定,报全国人民代表大会常务委员会备案。故B项错误。

行政区划发生变更,并不必然导致市长职务暂停;即使市长不能履行职务,根据《地方组织法》第50条第1款第13项规定,也应先由市人大常委会根据主任会议的提名,从本级人民政府副职领导人员中决定代理的人选,而非等待市人大召开会议确定人选。故C项错误。

根据《地方组织法》第26条至第32条,人大常委会主任由选举产生,必须经过选任程序才能终止其履行职责,而非自动终止。故D项错误。

法条变更	《中华人民共和国地方各级人民代表大会和地方各级人民政府组织法》 根据2022年3月11日第十三届全国人民代表大会第五次会议《关于修改〈中华人民共和国地方各级人民代表大会和地方各级人民政府组织法〉的决定》第六次修正

292. 我国的行政区域划分[D]

[解析] 我国行政区域变更的法律程序包括:第一,全国人大决议:(1)省、自治区、直辖市的设立、撤销、更名;(2)特别行政区的成立。第二,国务院审批:(1)省、自治区、直辖市的区域界线的变更;(2)自治州、县、自治县、市、市辖区的设立、撤销、更名及隶属关系的变更;(3)自治州、自治县行政区线的变更;(4)县、市、市辖区行政区域界线的重大变更。第三,省级人民政府审批:(1)根据国务院授权,决定县、市、市辖区行政区域界线的局部变更;(2)乡、民族乡、镇的设立、撤销、更名及区域界线的变更。

本题中,甲县更名须经国务院审批,故A项错误。乙省行政区域界线的变更须国务院审批,故B项错误。丙镇与邻镇合并由两镇所属的省级政府审批,故C项错误。丁市部分行政区域界线的变更由国务院授权省级政府审批,故D项正确。注意,根据2018年《行政区划管理条例》的规定,D项还须报国务院备案。

293. 行政区域的建置和划分[AC]

[解析] 批准省、自治区、直辖市的建置是全国人大的专属职权,依据是《宪法》第62条第13项:"批准省、自治区和直辖市的建置。"故A项正确。

批准省、自治区、直辖市的区域划分是国务院的专属职权,而不是全国人大常委会,依据是《宪法》第89条第15项:"批准省、自治区、直辖市的区域划分,批准自治州、县、自治县、市的建置和区域划分。"故B项错误,C项正确。

《宪法》第107条第3款规定:"省、直辖市的人民政府决定乡、民族乡、镇的建置和区域划分。"只有省、直辖市才有权决定乡、民族乡、镇的建置和区域划分,地级市无权决定乡、民族乡、镇的建置和区域划分。故D项错误。

294. 行政区划概念;我国行政区域的划分;国家结构形式[D]

[解析] 国家结构形式是指国家整体与其组成部

理论法 [答案详解]   · 67 ·

分之间、中央与地方政权之间的相互关系。我国是单一制国家,但又设立民族区域自治制度和特别行政区制度。我国行政区划可以分为:(1)普通行政区划;(2)民族自治地方区划;(3)特别行政区划。而A项只提到民族区域自治和特别行政区,没有提到数量最多的普通行政区。故A项错误。

《行政区划管理条例》第8条规定,县、市、市辖区的部分行政区域界线的变更,国务院授权省、自治区、直辖市人民政府审批;批准变更时,同时报送国务院备案。注意,这里是国务院授权省级政府批准。故B项错误。

经济特区是指我国在改革开放中为发展对外经济贸易,特别是利用外资、引进先进技术而实行某些特殊政策的地区,但并非新的地方制度。故C项错误。

我国行政区域的划分制度包括行政区域划分的机关、原则、程序以及行政区域边界争议处理等内容。故D项正确。

295. 中国人民政治协商会议的性质、地位 [ACD]

[解析] 我国《宪法》序言规定,社会主义的建设事业必须依靠工人、农民和知识分子,团结一切可以团结的力量。在长期的革命、建设、改革过程中,已经结成由中国共产党领导的,有各民主党派和各人民团体参加的,包括全体社会主义劳动者、社会主义事业的建设者、拥护社会主义的爱国者、拥护祖国统一和致力于中华民族伟大复兴的爱国者的广泛的爱国统一战线,这个统一战线将继续巩固和发展。中国人民政治协商会议是有广泛代表性的统一战线组织,过去发挥了重要的历史作用,今后在国家政治生活、社会生活和对外友好活动中,在进行社会主义现代化建设,维护国家的统一和团结的斗争中,将进一步发挥它的重要作用。中国共产党领导的多党合作和政治协商制度将长期存在和发展。故A、C、D项均正确。

中国人民政治协商会议是政治性人民团体,不属于国家机关。故B项错误。

296. 宪法的解释与保障;紧急状态;派出机构 [BD]

[解析] 《宪法》第67条第1项规定,全国人民代表大会常务委员会行使解释宪法,监督宪法实施的职权。据此可知,解释宪法的职权归全国人大常委会。故A项错误。

《宪法》第89条第16项规定,国务院有权依照法律规定决定省、自治区、直辖市的范围内部分地区进入紧急状态。故B项正确。

《地方组织法》第85条规定,省、自治区的人民政府在必要的时候,经国务院批准,可以设立若干派出机关。县、自治县的人民政府在必要的时候,经省、自治区、直辖市的人民政府批准,可以设立若干区公所,作为它的派出机关。市辖区、不设区的市的人民政府,经上一级人民政府批准,可以设立若干街道办事处,作为它的派出机关。据此可知,省、自治区政府在必要的时候,经国务院批准,可以设立若干派出机关(而非派出机构);另外,直辖市无设立派出机关的权限。故C项错误。

《宪法》第138条规定:"最高人民检察院对全国人民代表大会和全国人民代表大会常务委员会负责。地方各级人民检察院对产生它的国家权力机关和上级人民检察院负责。"故D项正确。

297.(1)单一制国家结构形式 [ABD]

[解析] 单一制是我国的国家结构形式。具体表现在:第一,在法律制度方面,我国只有一部宪法,只有一套以宪法为基础的法律体系,维护宪法的权威和法制的统一是国家的基本国策。第二,在国家机构方面,只有一套包括最高国家权力机关、最高国家行政机关和最高国家司法机关的中央国家机关体系。第三,在中央与地方的关系方面,无论是普通的省、县、乡行政区域,还是民族自治区域,或者特别行政区域,都是中央人民政府领导下的地方行政区域。第四,在对外关系方面,中华人民共和国是一个统一的国际法主体,公民具有统一的中华人民共和国国籍。但需要注意的是,由于我国实行"一国两制",允许香港、澳门特别行政区实行与国家其他地区不同的政治、经济、社会制度,保留原有的资本主义制度和生活方式不变,因此我国不是在全国范围内实行统一的政治、经济、社会制度。故本题C项错误,A、B、D项正确。

(2)行政区域划分制度的具体内容 [D]

[解析] 行政区域划分又称行政区划,是指根据宪法和法律的规定,综合政治、经济、民族状况以及地理历史条件,将国家的领土划分为不同的区域,以便进行管理的制度。行政区划是国家主权的体现,属于国家内政,国际社会应予以尊重,任何国家都不得干涉其他国家的行政区划。故A、B、C项表述正确。

行政区域划分,不仅由《宪法》授权机关进行,还可以由法律、行政法规等授权。我国专门制定了有关行政区划的行政法规《行政区划管理条例》,对行政区域划分作了详细规定。故D项错误。

考点45 国家标志

298. 国家标志 [ABCD]

[解析] 国家标志又称国家象征,是指一般由宪法和法律规定的,代表国家的主权、独立和尊严的象征和标志。我国的国家标志主要包括国旗、国徽、国歌、首都等。故A项正确。

2004年《宪法修正案》第31条规定:"宪法第四章章名'国旗、国徽、首都'修改为'国旗、国歌、国徽、首都'。宪法第一百三十六条增加一款,作为第二款:'中华人民共和国国歌是《义勇军进行曲》'"故 B 项正确。

《宪法》第 142 条规定:"中华人民共和国国徽,中间是五星照耀下的天安门,周围是谷穗和齿轮。"故 C 项正确。

《全国人民代表大会常务委员会关于实行宪法宣誓制度的决定》第 8 条第 2 款规定:"宣誓场所应当庄重、严肃,悬挂中华人民共和国国旗或者国徽。宣誓仪式应当奏唱中华人民共和国国歌。"故 D 项正确。

299. 国家标志[AB]

[解析] 国家标志的使用场合具备官方性、权威性和正式性,A、B 项根据常识也可判断出是正确的,具体依据为《国徽法》第 4 条、《全国人大常委会关于实行宪法宣誓制度的决定》第 8 条。

根据《国旗法》第 5 条第 4 项规定,出境入境的机场、港口、火车站和其他边境口岸,应当每日升挂国旗。此处强调的是"出境入境",并非全部,故 C 项错误。

D 项明显错误,国旗、国歌、国徽、首都都是国家标志,但国家主席是国家元首,属于国家机关的范畴,不是国家标志。

考点46 民族区域自治制度

300. 民族自治地方的自治机关[B]

[解析]《民族区域自治法》第 16 条第 3 款规定:"民族自治地方的人民代表大会常务委员会中应当有实行区域自治的民族的公民担任主任或者副主任。"故 A 项不当选。

《民族区域自治法》第 17 条第 1 款规定:"自治区主席、自治州州长、自治县县长由实行区域自治的民族的公民担任。……"故 B 项当选。

《民族区域自治法》第 46 条第 3 款规定:"民族自治地方的人民法院和人民检察院的领导成员和工作人员中,应当有实行区域自治的民族的人员。"因此,法律并不要求民族自治地方的法院院长或检察院检察长必须由实行区域自治的民族的公民担任。故 C、D 项不当选。

301. 民族区域自治制度[D]

[解析]《民族区域自治法》第 10 条规定:"民族自治地方的自治机关保障本地方各民族都有使用和发展自己的语言文字的自由,都有保持或者改革自己的风俗习惯的自由。"故 A 项正确。

《民族区域自治法》第 31 条第 1 款规定:"民族自治地方依照国家规定,可以开展对外经济贸易活动,经国务院批准,可以开辟对外贸易口岸。"故 B 项正确。

《民族区域自治法》第 16 条第 3 款规定:"民族自

治地方的人民代表大会常务委员会中应当有实行区域自治的民族的公民担任主任或者副主任。"故 C 项正确。

《民族区域自治法》第 20 条规定:"上级国家机关的决议、决定、命令和指示,如有不适合民族自治地方实际情况的,自治机关可以报经该上级国家机关批准,变通执行或者停止执行;该上级国家机关应当在收到报告之日起六十日内给予答复。"县人大不可自行变通或停止执行,应先报上级国家机关批准。故 D 项错误。

302. 地方各级人大的职权;民族自治地方的自治权[C]

[解析]《立法法》第 88 条第 3 款规定:"设区的市、自治州的人民代表大会及其常务委员会制定的地方性法规报经批准后,由设区的市、自治州的人民代表大会常务委员会发布公告予以公布。"故 A 项错误。

自治州人大常委会不属于民族自治地方的自治机关,其出台的该法律文件属于一般性的地方性法规,不属于自治条例或单行条例,不能对法律和行政法规的规定作出变通规定。故 B 项错误。

《立法法》第 81 条第 1 款规定,省、自治区的人大常委会对报请批准的地方性法规,应当对其合法性进行审查,认为同宪法、法律、行政法规和本省、自治区的地方性法规不抵触的,应当在 4 个月内予以批准。故 C 项正确。

《立法法》第 106 条第 1 款第 2 项规定:"地方性法规与部门规章之间对同一事项的规定不一致,不能确定如何适用时,由国务院提出意见,国务院认为应当适用地方性法规的,应当决定在该地方适用地方性法规的规定;认为应当适用部门规章的,应当提请全国人民代表大会常务委员会裁决。"故 D 项错误。

303. 民族区域自治制度[D]

[解析]《宪法》第 112 条规定,民族自治地方的自治机关是自治区、自治州和自治县的人民代表大会和人民政府,不包括审判机关和检察机关。故 A 项错误。

《立法法》第 85 条第 1 款规定,只有民族自治地方的人大才有权制定自治条例和单行条例,自治地方人民政府只能制定"地方政府规章",而此类规章不能作"变通规定"。故 B 项错误。

根据《立法法》第 85 条第 2 款规定:"自治条例和单行条例可以依照当地民族的特点,对法律和行政法规的规定作出变通规定,但不得违背法律或者行政法规的基本原则,不得对宪法和民族区域自治法的规定以及其他有关法律、行政法规专门就民族自治地方所作的规定作出变通规定。"可知,自治条例可以对法律和行政法规作出变通规定,不得对"宪法"作出变通规定。故 C 项错误。

《民族区域自治》第 19 条规定,自治州、自治县的自治条例和单行条例报省、自治区、直辖市的人民代表大会常务委员会批准后生效,并报全国人民代表大会常务委员会和国务院备案。故 D 项正确。

304. 民族区域自治制度[AB]

[解析]《民族区域自治法》第 46 条第 1、2 款规定,民族自治地方的人民法院和人民检察院对本级人民代表大会及其常务委员会负责。民族自治地方人民法院的审判工作,受最高人民法院和上级人民法院监督。故 A 项正确。

《宪法》第 114 条规定:"自治区主席、自治州州长、自治县县长由实行区域自治的民族的公民担任。"《宪法》第 105 条第 2 款规定:"地方各级人民政府实行省长、市长、县长、区长、乡长、镇长负责制。"故 B 项正确。

《宪法》第 116 条规定:"……自治区的自治条例和单行条例,报全国人民代表大会常务委员会批准后生效。……"故 C 项错误。

《民族区域自治法》第 44 条规定:"民族自治地方实行计划生育和优生优育,提高各民族人口素质。民族自治地方的自治机关根据法律规定,结合本地方的实际情况,制定实行计划生育的办法。"故 D 项错误。

305. 自治和自治权[AD]

[解析]《香港特别行政区基本法》第 2 条规定,全国人民代表大会授权香港特别行政区依照本法的规定实行高度自治,享有行政管理权、立法权、独立的司法权和终审权。故 A 项正确。

《民族区域自治法》第 15 条第 1 款规定,民族自治地方的自治机关是自治区、自治州、自治县的人民代表大会和人民政府。故 B 项错误。

《民族区域自治法》第 2 条第 2 款规定,民族自治地方分为自治区、自治州、自治县。故 C 项错误。

《宪法》第 111 条第 1 款规定,城市和农村按居民居住地区设立的居民委员会或者村民委员会是基层群众性自治组织。居民委员会、村民委员会的主任、副主任和委员由居民选举。居民委员会、村民委员会同基层政权的相互关系由法律规定。故 D 项正确。

306. 自治机关;民族自治地方的自治权[BD]

[解析] 民族区域自治制度,是指在国家的统一领导下,以少数民族聚居区为基础,建立相应的自治地方,设立自治机关,行使自治权,使实行区域自治的民族的人民自主地管理本民族地方性事务的制度。民族区域自治制度是民族自治与区域自治的结合,民族自治地方的人大和政府,既是地方国家机关,也是自治机关。故 A 项正确,不当选。

《民族区域自治法》第 15 条第 1 款规定,民族自治地方的自治机关是自治区、自治州、自治县的人民代表大会和人民政府。比如,民族自治地方的司法机关是地方国家机关,但不是自治机关。故 B 项错误,当选。

《民族区域自治法》第 20 条规定,上级国家机关的决议、决定、命令和指示,如有不适合民族自治地方实际情况的,自治机关可以报经该上级国家机关批准,变通执行或者停止执行;该上级国家机关应当在收到报告之日起 60 日内给予答复。故 C 项正确,不当选。

《民族区域自治法》第 42 条第 2 款规定,自治区、自治州的自治机关依照国家规定,可以和国外进行教育、科学技术、文化艺术、卫生、体育等等方面的交流。这里仅指自治区与自治州,不包括自治县。故 D 项错误,当选。

307. 民族自治地方的自治权[ABCD]

[解析]《民族区域自治法》第 32 条第 2 款规定:"民族自治地方的自治机关有管理地方财政的自治权。凡是依照国家财政体制属于民族自治地方的财政收入,都应当由民族自治地方的自治机关自主地安排使用。"故 A 项正确。

《民族区域自治法》第 19 条规定:"民族自治地方的人民代表大会有权依照当地民族的政治、经济和文化的特点,制定自治条例和单行条例。自治区的自治条例和单行条例,报全国人民代表大会常务委员会批准后生效。自治州、自治县的自治条例和单行条例报省、自治区、直辖市的人民代表大会常务委员会批准后生效,并报全国人民代表大会常务委员会和国务院备案。"故 B 项正确。

《民族区域自治法》第 25 条规定:"民族自治地方的自治机关在国家计划的指导下,根据本地方的特点和需要,制定经济建设的方针、政策和计划,自主地安排和管理地方性的经济建设事业。"故 C 项正确。

《民族区域自治法》第 38 条第 2 款规定:"民族自治地方的自治机关组织、支持有关单位和部门收集、整理、翻译和出版民族历史文化书籍,保护民族的名胜古迹、珍贵文物和其他重要历史文化遗产,继承和发展优秀的民族传统文化。"故 D 项正确。

308. 民族自治地方的自治权[AD]

[解析]《民族区域自治法》第 32 条第 2 款规定:"民族自治地方的自治机关有管理地方财政的自治权。凡是依照国家财政体制属于民族自治地方的财政收入,都应当由民族自治地方的自治机关自主地安排使用。"故 A 项正确。

《民族区域自治法》第 32 条第 4 款规定:"民族自治地方的财政预算支出,按照国家规定,设机动资金,预备费在预算中所占比例高于一般地区。"故 B 项错误。

《民族区域自治法》第33条规定："民族自治地方的自治机关对本地方的各项开支标准、定员、定额,根据国家规定的原则,结合本地方的实际情况,可以制定补充规定和具体办法。自治区制定的补充规定和具体办法,报国务院备案;自治州、自治县制定的补充规定和具体办法,须报省、自治区、直辖市人民政府批准。"故C项错误。

《民族区域自治法》第32条第3款规定："民族自治地方在全国统一的财政体制下,通过国家实行的规范的财政转移支付制度,享受上级财政的照顾。"故D项正确。

考点47 特别行政区制度

309. 特别行政区的法律制度[ABCD]

[解析]《宪法》第31条规定："国家在必要时得设立特别行政区。在特别行政区内实行的制度按照具体情况由全国人民代表大会以法律规定。"该条文规定在第一章"总纲"中。故A项正确。

《香港特别行政区基本法》序言第三段规定："根据中华人民共和国宪法,全国人民代表大会特制定中华人民共和国香港特别行政区基本法,规定香港特别行政区实行的制度,以保障国家对香港的基本方针政策的实施。"据此,就香港地区而言,《宪法》第31条中所规定的"法律"即是指《香港特别行政区基本法》。故B项正确。

《香港特别行政区基本法》第18条第4款规定:"全国人民代表大会常务委员会决定宣布战争状态或因香港特别行政区内发生香港特别行政区政府不能控制的危及国家统一或安全的动乱而决定香港特别行政区进入紧急状态,中央人民政府可发布命令将有关全国性法律在香港特别行政区实施。"故C项正确。

《香港特别行政区基本法》第18条第1、2款规定:"在香港特别行政区实行的法律为本法以及本法第八条规定的香港原有法律和香港特别行政区立法机关制定的法律。全国性法律除列于本法附件三者外,不在香港特别行政区实施。凡列于本法附件三之法律,由香港特别行政区在当地公布或立法实施。"《澳门特别行政区基本法》第18条也有相应规定。故D项正确。

310. 香港特别行政区制度[C]

[解析]《香港特别行政区基本法》第19条第3款规定:"香港特别行政区法院对国防、外交等国家行为无管辖权。香港特别行政区法院在审理案件中遇有涉及国防、外交等国家行为的事实问题,应取得行政长官就此等问题发出的证明文件,上述文件对法院有约束力。行政长官在发出证明文件前,须取得中央人民政府的证明书。"故A项错误。

《香港特别行政区基本法》第49条规定:"香港特别行政区行政长官如认为立法会通过的法案不符合香港特别行政区的整体利益,可在三个月内将法案发回立法会重议,立法会如以不少于全体议员三分之二多数再次通过原案,行政长官必须在一个月内签署公布或按本法第五十条的规定处理。"第50条规定:"香港特别行政区行政长官如拒绝签署立法会再次通过的法案或立法会拒绝通过政府提出的财政预算案或其他重要法案,经协商仍不能取得一致意见,行政长官可解散立法会。行政长官在解散立法会前,须征询行政会议的意见。行政长官在其一任任期内只能解散立法会一次。"行政长官可以签署公布或者解散立法会。故B项错误。

《香港特别行政区基本法》第95条规定:"香港特别行政区可与全国其他地区的司法机关通过协商依法进行司法方面的联系和相互提供协助。"故C项正确。

《香港特别行政区基本法》第55条第1款规定:"香港特别行政区行政会议的成员由行政长官从行政机关的主要官员、立法会议员和社会人士中委任,其任免由行政长官决定……"由此可知,行政会议的成员,还包括立法会议员。故D项错误。

311. 中央与特别行政区的关系;特别行政区的法律制度[B]

[解析]《澳门特别行政区基本法》第18条第2款规定,全国性法律除列于本法附件三者外,不在澳门特别行政区实施。因此,只有在特别行政区实施的全国性法律才是特别行政区的法律渊源之一。故A项错误。

《澳门特别行政区基本法》第87条第4款规定:"终审法院法官的任命和免职须报全国人民代表大会常务委员会备案。"故B项正确。

《澳门特别行政区基本法》第17条第2款规定,澳门特别行政区立法机关制定的法律须报全国人大常委会备案,备案不影响该法律的生效。特别行政区立法会制定的法律须由行政长官签署、公布方有法律效力,并报全国人大常委会备案,备案不影响该法律的生效。故C项错误。

《澳门特别行政区基本法》反映的是包括澳门同胞在内的全国人民的意志和利益。故D项错误。

312. 港澳基本法[A]

[解析]根据"一国两制"的原则,特别行政区享有包括"财税自治"在内的高度自治权。特别行政区保持财政独立,其财政收入全部用于自身需要,不上缴中央人民政府。中央人民政府不在特别行政区征税。特别行政区实行独立的税收制度,也是单独的关税地区。特别行政区有权发行自己的货币并自行制定货币金融制度等。故A项表述是正确的。

理论法 [答案详解]

· 71 ·

《澳门特别行政区基本法》第77条规定,澳门特别行政区立法会举行会议的法定人数为不少于全体议员的1/2。除基本法另有规定外,立法会的法案、议案由全体议员过半数通过。故B项表述是错误的。

《香港特别行政区基本法》第67条规定,香港特别行政区立法会由在外国无居留权的香港特别行政区永久性居民中的中国公民组成。但非中国籍的香港特别行政区永久性居民和在外国有居留权的香港特别行政区永久性居民也可以当选为香港特别行政区立法会议员,其所占比例不得超过立法会全体议员的20%。故C项表述是错误的,香港立法会可以有外籍议员的存在,但是应该符合基本法规定的比例限制。

《香港特别行政区基本法》第57条规定,香港特别行政区设立廉政公署,独立工作,对行政长官负责。故D项表述是错误的,廉政公署并非对立法会负责,而是对行政长官负责。

313. 特别行政区基本法相关规定[ACD]

[解析]《香港特别行政区基本法》第154条第2款规定,对世界各国或各地区的人入境、逗留和离境,香港特别行政区政府可实行出入境管制。《澳门特别行政区基本法》第139条第2款规定,对世界各国或各地区的人入境、逗留和离境,澳门特别行政区政府可实行出入境管制。故A项正确。

《香港特别行政区基本法》第48条第6项规定,香港特别行政区行政长官依照法定程序任免各级法院法官。该法第63条规定,香港特别行政区律政司主管刑事检察工作,不受任何干涉。据此可知,香港没有检察官。《澳门特别行政区基本法》第88条规定,澳门特别行政区各级法院的院长由行政长官从法官中选任。终审法院院长由澳门特别行政区永久性居民中的中国公民担任。终审法院院长的任命和免职须报全国人民代表大会常务委员会备案。该法第90条第2、3款规定,澳门特别行政区检察长由澳门特别行政区永久性居民中的中国公民担任,由行政长官提名,报中央人民政府任命。检察官经检察长提名,由行政长官任命。故B项错误。

《香港特别行政区基本法》第79条第7项规定,香港特别行政区立法会议员如有行为不检或违反誓言而经立法会出席会议的议员2/3通过谴责的,由立法会主席宣告其丧失立法会议员的资格。故C项正确。

《香港特别行政区基本法》第158条第1款规定,本法的解释权属于全国人民代表大会常务委员会。《澳门特别行政区基本法》第143条第1款规定,本法的解释权属于全国人民代表大会常务委员会。据此可知,特别行政区基本法的解释权属于我国全国人大常委会。故D项正确。

314. 港、澳基本法的规定;港、澳基本法的修改[A]

[解析]《香港特别行政区基本法》第159条第1款规定:"本法的修改权专属于全国人民代表大会。"可见,特别行政区基本法的修改权专属于全国人大。注意:全国人大常委会不能修改的三部法律:宪法、香港基本法、澳门基本法。故A项错误,当选。

《香港特别行政区基本法》第159条第2款规定:"本法的修改提案权属于全国人民代表大会常务委员会、国务院和香港特别行政区。香港特别行政区的修改议案,须经香港特别行政区的全国人民代表大会代表三分之二多数、香港特别行政区立法会全体议员三分之二多数和香港特别行政区行政长官同意后,交由香港特别行政区出席全国人民代表大会的代表团向全国人民代表大会提出。"《澳门特别行政区基本法》第144条第2款中亦有同样的规定。故B、C项正确,不当选。

《香港特别行政区基本法》第159条第4款规定:"本法的任何修改,均不得同中华人民共和国对香港既定的基本方针政策相抵触。"《澳门特别行政区基本法》第144条第4款规定:"本法的任何修改,均不得同中华人民共和国对澳门既定的基本方针政策相抵触。"故D项正确,不当选。

315. 特别行政区制度;宣布进入紧急状态[ABD]

[解析]《香港特别行政区基本法》第44条规定:"香港特别行政区行政长官由年满四十周岁,在香港通常居住连续满二十年并在外国无居留权的香港特别行政区永久性居民中的中国公民担任。"故A项错误,当选。

《香港特别行政区基本法》第80条规定:"香港特别行政区各级法院是香港特别行政区的司法机关,行使香港特别行政区的审判权。"第63条规定:"香港特别行政区律政司主管刑事检察工作,不受任何干涉。"据此,香港的司法机关只限于法院。香港不设检察院,由律政司主管刑事检察工作,隶属行政机关。故B项错误,当选。

《香港特别行政区基本法》第158条第1、2款规定:"本法的解释权属于全国人民代表大会常务委员会。全国人民代表大会常委会授权香港特别行政区法院在审理案件时对本法关于香港特别行政区自治范围内的条款自行解释。"《澳门特别行政区基本法》第143条也有相同规定。可见,特别行政区基本法的最高解释权属于全国人大常委会,但对于特别行政区自治范围内的条款,各级法院均可行使解释权。故C项正确,不当选。

《香港特别行政区基本法》第18条第4款规定:"全国人民代表大会常务委员会决定宣布战争状态或

因香港特别行政区内发生香港特别行政区政府不能控制的危及国家统一或安全的动乱而决定香港特别行政区进入紧急状态,中央人民政府可发布命令将有关全国性法律在香港特别行政区实施。"《澳门特别行政区基本法》第18条也有相同规定。可见,宣布香港和澳门特别行政区(或其部分地区)进入紧急状态的权利属于全国人大常委会。故D项错误,当选。

316. 香港特别行政区的政治体制[D]

[解析]《香港特别行政区基本法》第44条规定:"香港特别行政区行政长官由年满40周岁,在香港通常居住连续满二十年并在外国无居留权的香港特别行政区永久性居民中的中国公民担任。"故A项错误。

《香港特别行政区基本法》第61条规定:"香港特别行政区主要官员由在香港通常居住连续满十五年并在外国无居留权的香港特别行政区永久性居民中的中国公民担任。"故B项错误。

《香港特别行政区基本法》第67条规定:"香港特别行政区立法会由在外国无居留权的香港特别行政区永久性居民中的中国公民组成。但非中国籍的香港特别行政区永久性居民和在外国有居留权的香港特别行政区永久性居民也可以当选为香港特别行政区立法会议员,其所占比例不得超过立法会全体议员的百分之二十。"这里同样要求必须是特区永久性居民。故C项错误。

《香港特别行政区基本法》第88条规定:"香港特别行政区法院的法官,根据当地法官和法律界及其他方面知名人士组成的独立委员会推荐,由行政长官任命。"《香港特别行政区基本法》第90条第1款规定:"香港特别行政区终审法院和高等法院的首席法官,应由在外国无居留权的香港特别行政区永久性居民中的中国公民担任。"可见,除终审法院和高等法院的首席法官必须是特区永久性居民之外,其他的法官没有限制,可以不是特区永久性居民。故D项正确。

考点48 基层群众自治制度

317. 村民会议与村民代表会议;对村委会违法行为的救济[BCD]

[解析]《村民委员会组织法》第5条第1款规定:"乡、民族乡、镇的人民政府对村民委员会的工作给予指导、支持和帮助,但是不得干预依法属于村民自治范围内的事项。"第36条第2款规定:"村民委员会不依照法律、法规的规定履行法定义务的,由乡、民族乡、镇的人民政府责令改正。"征地补偿分配方案属于村民自治范围内的事项,乡政府不得干预;如果村委会的方案违法,乡政府可以责令其改正,但不能予以撤销。故A项错误。

《村民委员会组织法》第36条第1款规定:"村民委员会或者村民委员会成员作出的决定侵害村民合法权益的,受侵害的村民可以申请人民法院予以撤销,责任人依法承担法律责任。"故B项正确。

《村民委员会组织法》第24条第1、2款规定:"涉及村民利益的下列事项,经村民会议讨论决定方可办理:……(七)征地补偿费的使用、分配方案;……村民会议可以授权村民代表会议讨论决定前款规定的事项。"故C、D项正确。

318. 村民委员会[D]

[解析]《村民委员会组织法》第13条规定:"年满十八周岁的村民,不分民族、种族、性别、职业、家庭出身、宗教信仰、教育程度、财产状况、居住期限,都有选举权和被选举权;但是,依照法律被剥夺政治权利的人除外。村民委员会选举前,应当对下列人员进行登记,列入参加选举的村民名单:(一)户籍在本村并且在本村居住的村民;(二)户籍在本村,不在本村居住,本人表示参加选举的村民;(三)户籍不在本村,在本村居住一年以上,本人申请参加选举,并且经村民会议或者村民代表会议同意参加选举的公民。已在户籍所在村或者居住村登记参加选举的村民,不得参加其他地方村民委员会的选举。"王某、杨某的户籍在本村,且表示参加选举,应当列入选民名单,不因未在甲村居住或"入户协议"而受影响,也不需要村民会议或者村民代表会议同意。故A、B、C项错误,D项正确。

319. 村民委员会[B]

[解析]《村民委员会组织法》第23条规定:"村民会议审议村民委员会的年度工作报告,评议村民委员会成员的工作;有权撤销或者变更村民委员会不适当的决定;有权撤销或者变更村民代表会议不适当的决定。村民会议可以授权村民代表会议审议村民委员会的年度工作报告,评议村民委员会成员的工作,撤销或者变更村民委员会不适当的决定。"可见,对于村委会的年度工作报告,无论审议还是撤销,均是由村民会议或村民会议授权的村民代表会议行使权利,乡政府无权干涉。故A项错误。

《村民委员会组织法》第27条第1款规定,村民会议可以制定和修改村民自治章程、村规民约,并报乡、民族乡、镇的人民政府备案。故B项正确。

《村民委员会组织法》第14条第2款规定:"对登记参加选举的村民名单有异议的,应当自名单公布之日起五日内向村民选举委员会申诉,村民选举委员会应当自收到申诉之日起三日内作出处理决定,并公布处理结果。"本题中,错在"由乡政府处理并公开处理结果"。故C项错误。

《村民委员会组织法》第19条规定:"村民委员会成员出缺,可以由村民会议或者村民代表会议进行补选。补选程序参照本法第十五条的规定办理。补选的村民委员会成员的任期到本届村民委员会任期届满时止。"本题中,错在"乡政府任命"。故D项错误。

320. 基层群众自治制度(村民委员会)[ABCD]

[解析]《村民委员会组织法》第23条第2款规定,村民会议有权撤销或者变更村委会不适当的决定。故A项正确。

《村民委员会组织法》第36条第2款规定:"村民委员会不依照法律、法规的规定履行法定义务的,由乡、民族乡、镇的人民政府责令改正。"故B项正确。

《村民委员会组织法》第36条第1款规定:"村民委员会或者村民委员会成员作出的决定侵害村民合法权益的,受侵害的村民可以申请人民法院予以撤销,责任人依法承担法律责任。"故C项正确。

《村民委员会组织法》第16条第1款规定:"本村五分之一以上有选举权的村民或者三分之一以上的村民代表联名,可以提出罢免村民委员会成员的要求,并说明要求罢免的理由。被提出罢免的村民委员会成员有权提出申辩意见。"故D项正确。

321. 基层群众自治[A]

[解析]《村民委员会组织法》第3条第2款规定:"村民委员会的设立、撤销、范围调整,由乡、民族乡、镇的人民政府提出,经村民会议讨论同意,报县级人民政府批准。"故A项正确。

《村民委员会组织法》第24条规定:"涉及村民利益的下列事项,经村民会议讨论决定方可办理:……(七)征地补偿费的使用、分配方案;……"由此可见,征地补偿费用的使用和分配方案属于村民自治范围内的事项,村民会议讨论决定即可办理,不必报乡政府批准。故B项错误。

《城市居民委员会组织法》第15条第1款规定:"居民公约由居民会议讨论制定,报不设区的市、市辖区的人民政府或者它的派出机关备案,由居民委员会监督执行。居民应当遵守居民会议的决议和居民公约。"居民公约属于居委会的自治事项,仅需向基层政府备案即可,而不需要批准。故C项错误。

《城市居民委员会组织法》第6条第2款规定:"居民委员会的设立、撤销、规模调整,由不设区的市、市辖区的人民政府决定。"由此可见,不设区的市、市辖区政府可以直接决定居委会的设置和变更。故D项错误。

322. 村民委员会组织法;选举制度[D]

[解析]《村民委员会组织法》第11条规定,村民委员会主任、副主任和委员,由村民直接选举产生。任何组织或者个人不得指定、委派或者撤换村民委员会成员。村民委员会每届任期5年,届满应当及时举行换届选举。村民委员会成员可以连选连任。故A项错误。

《村民委员会组织法》第16条第2款规定,罢免村民委员会成员,须有登记参加选举的村民过半数投票,并须经投票的村民过半数通过。未提及"须有登记参加选举的村民过半数投票"的前提。故B项错误。

《村民委员会组织法》第12条第1、2款规定,村民委员会的选举,由村民选举委员会主持。村民选举委员会由主任和委员组成,由村民会议、村民代表会议或者各村民小组会议推选产生。故C项错误。

《村民委员会组织法》第18条规定,村民委员会成员丧失行为能力或者被判处刑罚的,其职务自行终止。故D项正确。

323. 村民委员会的组织、所辖事项、相关程序[BD]

[解析]《村民委员会组织法》第21条第1款规定,村民会议由本村18周岁以上的村民组成。该条规定并没有排除被剥夺政治权利的人参加村民会议的资格,因此,被剥夺政治权利的村民也可以参加村民会议。故A项错误。

《村民委员会组织法》第5条第1款规定,乡、民族乡、镇的人民政府对村民委员会的工作给予指导、支持和帮助,但是不得干预依法属于村民自治范围内的事项。故B项正确。

《村民委员会组织法》第16条第2款规定,罢免村民委员会成员,须有登记参加选举的村民过半数投票,并须经投票的村民过半数通过。注意,有效罢免的前提是,登记参加选举的村民过半数投票。这个条件不能忘。故C项错误。

《村民委员会组织法》第35条第2款规定,村民委员会成员的任期和离任经济责任审计,由县级人民政府农业部门、财政部门或者乡、民族乡、镇的人民政府负责组织,审计结果应当公布,其中离任经济责任审计结果应当在下一届村民委员会选举之前公布。故D项正确。

324. 村民委员会的组成;村民委员会的设置、责任模式与相关制度[C]

[解析]《村民委员会组织法》第30条规定:"村民委员会实行村务公开制度。村民委员会应当及时公布下列事项……财务收支情况应当每月公布一次;……"可见涉及财务的事项不是一年公布一次。故A项错误。

《村民委员会组织法》第29条第1款规定:"村民委员会应当实行少数服从多数的民主决策机制和公开透明的工作原则,建立健全各种工作制度。"故B项错误。

《村民委员会组织法》第7条规定:"村民委员会根据需要设人民调解、治安保卫、公共卫生与计划生育等委员会。……"故C项正确。

《村民委员会组织法》第6条第1款规定:"村民委员会由主任、副主任和委员共三至七人组成。"可知,村委会的组成不包括村民小组长。故D项错误。

325. 村民委员会的设置[C]

[解析]《村民委员会组织法》第3条第2款规定:"村民委员会的设立、撤销、范围调整,由乡、民族乡、镇的人民政府提出,经村民会议讨论同意后,报县级人民政府批准。"故C项正确,A、B、D项错误。

专题十三 公民的基本权利和义务

考点49 公民的基本权利

326. 公民的基本权利[C]

[解析] 出版自由一般包括两个方面的内容,一是著作自由,即自由地在出版物上发表著作;二是出版单位的设立与管理应当符合宪法和法律的规定。某市执法部门的通告既不涉及出版单位的设立,也不涉及发表著作的问题,只是涉及公民的表达方式问题,这里涉及的应当是公民的言论自由。言论自由是指公民有权通过各种言论形式,针对国家政治和社会中的各种问题表达思想和见解的自由。该通告对公民表达的方式作出了限制。故A、B项错误。

在我国,公共利益优先于个人利益。市执法部门的做法目的上具有正当性,即为了提升本市市容和环境卫生整体水平。故C项正确。

合理差别是对法律面前人人平等的宪法原则的补充。平等不是形式上的绝对平等,而必须考虑人和人之间在性别、年龄、禀赋、生活环境等方面的自然差异,并在这些自然差异的基础上对人们做出合理的区别对待。该通告针对全市所有人群,并不存在合理差别的问题。故D项错误。

327. 财产权[ABCD]

[解析] 公民合法的私有财产受国家法律保护。故A、B项正确。

《宪法》第6条第2款规定,我国的基本经济制度是公有制为主体、多种所有制经济共同发展。这就意味着国家保护公民的合法的私有财产权,是我国基本经济制度的重要内容之一。故D项正确。

法律保留是指我国《立法法》规定的只能由全国人大及其常委会制定法律的事项。《立法法》第11条规定:"下列事项只能制定法律:……(七)对非国有财产的征收、征用;(八)民事基本制度;(九)基本经济制度以及财政、海关、金融和外贸的基本制度;……"公民的财产权和继承权属于民事制度的范畴,对于公民的私有财产权和继承权的保护问题属于基本经济制度的内容。故C、D项正确。

328. 基本权利效力[ABD]

[解析] 基本权利的效力直接拘束国家权力活动是现代各国宪法普遍确认的一项原则,同时也是宪法的基本功能之一。国家权力活动既包括立法活动,也包括行政活动、司法活动。故A、B项正确;C项错误,司法活动只是其中之一。基本权利效力的目的在于有效保障人权,因此具有广泛性,即基本权利拘束一切国家权力活动和社会生活领域。故D项正确。

329. 监督权和获得赔偿权;人身自由、人格尊严不受侵犯[BCD]

[解析] 张某批评的是王某的工作,是在行使监督权,虽然"激烈",但并不构成对王某人格尊严的侵犯。故A项错误。

《宪法》第37条规定,中华人民共和国公民的人身自由不受侵犯。非经法定程序不得限制公民的人身自由。题干中法院依法撤销了公安机关的《行政处罚决定书》,那么该行政拘留是违法的行政行为,构成对当事人张某人身自由的侵犯。故B项正确。

《宪法》第41条规定,公民对于任何国家机关和国家工作人员,有提出批评和建议的权利。题干中张某批评王某的工作,但公安机关却违法压制张某的批评行为,显然构成对其监督权的侵犯。故C项正确。

《国家赔偿法》第35条规定,使受害人的精神受到严重损害的,应当支付相应的精神损害抚慰金。张某的精神受到严重打击,符合精神损害抚慰金的条件。故D项正确。

330. 公民财产权的限制[ABD]

[解析] 限制基本权利的基本形式包括基本权利的内在限制,以及宪法和法律的限制(外部限制)。基本权利内在限制主要指基本权利内部已确定限制的范围,即"规定基本权利的宪法条文"本身对基本权利的范围所作的限定,而不是从外部设定条件。宪法和法律的限制指宪法中"规定基本权利以外的条文",以及法律中对基本权利进行的限制,属于对基本权利的外部限制。本条对作为基本权利的财产权的限制,属于宪法中"规定基本权利以外的条文"对基本权利作出的限制,是外部限制。故A项正确。

《宪法》第13条第3款规定:"国家为了公共利益的需要,可以依照法律规定对公民的私有财产实行征收或者征用并给予补偿。"对公民财产的征收或者征用,必须满足以下条件:第一,必须是为了公共利益;第二,必须有明确的法律(即狭义的法律)依据;第三,必须给予补偿。故B、D项正确,C项错误。

331. 平等权[C]

[解析] 我国宪法中既有关于平等权的总体规定,又有保护妇女、儿童、残疾人等弱势群体的规定,既注重形式平等,又强调实质平等。故A项正确。

中华人民共和国公民在法律面前一律平等。犯罪嫌疑人的某些权利受到限制,这与平等原则并不冲突。故 B 项正确。

C、D 项考查平等权与合理差别。所谓禁止差别的理由,指不能因为该理由而对公民作出区别对待。在我国,不分性别,只要年满 18 周岁、未被剥夺政治权利的中国公民即享有选举权。由此可见,性别属于禁止差别的理由。但是,选举权必须要年满 18 周岁方可享有,因此,年龄属于允许差别的理由。故 C 项错误。法律上承认男女平等,但也承认了男女之间的生理差别,如产假、孕假等,在特殊情况下可以得到特殊保护。故 D 项正确。

332. 我国公民的基本权利[BCD]

[解析] 住宅不受侵犯是指任何机关、团体的工作人员或者其他个人,未经法律许可或未经户主等居住者的同意,不得随意进入、搜查或查封公民的住宅。题中某县政府是以较低补偿标准进行征地拆迁,并未采取进一步措施侵犯张某的住宅,故 A 项错误。

政府违法拆迁侵犯张某财产权;中学不给办理新学期注册手续,侵犯张某儿子的受教育权;财政局解除劳动合同,侵犯李某的劳动权。故 B、C、D 项正确。

333. 公民基本权利;人身自由[B]

[解析] 人格尊严是绝对权,《宪法》第 38 条规定,中华人民共和国公民的人格尊严不受侵犯。禁止用任何方法对公民进行侮辱、诽谤和诬告陷害。故 A 项正确。

生命权的含义,一般认为包括:防御权、享受生命权、保护请求权。生命权是公民最基本的权利,是一切其他权利的存在基础。故生命权属于公民的基本权利,是应有之义。但是,我国宪法并未明确规定生命权。故 B 项错误。

《宪法》第 37 条规定,中华人民共和国公民的人身自由不受侵犯。任何公民,非经人民检察院批准或者决定或者人民法院决定,并由公安机关执行,不受逮捕。禁止非法拘禁和以其他方法非法剥夺或者限制公民的人身自由,禁止非法搜查公民的身体。故 C 项正确。

《宪法》第 39 条规定,中华人民共和国公民的住宅不受侵犯。禁止非法搜查或者非法侵入公民的住宅。故 D 项正确。

334. 公民住宅不受侵犯[BD]

[解析] 公民住宅权是公民人身自由权的延伸,其重点在于保护公民的人身自由不受侵犯,即公民的住宅权所体现得更多的是对公民的安全价值之维护(住宅不受侵犯),而非经济价值之体现。因此,即使公民住宿在宾馆,仅仅交了 1 天的房费,但是,当天公民有权拒绝任何人随意闯入。而本题中"每个公民获

得住宅的权利"属于公民的财产权的范畴,财产权属于消极权利,公民无权向国家索取,国家也无义务满足。故 A 项错误。

《治安管理处罚法》第 40 条规定属于对《宪法》第 39 条规定的延伸性规定,该法规定了非法侵入他人住宅的法律后果,是对公民住宅的保障,体现了宪法的基本精神。故 B 项正确。

《刑事诉讼法》的规定只是对被取保候审者的行动自由加以限制,该规定是对公民人身自由的合理限制,与公民住宅不受侵犯没有关联。故 C 项错误。

《宪法》第 39 条规定:"中华人民共和国公民的住宅不受侵犯。禁止非法搜查或者非法侵入公民的住宅。"公安机关、检察机关为了收集犯罪证据、查获犯罪嫌疑人,严格依法对公民住宅进行搜查并不违宪。故 D 项正确。

335. 人身权;监督权;受教育权;休息权[AC]

[解析]《宪法》并没有明文规定生命权。故 A 项错误。

《宪法》第 41 条规定:"中华人民共和国公民对于任何国家机关和国家工作人员,有提出批评和建议的权利;对于任何国家机关和国家工作人员的违法失职行为,有向有关国家机关提出申诉、控告或者检举的权利,但是不得捏造或者歪曲事实进行诬告陷害。对于公民的申诉、控告或者检举,有关国家机关必须查清事实,负责处理。任何人不得压制和打击报复。由于国家机关和国家工作人员侵犯公民权利而受到损失的人,有依照法律规定取得赔偿的权利。"故 B 项正确。

《宪法》第 43 条第 1 款规定:"中华人民共和国劳动者有休息的权利。"C 项将休息权的主体"劳动者"表述为"公民",明显扩大了休息权的主体范围。故 C 项错误。

《宪法》第 46 条第 1 款规定:"中华人民共和国公民有受教育的权利和义务。"受教育既是一项权利也是一项义务。故 D 项正确。

336. 公民基本权利与人权;公民基本权利主体、限制与特点[ACD]

[解析] 人权,是指人作为人应当享有的权利,属于应然权利。当人权进入宪法和法律的保障范围后,人权就由一种应然权利转变为一种法定权利。而公民基本权利,是指经由一国宪法确认公民享有的必不可少的权利。因此,人权是基本权利的来源,基本权利是人权宪法化的具体表现。故 A 项正确。

基本权利的主体主要是公民,外国人只能是在一定的条件下成为某些基本权利而不是完全的基本权利的主体,在我国,法人不可成为基本权利的主体,我国《宪法》第二章并未规定法人可作为基本权利的主

体。在享有基本权利的范围内,宪法效力适用于外国人和法人的活动。故B项错误。

《宪法》第51条规定:"中华人民共和国公民在行使自由和权利的时候,不得损害国家的、社会的、集体的利益和其他公民的合法的自由和权利。"在我国,公民合法地行使基本权利的基本前提是不损害社会、国家与集体利益,不损害他人的利益。故C项正确。

我国宪法对公民基本权利义务的规定,体现出广泛性、平等性、现实性以及权利和义务的一致性四大特点。公民权利和义务的平等性主要表现在两个方面:(1)公民在享有权利和履行义务方面一律平等;(2)司法机关在适用法律上一律平等。故D项正确。

337. 公民的基本权利[B]

[解析]《宪法》第45条第1款规定:"中华人民共和国公民在年老、疾病或者丧失劳动能力的情况下,有从国家和社会获得物质帮助的权利。国家发展为公民享受这些权利所需要的社会保险、社会救济和医疗卫生事业。"可知,宪法并没有规定在"遭受自然灾害时"有获得物质帮助的权利。故A项错误。

《刑法》第54条规定,剥夺政治权利是剥夺下列权利:(1)选举权和被选举权;(2)言论、出版、集会、结社、游行、示威自由的权利;(3)担任国家机关职务的权利;(4)担任国有公司、企业、事业单位和人民团体领导职务的权利。故B项正确。

《宪法》规定公民有信仰宗教的自由,没有规定我国公民有公开传教的自由。故C项错误。

《宪法》第43条第1款规定,中华人民共和国劳动者有休息的权利。可见休息权利的主体是"劳动者",并非全体公民;并且须按相关的制度休息,并不能"任意休息"。故D项错误。

338. 基本文化制度;公民道德教育[D]

[解析] 文化教育权利包括受教育的权利和进行科学研究、文学艺术创作和其他文化活动的自由,是我国公民享有的基本权利。故B项正确。

《宪法》第46条第1款规定:"中华人民共和国公民有受教育的权利和义务。"据此,受教育既是公民的权利,又是公民的义务。故A项正确。

《宪法》第47条规定:"中华人民共和国公民有进行科学研究、文学艺术创作和其他文化活动的自由。国家对于从事教育、科学、技术、文学、艺术和其他文化事业的公民的有益于人民的创造性工作,给以鼓励和帮助。"故C项正确。

积极受益权与消极防御权相对,积极受益权是指公民可以主动向国家提出请求的权利,包括社会经济权利(但财产权除外)、文化教育权利;消极防御权是指只有在国家没有履行义务的情况下,公民才能向国家提出相关要求。D项中"同社会经济权利一样"的表述是错误的,社会经济权利中的"劳动权、劳动者休息权、物质帮助权"属于积极受益权,"财产权"不属于积极受益权,而是消极防御权。另外D项中将"收益权"写为"受益权"也是错误的,二者不是一个概念。故D项错误。

339. 监督权;政治权利与自由[CD]

[解析] 罢免权是指各级人民代表大会罢免国家机关工作人员的权利,属于国家权力机关的职权范围,而非公民的基本权利。故A项错误。

政治自由是指公民表达自己政治意愿的自由,包括言论、出版、集会、结社、游行、示威的自由。政治权利与自由和监督权都是公民享有的基本权利,互不包容。故B项错误。

《宪法》第41条第1款规定:"中华人民共和国公民对于任何国家机关和国家工作人员,有提出批评和建议的权利;对于任何国家机关和国家工作人员的违法失职行为,有向有关国家机关提出申诉、控告或者检举的权利,但是不得捏造或者歪曲事实进行诬告陷害。"公民的监督权包括批评、建议、控告、检举、申诉。故C、D项正确。

340. 公民的基本权利和义务[D]

[解析]《宪法》第46条第1款规定:"中华人民共和国公民有受教育的权利和义务。"第42条第1款规定:"中华人民共和国公民有劳动的权利和义务。"第55条第2款规定:"依照法律服兵役和参加民兵组织是中华人民共和国公民的光荣义务。"故依法服兵役只是公民的基本义务而非基本权利。故A项错误。

《宪法》第43条第1款规定:"中华人民共和国劳动者有休息的权利。"可见,休息权的主体是劳动者而非全体公民。故B项错误。

《宪法》第45条第1款规定:"中华人民共和国公民在年老、疾病或者丧失劳动能力的情况下,有从国家和社会获得物质帮助的权利。……""未丧失劳动能力"无权从国家和社会获得物质帮助。故C项错误。

2004年《宪法修正案》第24条规定:"宪法第三十三条增加一款,作为第三款:'国家尊重和保障人权。'第三款相应地改为第四款。"故D项正确。

341. 公民的住宅不受侵犯[AB]

[解析]《宪法》第39条规定:"中华人民共和国公民的住宅不受侵犯。禁止非法搜查或者非法侵入公民的住宅。"住宅不受侵犯是指住宅免受非法"侵入""搜查"的权利。故A、B项正确。

非法买卖公民住宅和非法出租公民住宅的行为,侵犯的是公民的财产权,而非宪法所保护的公民住宅权。故C、D项错误。

考点50 公民的基本义务

342. 公民的基本权利和义务[C]

[解析] 中华人民共和国公民有依法纳税的义务。故 A 项错误。

中华人民共和国公民有依法服兵役的义务。故 B 项错误。

年满 18 周岁，未被剥夺政治权利的中国公民享有选举权。故 C 项正确。

劳动者有休息的权利。王某尚未就业，不属于劳动者。故 D 项错误。

343. 我国宪法中规定的公民纳税义务[ABC]

[解析]《宪法》第 56 条规定："中华人民共和国公民有依照法律纳税的义务。"但是，纳税义务首要贯彻纳税平等与公平原则。个人所得税以个人所得为征税对象，要真实地体现个人的纳税能力。要按照公民实际纳税能力来确定具体纳税的数额。国家在确定公民纳税义务时，要保证税制的科学合理和税收负担的公平；既要保证国家财政需要，又要考虑纳税人实际的承受能力。故 A 项正确。

税收因为具有无偿性，对公民财产权有重要影响，只能由法律来规定。这样通过法律的形式来明确规定，可以限制国家的权力，使税收严格按照法律程序来征收，所以税收具有法定性。故 B 项正确。

纳税义务具有双重性：一方面纳税是国家财政的重要来源，具有形成国家财力的属性；另一方面纳税义务具有防止国家权力侵犯其财产权的属性。由于纳税直接涉及公民个人财产权的保护问题，因此依法纳税是保护公民财产权的重要保证。故 C 项正确。

从整体意义上说，纳税义务的履行是纳税者享有诸多权利的"基础与条件"。但这绝不意味着履行纳税义务是公民享有所有权利的"前提"条件。比如刚出生的婴儿难以履行纳税义务，但不能据此剥夺其生命权和继承权。从另一角度而言，我国是社会主义国家，强调权利本位，义务的存在只是为了让公民更好地享有权利，而非公民享有权利的前提条件。故 D 项错误。

专题十四 国家机构

考点51 我国国家机构的组织和活动原则

344. 国家机关负责机制[BC]

[解析]《宪法》第 79 条第 1 款规定："中华人民共和国主席、副主席由全国人民代表大会选举。"虽然国家主席由全国人大选举产生，但是我国宪法中并未规定国家主席对全国人大及其常委会负责。故 A 项错误。

《宪法》第 92 条规定："国务院对全国人民代表大会负责并报告工作；在全国人民代表大会闭会期间，对全国人民代表大会常务委员会负责并报告工作。"故 B 项正确。

《宪法》第 133 条规定："最高人民法院对全国人民代表大会和全国人民代表大会常务委员会负责……"同时，第 138 条规定："最高人民检察院对全国人民代表大会和全国人民代表大会常务委员会负责……"故 C 项正确。

《宪法》第 94 条规定："中央军事委员会主席对全国人民代表大会和全国人民代表大会常务委员会负责。"可知，是中央军委主席对全国人大及其常委会负责，而不是中央军委对全国人大及其常委会负责；并且，中央军委主席只对全国人大及其常委会负责，但不报告工作。故 D 项错误。

考点52 全国人大及其常委会

345. 国家勋章和国家荣誉称号[ABCD]

[解析]《国家勋章和国家荣誉称号法》第 2 条第 1 款规定："国家勋章和国家荣誉称号为国家最高荣誉。"故 A 项正确。

《国家勋章和国家荣誉称号法》第 5 条规定："全国人民代表大会常务委员会委员长会议根据各方面的建议，向全国人民代表大会常务委员会提出授予国家勋章、国家荣誉称号的议案。国务院、中央军事委员会可以向全国人民代表大会常务委员会提出授予国家勋章、国家荣誉称号的议案。"故 B 项正确。

《国家勋章和国家荣誉称号法》第 6 条规定："全国人民代表大会常务委员会决定授予国家勋章和国家荣誉称号。"故 C 项正确。

《国家勋章和国家荣誉称号法》第 18 条规定："国家勋章和国家荣誉称号获得者因犯罪被依法判处刑罚或者有其他严重违法、违纪等行为，继续享有国家勋章、国家荣誉称号将会严重损害国家最高荣誉的声誉，由全国人民代表大会常务委员会决定撤销其国家勋章、国家荣誉称号并予以公告。"故 D 项正确。

346. 特赦；宪法修正案；国家机构的职权[ABCD]

[解析] 我国 1982 年宪法颁行之时即明文规定了特赦制度。故 A 选项错误。

根据《宪法》第 67 条和第 80 条规定，特赦是全国人大常委会的职权，由全国人大常委会决定。国家主席根据全国人大常委会的决定发布特赦令。故 B、C 项错误。

特赦制度是我国法治建设的一项重要内容，也是现代法治国家通行的一项重要制度，当然不是法治原则的例外。故 D 项错误。

347. 国家勋章；国家荣誉称号[C]

[解析]《国家勋章和国家荣誉称号法》第 5 条规定："全国人民代表大会常务委员会委员长会议根据各方面的建议，向全国人民代表大会常务委员会提出

授予国家勋章、国家荣誉称号的议案。国务院、中央军事委员会可以向全国人民代表大会常务委员会提出授予国家勋章、国家荣誉称号的议案。"第6条规定:"全国人民代表大会常务委员会决定授予国家勋章和国家荣誉称号。"由此可知,由全国人大常委会委员长会议、国务院、中央军委提出议案,由全国人大常委会决定授予国家勋章。故A项错误。

《国家勋章和国家荣誉称号法》第18条规定:"国家勋章和国家荣誉称号获得者因犯罪被依法判处刑罚或者有其他严重违法、违纪等行为,继续享有国家勋章、国家荣誉称号将会严重损害国家最高荣誉的声誉的,由全国人民代表大会常务委员会决定撤销其国家勋章、国家荣誉称号并予以公告。"因此,获得者并不绝对终身享有国家荣誉称号。故B项错误。

《国家勋章和国家荣誉称号法》第8条规定:"中华人民共和国主席进行国事活动,可以直接授予外国政要、国际友人等人士'友谊勋章'。"故C项正确。

《国家勋章和国家荣誉称号法》第10条规定:"国家设立国家功勋簿,记载国家勋章和国家荣誉称号获得者及其功绩。"故D项错误。

348. 全国人大代表的权利;全国人大的职权;全国人大的会议制度和工作程序[BD]

[解析]《宪法》第75条规定:"全国人民代表大会代表在全国人民代表大会各种会议上的发言和表决,不受法律追究。"全国人大代表的言论免责权只是相对权利。故A项错误。

全国人大代表享有参与人事任免权。《宪法》第62条第5项规定,全国人民代表大会根据中华人民共和国主席的提名,决定国务院总理的人选;根据国务院总理的提名,决定国务院副总理、国务委员、各部部长、各委员会主任、审计长、秘书长的人选。故B项正确。

《全国人民代表大会和地方各级人民代表大会代表法》第32条规定,县级以上的各级人大代表,如果因为是现行犯被拘留,执行拘留的机关应当立即向该级人民代表大会主席团或者人民代表大会常务委员会报告。如果某代表"是现行犯被拘留",显然就不是事先经许可的问题,而是事后报告的问题。故C项错误。

《宪法》第61条第1款规定:"全国人民代表大会会议每年举行一次,由全国人民代表大会常务委员会召集。如果全国人民代表大会常务委员会认为必要,或者有五分之一以上的全国人民代表大会代表提议,可以临时召集全国人民代表大会会议。"故D项正确。

349. 人民代表大会制度;地方各级人大常委会的组成[AC]

[解析] 全国人大是代表人民统一行使国家权力的机关。故A项正确。

全国人大是国家最高权力机关,地方各级人大是地方各级国家权力机关,二者不是领导与被领导的关系,但存在着法律上的监督关系、工作上的联系和指导关系。故B项错误。

人大是国家权力机关,在整个国家体系中居于最高地位,不受任何其他国家机关的监督。其他国家机关都由同级人大选举产生,对其负责,受其监督。人民代表大会制度是由社会主义国家一切权力属于人民决定的,其逻辑起点是主权在民,核心原则是人民主权。因此,人民代表大会要向人民负责,受人民监督,但不受其他国家机关监督,其他国家机关都是由全国人大产生的。故C项正确。

根据《宪法》第96条第2款规定,只有县以上地方各级人大设立常务委员会,另外,省级、地市级人大常委会组成人员还包括秘书长。故D项错误。

350. 全国人大专门委员会的职权、委员任期、职权范围[D]

[解析]《宪法》第70条第2款规定:"各专门委员会在全国人民代表大会和全国人民代表大会常务委员会领导下,研究、审议和拟订有关议案。"据此,全国人大专门委员会由全国人大及其常委会领导。并且专门委员会仅能研究、审议和拟定有关议案,其不能作出决议,更谈不上作出与全国人大及其常委会同等效力的决定。故A项错误,D项正确。

《全国人大组织法》第34条第3款规定:"各专门委员会的主任委员、副主任委员和委员的人选由主席团在代表中提名,全国人民代表大会会议表决通过。在大会闭会期间,全国人民代表大会常务委员会可以任免专门委员会的副主任委员和委员,由委员长会议提名,常务委员会会议表决通过。"据此,专门委员会的主任委员,只能由全国人大任命,不能由全国人大常委会任命。故B项错误。

法条变更	《中华人民共和国全国人民代表大会组织法》 根据2021年3月11日第十三届全国人民代表大会第四次会议《关于修改〈中华人民共和国全国人民代表大会组织法〉的决定》修正

《宪法》第71条第1款规定:"全国人民代表大会和全国人民代表大会常务委员会认为必要的时候,可以组织关于特定问题的调查委员会,并且根据调查委员会的报告,作出相应的决议。"调查委员会是为调查特定问题而设的临时委员会,其任务完成即应被撤销。故C项错误。

351. 人民代表大会制度;全国人大和地方人大的关系[D]

[解析] 我国《宪法》第2条第1、2款规定:"中华人民共和国的一切权力属于人民。人民行使国家权力的机关是全国人民代表大会和地方各级人民代表大会。"人民代表大会制度以主权在民为逻辑起点,人民主权构成了人民代表大会制度的核心原则。可见,人民代表大会制度体现了一切权力属于人民的原则。故A项正确,不当选。

《宪法》第96条规定:"地方各级人民代表大会是地方国家权力机关。县级以上的地方各级人民代表大会设立常务委员会。"故B项正确,不当选。

《宪法》第57条规定:"中华人民共和国全国人民代表大会是最高国家权力机关。它的常设机关是全国人民代表大会常务委员会。"故C项正确,不当选。

全国人大与地方各级人大之间以及地方各级人大之间没有隶属关系,上级人大有权依照宪法和法律监督下级人大的工作。地方各级国家权力机关应当对人民负责,并接受人民监督。故D项错误,当选。

352. 全国人大常委会委员长会议;法律提案主体[AD]

[解析]《立法法》第29条第1款规定:"委员长会议可以向常务委员会提出法律案,由常务委员会会议审议。"故A项正确。

《立法法》第32条第1款规定:"列入常务委员会会议议程的法律案,一般应当经三次常务委员会会议审议后再交付表决。"据此可知,应当由常委会审议,而非委员长会议审议。故B项错误。

《立法法》第40条规定:"列入常务委员会会议议程的法律案,应当在常务委员会会议后将法律草案及其起草、修改的说明等向社会公布,征求意见,但是经委员长会议决定不公布的除外。向社会公布征求意见的时间一般不少于三十日。征求意见的情况应当向社会通报。"不是"可以公布",而是"应当公布"。故C项错误。

《立法法》第38条规定:"专门委员会之间对法律草案的重要问题意见不一致时,应当向委员长会议报告。"故D项正确。

353. 全国人民代表大会的召开要求;《全国人大组织法》相关规定[C]

[解析]《全国人民代表大会议事规则》第19条规定:"全国人民代表大会在必要的时候,可以举行秘密会议。举行秘密会议,经主席团征求各代表团的意见后,由有各代表团团长参加的主席团会议决定。"故C项正确。

354. 全国人大的职权;全国人大选举与决定人员的区分[AC]

[解析]《宪法》第62条规定:"全国人民代表大会行使下列职权:(一)修改宪法;(二)监督宪法的实施;(三)制定和修改刑事、民事、国家机构的和其他的基本法律;(四)选举中华人民共和国主席、副主席;(五)根据中华人民共和国主席的提名,决定国务院总理的人选;根据国务院总理的提名,决定国务院副总理、国务委员、各部部长、各委员会主任、审计长、秘书长的人选;(六)选举中央军事委员会主席;根据中央军事委员会主席的提名,决定中央军事委员会其他组成人员的人选;(七)选举国家监察委员会主任;(八)选举最高人民法院院长;(九)选举最高人民检察院检察长;(十)审查和批准国民经济和社会发展计划和计划执行情况的报告;(十一)审查和批准国家的预算和预算执行情况的报告;(十二)改变或者撤销全国人民代表大会常务委员会不适当的决定;(十三)批准省、自治区和直辖市的建置;(十四)决定特别行政区的设立及其制度;(十五)决定战争和和平的问题;(十六)应当由最高国家权力机关行使的其他职权。"根据第(4)(8)(9)项,A、C项正确。根据第(5)项,国务院总理由国家主席提名,国务院副总理由国务院总理提名,全国人大是"决定"而非"选举"产生上述两个职位。故B项错误。根据第(14)项,对于特别行政区,全国人大的权限是"决定特别行政区的设立及其制度",D项中的"建置"则包括设立、撤销、更名多方面。故D项错误。

355. 全国人大及其常委会的质询权[ABC]

[解析]《全国人大组织法》第21条规定:"全国人民代表大会会议期间,一个代表团或者三十名以上的代表联名,可以书面提出对国务院以及国务院各部门、国家监察委员会、最高人民法院、最高人民检察院的质询案。"故A、B项正确。

《全国人大组织法》第30条规定:"常务委员会会议期间,常务委员会组成人员十人以上联名,可以向常务委员会书面提出对国务院以及国务院各部门、国家监察委员会、最高人民法院、最高人民检察院的质询案。"故C项正确,D项错误。

356. 全国人大代表团的职权[C]

[解析]《全国人大组织法》第10条第1款:"全国人民代表大会代表按照选举单位组成代表团。各代表团分别推选代表团团长、副团长。"A项错在"选举"产生,应是"推选"。故A项错误。

《全国人大组织法》第17条规定:"一个代表团或者三十名以上的代表联名,可以向全国人民代表大会提出属于全国人民代表大会职权范围内的议案。"B项错在"两个代表团以上",应是"一个代表团"即可。

故B项错误。

《全国人大组织法》第20条规定："全国人民代表大会主席团、三个以上的代表团或者十分之一以上的代表，可以提出对全国人民代表大会常务委员会的组成人员，中华人民共和国主席、副主席，国务院和中央军事委员会的组成人员，国家监察委员会主任，最高人民法院院长和最高人民检察院检察长的罢免案，由主席团提请大会审议。"故C项正确。

《全国人大组织法》第21条规定："全国人民代表大会会议期间，一个代表团或者三十名以上的代表联名，可以书面提出对国务院以及国务院各部门、国家监察委员会、最高人民法院、最高人民检察院的质询案。"该条文中规定的是1个代表团"或者"30名以上的代表联名可以提出质询案，那么即是说，两者应当单独提出，不能联合提出。故D项错误。

357. 全国人民代表大会立法程序；全国人民代表大会常务委员会立法程序[ABC]

[解析]《立法法》第17、18条规定，有权向全国人大提出法律案的主体包括10个：(1)全国人大主席团；(2)全国人大常委会；(3)国务院；(4)中央军委；(5)国家监察委员会；(6)最高人民法院；(7)最高人民检察院；(8)全国人大各专门委员会；(9)1个代表团；(10)30名以上全国人大代表联名。

《立法法》第29、30条规定，有权向全国人大常委会提出法律案的主体包括8个：(1)委员长会议；(2)国务院；(3)中央军委；(4)国家监察委员会；(5)最高人民法院；(6)最高人民检察院；(7)全国人大各专门委员会；(8)常务委员会组成人员10人以上联名。

因此，既有权对全国人大又有权对全国人大常委会提出法律案的主体包括6个：(1)国务院；(2)中央军委；(3)国家监察委员会；(4)最高人民法院；(5)最高人民检察院；(6)全国人大各专门委员会。故A、B、C项正确，D项错误。

358. 规范性文件的备案审查[BC]

[解析] 根据《监督法》第33条规定，全国人民代表大会宪法和法律委员会、有关专门委员会经审查认为最高人民法院或者最高人民检察院作出的具体应用法律的解释同法律规定相抵触，而最高人民法院或者最高人民检察院不予修改或者废止的，可以提出要求最高人民法院或者最高人民检察院予以修改、废止的议案，或者提出由全国人民代表大会常务委员会作出法律解释的议案，由委员长会议决定提请常务委员会审议。故A、D项错误，B、C项正确。

359. 全国人大代表的权利和义务[AB]

[解析]《宪法》第75条规定："全国人民代表大会代表在全国人民代表大会各种会议上的发言和表决，不受法律追究。"可见，只有"发言和表决"不受法律追究，而非任何活动都不受法律追究。故A项错误。

《宪法》第74条规定："全国人民代表大会代表，非经全国人民代表大会会议主席团许可，在全国人民代表大会闭会期间非经全国人民代表大会常务委员会许可，不受逮捕或者刑事审判。"可见，在全国人大闭会期间，全国人大代表非经全国人大常委会（而不是选举单位人大常委会）许可，不受逮捕或者刑事审判。故B项错误。

《宪法》第77条规定："全国人民代表大会代表受原选举单位的监督。原选举单位有权依照法律规定的程序罢免本单位选出的代表。"故C项正确。

《宪法》第73条规定："全国人民代表大会代表在全国人民代表大会开会期间，全国人民代表大会常务委员会组成人员在常务委员会开会期间，有权依照法律规定的程序提出对国务院或者国务院各部、各委员会的质询案。受质询的机关必须负责答复。"故D项正确。

考点53 国家主席

360. 人大代表的权利和任职要求；审计监督权的独立行使；国家主席的职能[B]

[解析]《地方组织法》第40条规定："县级以上的地方各级人民代表大会代表，非经本级人民代表大会主席团许可，在大会闭会期间，非经本级人民代表大会常务委员会许可，不受逮捕或者刑事审判。如果因为是现行犯被拘留，执行拘留的公安机关应当立即向该级人民代表大会主席团或者常务委员会报告。"可知，县级以上的人大代表的逮捕和刑事审判须经过有关部门的许可，乡镇人大代表的逮捕或者刑事审判，不需要许可，只需要通知即可。故A项错误。

《地方组织法》第18条第2款规定："乡、民族乡、镇的人民代表大会主席、副主席不得担任国家行政机关的职务；如果担任国家行政机关的职务，必须向本级人民代表大会辞去主席、副主席的职务。"故B项正确。

《宪法》第91条第2款规定："审计机关在国务院总理领导下，依照法律规定独立行使审计监督权，不受其他行政机关、社会团体和个人的干涉。"《地方组织法》第79条第2款规定："县级以上的地方各级人民政府设立审计机关。地方各级审计机关依照法律规定独立行使审计监督权，对本级人民政府和上一级审计机关负责。"可见，审计机关不受"其他"行政机关干涉，但并不意味着"不受行政机关"干涉，审计机关要受本级政府和上一级审计机关领导。故C项错误。

《宪法》第81条规定："中华人民共和国主席代表中华人民共和国，进行国事活动，接受外国使节；根据全国人民代表大会常务委员会的决定，派遣和召回驻

理论法 [答案详解] ·81·

外全权代表,批准和废除同外国缔结的条约和重要协定。"可见,国家主席进行国事活动无须根据全国人大常委会的决定。故 D 项错误。

考点 54 中央军委

361. 中央军事委员会[D]

[解析]《宪法》第 93、94 条规定,中央军事委员会实行主席负责制。中央军事委员会每届任期同全国人民代表大会每届任期相同。中央军事委员会主席对全国人民代表大会和全国人民代表大会常务委员会负责。故 A、B、C 项正确。

《宪法》第 62、67 条规定,中央军委副主席由全国人大根据中央军委主席的提名,决定产生;在全国人大闭会期间,由全国人大常委会根据中央军委主席的提名,决定产生。故 D 项错误。

考点 55 国务院

362. 全国人大的职权;全国人大常委会的职权;国务院的职权[ABC]

[解析] 我国《预算法》第 4 条第 2 款明确规定:"政府的全部收入和支出都应当纳入预算。"第 13 条规定:"经人民代表大会批准的预算,非经法定程序,不得调整。各级政府、各部门、各单位的支出必须以经批准的预算为依据,未列入预算的不得支出。"故 A、B 项正确。

《宪法》第 89 条规定,国务院编制和执行国民经济和社会发展计划和国家预算;第 62 条规定,全国人大审查和批准国民经济和社会发展计划和计划执行情况的报告,审查和批准国家的预算和预算执行情况的报告;第 67 条规定,全国人大常委会在全国人民代表大会闭会期间,审查和批准国民经济和社会发展计划、国家预算在执行过程中所必须作的部分调整方案。故 C 项正确,D 项错误。

363. 国务院的组成和职权[BCD]

[解析]《宪法》第 86 条第 1 款规定:"国务院由下列人员组成:总理,副总理若干人,国务委员若干人,各部部长,各委员会主任,审计长,秘书长。"故 A 项错误。

《宪法》第 88 条第 2 款规定:"总理、副总理、国务委员、秘书长组成国务院常务会议。"故 B 项正确。

《宪法》第 89 条规定:"国务院行使下列职权:……(十四)改变或者撤销地方各级国家行政机关的不适当的决定和命令;……(十六)依照法律规定决定省、自治区、直辖市的范围内部分地区进入紧急状态;……"故 C、D 项正确。

364. 国务院的组成人员[BD]

[解析]《宪法》第 86 条规定:"国务院由下列人员组成:总理,副总理若干人,国务委员若干人,各部部长,各委员会主任,审计长,秘书长。国务院实行总理负责制。各部、各委员会实行部长、主任负责制。国务院的组织由法律规定。"故 A 项错误,B、D 项正确。

国有资产监督管理委员会是国务院直属特设机构,并非国务院组成部分,其主任不属于国务院组成人员。故 C 项错误。

考点 56 地方各级人大与政府

365. 地方人大常委会的职权[ABC]

[解析]《地方组织法》第 32 条第 1 款规定:"县级以上的地方各级人民代表大会常务委员会组成人员、专门委员会组成人员和人民政府领导人员,监察委员会主任,人民法院院长,人民检察院检察长,可以向本级人民代表大会提出辞职,由大会决定是否接受辞职;大会闭会期间,可以向本级人民代表大会常务委员会提出辞职,由常务委员会决定是否接受辞职。常务委员会决定接受辞职后,报本级人民代表大会备案。……"据此,在某县人大闭会期间,张某应当向县人大常委会提出辞职,故 A 项正确。另据《地方组织法》第 51 条第 4 款规定:"常务委员会的决议,由常务委员会以全体组成人员的过半数通过。"故 B 项正确。

《地方组织法》第 50 条第 1 款第 13 项规定,在本级人民代表大会闭会期间,县级以上地方各级人大常委会有权在省长、自治区主席、市长、州长、县长、区长和监察委员会主任,人民法院院长,人民检察院检察长因故不能担任职务的时候,根据主任会议的提名,从本级人民政府、监察委员会、人民法院、人民检察院副职领导人员中决定代理的人选;决定代理检察长,须报上一级人民检察院和人民代表大会常务委员会备案。据此,C 项正确。只有任命代理检察长时,才须报上一级检察院和人大常委会备案,任命监察委员会主任不需要报上级机关备案,故 D 项错误。

366. 区域协同立法;区域合作[BC]

[解析]《地方组织法》第 10 条第 3 款规定:"省、自治区、直辖市以及设区的市、自治州的人民代表大会根据区域协调发展的需要,可以开展协同立法。"该法第 49 条第 3 款规定:"省、自治区、直辖市以及设区的市、自治州的人民代表大会常务委员会根据区域协调发展的需要,可以开展协同立法。"据此,可以开展区域协同立法的主体包括省、自治区、直辖市以及设区的市、自治州的人大及其常委会。故 A 项错误。

区域协同立法仍然属于地方立法,必须遵守"不能同宪法、法律、行政法规相抵触"这一原则。故 B 项正确。

《地方组织法》第 80 条规定:"县级以上的地方各级人民政府根据国家区域发展战略,结合地方实际需要,可以共同建立跨行政区划的区域协同发展工作机制,加强区域合作。上级人民政府应当对下级人民政府的区域合作工作进行指导、协调和监督。"故C项正确;D项,上级政府对下级政府的区域合作工作应进行指导、协调和监督,而非领导,故D项错误。

367. 审计机关;宪法实施的含义[ACD]

[解析]《宪法》第91条第1款规定:"国务院设立审计机关,对国务院各部门和地方各级政府的财政收支,对国家的财政金融机构和企业事业组织的财务收支,进行审计监督。"但是,宪法是宏观、原则性的规定,需要具体法律进行细化和实施。故A项正确。

《宪法》第109条规定:"县级以上的地方各级人民政府设立审计机关。地方各级审计机关依照法律规定独立行使审计监督权,对本级人民政府和上一级审计机关负责。"可见,并非对"本级人大常委会"负责。故B项错误。

《审计法》第2条第3款规定:"国务院各部门和地方各级人民政府及其各部门的财政收支,国有的金融机构和企业事业组织的财务收支,以及其他依照本法规定应当接受审计的财政收支、财务收支,依照本法规定接受审计监督。"故C、D项正确。

368. 地方各级人大常委会的职权;宪法监督的内容[ABCD]

[解析]《政府信息公开条例》第20条规定:"行政机关应当依照本条例第十九条的规定,主动公开本行政机关的下列政府信息:……(八)行政事业性收费项目及其依据、标准……"故A项正确。

《监督法》第9条规定,人民政府、人民法院和人民检察院可以向本级人民代表大会常务委员会要求报告专项工作。故B项正确。

《监督法》第35条规定,设区的市人大常委会组成人员5人以上联名,县级人民代表大会常务委员会组成人员3人以上联名,可以向常务委员会书面提出对本级人民政府及其部门和人民法院、人民检察院的质询案。故C项正确。

《地方组织法》第24条第1款规定,地方各级人民代表大会举行会议的时候,代表10人以上联名可以书面提出对本级人民政府和它所属各工作部门以及监察委员会、人民法院、人民检察院的质询案。质询案必须写明质询对象、质询的问题和内容。故D项正确。

369. 监督程序[C]

[解析]《监督法》第13条规定:"专项工作报告由人民政府、人民法院或者人民检察院的负责人向本级人民代表大会常务委员会报告,人民政府也可以委托有关部门负责人向本级人民代表大会常务委员会报告。"故A项正确。

《监督法》第38条规定:"质询案以口头答复的,由受质询机关的负责人到会答复。质询案以书面答复的,由受质询机关的负责人签署。"故B项正确。

《监督法》第42条规定:"调查委员会进行调查时,有关的国家机关、社会团体、企业事业组织和公民都有义务向其提供必要的材料。提供材料的公民要求对材料来源保密的,调查委员会应当予以保密。调查委员会在调查过程中,可以不公布调查的情况和材料。"特定问题调查委员会在调查过程中,是"可以"而不是"应当"公布调查的情况和材料。故C项错误。

《监督法》第46条第3款规定:"撤职案的表决采用无记名投票的方式,由常务委员会全体组成人员的过半数通过。"故D项正确。

370. 国家机构[AB]

[解析]《选举法》第49条规定,全国和地方各级人民代表大会的代表受选民和原选举单位的监督。故A项正确。

《宪法》第93条第3款规定,中央军事委员会实行主席负责制。故B项正确。

《地方组织法》第79条第2款规定,地方各级审计机关依照法律规定独立行使审计监督权,对本级人民政府和上一级审计机关负责。由此可见,地方审计机关是双重领导体制,既接受本级政府的领导,又接受上一级审计机关的领导。故C项错误。

《地方组织法》第85条规定:"省、自治区的人民政府在必要的时候,经国务院批准,可以设立若干派出机关。县、自治县的人民政府在必要的时候,经省、自治区、直辖市的人民政府批准,可以设立若干区公所,作为它的派出机关。市辖区、不设区的市的人民政府,经上一级人民政府批准,可以设立若干街道办事处,作为它的派出机关。"市辖区的政府设立街道办事处,应该经上一级人民政府批准,而非本级人大的批准。故D项错误。

371. 各级人大常委会监督权的行使[ACD]

[解析]《监督法》第6条规定,各级人民代表大会常务委员会行使监督职权的情况,应当向本级人民代表大会报告,接受监督。故A项正确。

《监督法》第25条规定,全国人民代表大会常务委员会和省、自治区、直辖市的人民代表大会常务委员会根据需要,可以委托下一级(而非下级)人民代表大会常务委员会对有关法律、法规在本行政区域内的实施情况进行检查。受委托的人民代表大会常务委员会应当将检查情况书面报送上一级人民代表大会常务委员会。故B项错误。

《监督法》第38条规定,质询案以口头答复的,由受质询机关的负责人到会答复。质询案以书面答复的,由受质询机关的负责人签署。故C项正确。

《监督法》第42条规定,调查委员会进行调查时,有关的国家机关、社会团体、企业事业组织和公民都

理论法 [答案详解]

有义务向其提供必要的材料。提供材料的公民要求对材料来源保密的,调查委员会应当予以保密。调查委员会在调查过程中,可以不公布调查的情况和材料。故 D 项正确。

372.《宪法》和《监督法》关于表决方式、审判工作、决算、审计的监督规定[ABC]

[解析]《监督法》第 15 条第 2 款规定:"县级以上地方各级人民政府应当在每年六月至九月期间,将上一年度的本级决算草案提请本级人民代表大会常务委员会审查和批准。"故 A 项正确。

《监督法》第 20 条第 1 款规定:"常务委员会组成人员对国民经济和社会发展计划执行情况报告、预算执行情况报告和审计工作报告的审议意见交由本级人民政府研究处理。人民政府应当将研究处理情况向常务委员会提出书面报告。常务委员认为必要时,可以对审计工作报告作出决议;本级人民政府应当在决议规定的期限内,将执行决议的情况向常务委员报告。"故 B 项正确。

《监督法》第 31 条规定:"最高人民法院、最高人民检察院作出的属于审判、检察工作中具体应用法律的解释,应当自公布之日起三十日内报全国人民代表大会常务委员会备案。"故 C 项正确。

《监督法》第 46 条第 3 款规定:"撤职案的表决采用无记名投票的方式,由常务委员会全体组成人员的过半数通过。"注意,我国撤职案的表决没有记名投票的形式。故 D 项错误。

373. 各级人大的组织及设置;各级人大会议的召开[C]

[解析]《地方组织法》第 47 条第 1、2 款规定:"省、自治区、直辖市、自治州、设区的市的人民代表大会常务委员会由本级人民代表大会在代表中选举主任、副主任若干人、秘书长、委员若干人组成。县、自治县、不设区的市、市辖区的人民代表大会常务委员会由本级人民代表大会在代表中选举主任、副主任若干人和委员若干人组成。"可知,县级人大常委会没有秘书长这一职务。故 A 项错误。

《地方组织法》第 33 条第 1 款规定:"省、自治区、直辖市、自治州、设区的市的人民代表大会根据需要,可以设法制委员会、财政经济委员会、教育科学文化卫生委员会、环境与资源保护委员会、社会建设委员会和其他需要设立的专门委员会;县、自治县、不设区的市、市辖区的人民代表大会根据需要,可以设法制委员会、财政经济委员会等专门委员会。"可见,县级以上人大可以设立法制委员会、财经委员会等专门委员会,但人大常委会无权设立专门委员会。故 B 项错误。

《地方组织法》第 36 条第 1 款规定:"县级以上的地方各级人民代表大会可以组织关于特定问题的调查委员会。"故 C 项正确。

《地方组织法》第 15 条规定:"县级以上的地方各级人民代表大会会议由本级人民代表大会常务委员会召集。"第 17 条第 3 款规定:"县级以上的地方各级人民代表大会举行会议的时候,由主席团主持会议。"注意,是常委会召集会议,但是由主席团主持会议。故 D 项错误。

374. 撤职案的审议决定程序[BC]

[解析]《监督法》第 44 条规定:"县级以上地方各级人民代表大会常务委员会在本级人民代表大会闭会期间,可以决定撤销本级人民政府个别副省长、自治区副主席、副市长、副州长、副县长、副区长的职务;……"第 45 条规定:"县级以上地方各级人民政府、人民法院和人民检察院,可以向本级人民代表大会常务委员会提出对本法第四十四条所列国家机关工作人员的撤职案。县级以上地方各级人民代表大会常务委员会主任会议,可以向常务委员会提出对本法第四十四条所列国家机关工作人员的撤职案。县级以上地方各级人民代表大会常务委员会 1/5 以上的组成人员书面联名,可以向常务委员会提出对本法第四十四条所列国家机关工作人员的撤职案……"由此可见,有权向县人大常委会提出撤销副县长职务的撤职案的主体是"县政府、法院、检察院、人大常委会主任会议、1/5 以上常委会组成人员",县长无此职权。故 A 项错误,B 项正确。

《监督法》第 46 条第 1 款规定:"撤职案应当写明撤职的对象和理由,并提供有关的材料。"故 C 项正确。

《监督法》第 46 条第 3 款规定:"撤职案的表决采用无记名投票的方式,由常务委员会全体组成人员的过半数通过。"故 D 项错误。

375. 政府组成部门的设置[AD]

[解析]《地方组织法》第 79 条第 2 款规定:"县级以上的地方各级人民政府设立审计机关。地方各级审计机关依照法律规定独立行使审计监督权,对本级人民政府和上一级审计机关负责。"故 A 项正确。

《地方组织法》第 79 条第 3 款规定:"省、自治区、直辖市的人民政府的厅、局、委员会等工作部门和自治州、县、自治县、市、市辖区的人民政府的局、科等工作部门的设立、增加、减少或者合并,按照规定程序报请批准,并报本级人民代表大会常务委员会备案。"《地方各级人民政府机构设置和编制管理条例》第 9 条规定:"地方各级人民政府行政机构的设立、撤销、合并或者变更规格、名称,由本级人民政府提出方案,经上一级人民政府机构编制管理机关审核后,报上一级人民政府批准;……"可见,"县人大批准"错误,故

B项错误。

《地方组织法》第85条第2款规定:"县、自治县的人民政府在必要的时候,经省、自治区、直辖市的人民政府批准,可以设立若干区公所,作为它的派出机关。"可见,区公所的设立须由省级人民政府批准。故C项错误。

《地方组织法》第83条第2款规定:"自治州、县、自治县、市、市辖区的人民政府的各工作部门受人民政府统一领导,并且依照法律或者行政法规的规定受上级人民政府主管部门的业务指导或者领导。"故D项正确。

376. 各级人大的职权;调查委员会[C]

[解析]《监督法》第40条规定:"委员长会议或者主任会议可以向本级人民代表大会常务委员会提议组织关于特定问题的调查委员会,提请常务委员会审议。五分之一以上常务委员会组成人员书面联名,可以向本级人民代表大会常务委员会提议组织关于特定问题的调查委员会,由委员长会议或者主任会议决定提请常务委员会审议,或者先交有关的专门委员会审议,提出报告,再决定提请常务委员会审议。"可以向本级人大常委会提议组织特定问题调查委员会的主体有两个:(1)1/5以上的常委会组成人员;(2)委员长会议或者主任会议。专门委员会没有组织关于特定问题的调查委员会的提议权。故A项错误。

《监督法》第41条第1款规定:"调查委员会由主任委员、副主任委员和委员组成,由委员长会议或者主任会议在本级人民代表大会常务委员会组成人员和本级人民代表大会代表中提名,提请常务委员会审议通过。调查委员会可以聘请有关专家参加调查工作。"所以,B项中的专家并不具有委员身份,委员是在本级人大常委会组成人员或者本级人大代表中提名产生的。故B项错误。

《监督法》第42条第3款规定:"调查委员会在调查过程中,可以不公布调查的情况和材料。"故C项正确。

《监督法》第43条规定:"调查委员会应当向产生它的常委会提出调查报告……"即,调查委员会并非应当向有关专门委员会提出调查报告。故D项错误。

377. 全国人大常委会的职权[ABCD]

[解析]《监督法》第15条第2款规定:"县级以上地方各级人民政府应当在每年六月至九月期间,将上一年度的本级决算草案提请本级人民代表大会常务委员会审查和批准。"故A项正确。

《监督法》第16条规定:"国务院和县级以上地方各级人民政府应当在每年六月至九月期间,向本级人民代表大会常务委员会报告本年度上一阶段国民经济和社会发展计划、预算的执行情况。"故B项正确。

《监督法》第17条第2款规定:"严格控制不同预算科目之间的资金调整。预算安排的农业、教育、科技、文化、卫生、社会保障等资金需要调减的,国务院和县级以上地方各级人民政府应当提请本级人民代表大会常务委员会审查和批准。"故C项正确。

《监督法》第18条第2款规定:"除前款规定外,全国人民代表大会常务委员会还应当重点审查国债余额情况;县级以上地方各级人民代表大会常务委员会还应当重点审查上级财政补助资金的安排和使用情况。"故D项正确。

考点57 监察委员会

378. 监察法规的制定[AC]

[解析]《全国人民代表大会常务委员会关于国家监察委员会制定监察法规的决定》第2条规定:"监察法规应当经国家监察委员会全体会议决定,由国家监察委员会发布公告予以公布。"故A项正确,D项错误。

《全国人民代表大会常务委员会关于国家监察委员会制定监察法规的决定》第3条规定:"监察法规应当在公布后的三十日内报全国人民代表大会常务委员会备案。全国人民代表大会常务委员会有权撤销同宪法和法律相抵触的监察法规。"故B项错误,C项正确。

379. 监察委员会的职权[BC]

[解析]《监察法》第7条规定:"中华人民共和国国家监察委员会是最高监察机关。省、自治区、直辖市、自治州、县、自治县、市、市辖区设立监察委员会。"第8条规定:"国家监察委员会由全国人民代表大会产生,负责全国监察工作。……国家监察委员会对全国人民代表大会及其常务委员会负责,并接受其监督。"故A项正确;国家监察委员会对全国人大及其常委会负责,但不报告工作,故B项错误。

《监察法》第4条第1、2款规定:"监察委员会依照法律规定独立行使监察权,不受行政机关、社会团体和个人的干涉。监察机关办理职务违法和职务犯罪案件,应当与审判机关、检察机关、执法部门互相配合,互相制约。"据此,监察委员会行使监察权并非不受任何机关的干涉,比如还需要接受人大及其常委会的监督,故C项错误。监察机关与审判机关、检察机关、执法部门是互相配合、互相制约的关系,故D项正确。

考点58 司法机关

380. 人民法院的组织体系;人民检察院的组织体系[A]

[解析]《地方组织法》第32条第1款规定:"县级以上的地方各级人民代表大会常务委员会组成人

理论法 [答案详解] 85

员、专门委员会组成人员和人民政府领导人员,监察委员会主任,人民法院院长,人民检察院检察长,可以向本级人民代表大会提出辞职,由大会决定是否接受辞职;大会闭会期间,可以向本级人民代表大会常务委员会提出辞职,由常务委员会决定是否接受辞职。常务委员会决定接受辞职后,报本级人民代表大会备案。人民检察院检察长的辞职,须报经上一级人民检察院检察长提请该级人民代表大会常务委员会批准。"赵某、钱某都可向县人大常委会提出辞职,但钱某的辞职须报市检察长提请市人大常委会批准。故A项正确,B项错误。

根据《地方组织法》第50条第1款第13项规定,县级以上的地方各级人民代表大会常务委员会在本级人民代表大会闭会期间,决定副省长、自治区副主席、副市长、副州长、副县长、副区长的个别任免;在省长、自治区主席、市长、州长、县长、区长和监察委员会主任、人民法院院长、人民检察院检察长因故不能担任职务的时候,根据主任会议的提名,从本级人民政府、监察委员会、人民法院、人民检察院副职领导人员中决定代理的人选;决定代理检察长,须报上一级人民检察院和人民代表大会常务委员会备案。可见,县人大常委会有权决定代理法院院长、代理检察院检察长的人选。孙某出任代理院长不须报县人大批准,李某出任代理检察长仅报上一级检察院和人大常委会备案,无需批准。故C、D项错误。

专题十五 宪法的实施与监督

考点59 宪法实施、宪法解释与宪法监督

381. 合宪性审查;备案审查[D]

[解析] 事前审查也被称为批准制,是指未经审查(批准)的法律文件不得公布生效。备案行为并不影响有关法律规范的生效,只在发现错误后才进行错误纠正,因此属于事后审查。故A项错误。

《立法法》第109条规定:"行政法规、地方性法规、自治条例和单行条例、规章应当在公布后的三十日内依照下列规定报有关机关备案:(一)行政法规全国人民代表大会常务委员会备案;……(四)部门规章和地方政府规章报国务院备案;地方政府规章应当同时报本级人民代表大会常务委员会备案;设区的市、自治州的人民政府制定的规章应当同时报省、自治区的人民代表大会常务委员会和人民政府备案;……"第104条第2款规定:"最高人民法院、最高人民检察院作出的属于审判、检察工作中具体应用法律的解释,应当自公布之日起三十日内报全国人民代表大会常务委员会备案。"据此,规章不由全国人大常委会进行备案审查,故B项错误。

根据我国《宪法》规定,有权进行监督宪法实施的主体是全国人大及其常委会。宪法和法律委员会作为全国人大专门委员会,负责具体审查工作并提出建议。故C项错误。

合宪性审查的内容,主要包括两个方面:一是对规范性法律文件的合宪性审查和监督;二是对国家机关及其工作人员和各政党等主体的具体行为的合宪性审查与监督。故D项正确。

382. 宪法监督[BC]

[解析] 就监督对象来说,宪法监督主要包括两方面:(1)规范性文件的合宪性审查和监督,即审查法律、法规、规章等规范性文件的合宪性;(2)行为的合宪性审查和监督,即国家机关及其工作人员和各政党等主体的行为进行审查,追究违宪责任。可见,合宪性审查的对象包括具体行为,故A项错误。

2018年宪法修正案将"法律委员会"更名为"宪法和法律委员会",宪法和法律委员会在法律草案和法律修改草案的审议中发挥着合宪性审查的功能。故B项正确。

合宪性审查是我国宪法监督的重要方面。宪法监督是由宪法授权或宪法惯例所认可的机关,以一定的方式进行合宪性审查,预防和解决违宪,追究违宪责任,从而保证宪法实施的一种制度。按照宪法规定,全国人大及其常委会监督宪法的实施,故C项正确。

我国的宪法监督制度,采取事先审查和事后审查相结合的方式。事先审查,即规范性法律文件的批准;事后审查,即规范性法律文件的备案、改变和撤销。附带性审查又叫司法审查制度,是以美国为首的一些西方国家采取的制度,我国并无该制度。故D项错误。

383. 全国人大常委会的职权;法律解释[BCD]

[解析] 我国宪法仅规定了禁止以任何方式损害公民的人格尊严,并未明确规定姓名、肖像、名誉、荣誉、隐私权等具体权利。该解释是对《民法通则》和《婚姻法》相关规定的解释,属于立法解释,不属于宪法解释。故A项错误。

《立法法》第53条规定:"全国人民代表大会常务委员会的法律解释同法律具有同等效力。"故B项正确。

《立法法》第52条规定:"法律解释草案表决稿由常务委员会全体组成人员的过半数通过,由常务委员会发布公告予以公布。"故C项正确。

法院适用法律的过程,也是一个法律证成的过程,必然包含对法律的理解和解释。故D项正确。

384. 我国规范性文件的备案审查制度[ABCD]

[解析]《立法法》第111条第1款规定:"全国人

· 86 ·

民代表大会专门委员、常务委员会工作机构可以对报送备案的行政法规、地方性法规、自治条例和单行条例等进行主动审查,并可以根据需要进行专项审查。"故A项正确。

《立法法》第109条第3项规定:"自治州、自治县的人民代表大会制定的自治条例和单行条例,由省、自治区、直辖市的人民代表大会常务委员会报全国人民代表大会常务委员会和国务院备案;自治条例、单行条例报送备案时,应当说明对法律、行政法规、地方性法规作出变通的情况。"故B项正确。

《立法法》第109条第4项规定:"部门规章和地方政府规章报国务院备案;地方政府规章应当同时报本级人民代表大会常务委员会备案;设区的市、自治州的人民政府制定的规章应当同时报省、自治区的人民代表大会常务委员会和人民政府备案。"故C项正确。

《立法法》第112条第3款规定:"全国人民代表大会宪法和法律委员会、有关的专门委员会、常务委员会工作机构经审查认为行政法规、地方性法规、自治条例和单行条例同宪法或者法律相抵触,或者存在合宪性、合法性问题需要修改或者废止,而制定机关不予修改或者废止的,应当向委员长会议提出予以撤销的议案、建议,由委员长会议决定提请常务委员会会议审议决定。"故D项正确。

385. 我国宪法实施的保障机制[AB]

[解析] 事后审查是指在法律、法规和法律性文件颁布实施以后,由特定机关对其是否合宪所进行的审查。由于地方性法规"报备"的程序并不影响该法规的生效,备案是事后审查的方式。故A项正确。

事先审查主要指法律文件的批准。《立法法》规定,自治区人大制定的自治条例报全国人大常委会批准。故B项正确。

附带性审查是指司法机关在审理案件过程中,因提出对所适用的法律、法规和法律性文件是否违宪的问题,而对该法律、法规和规范性文件所进行的合宪性审查。附带性审查是以美国为代表的由司法机关进行宪法监督的模式,我国不存在这种模式。故C项错误。

《立法法》第111条第1款规定:"全国人民代表大会专门委员会、常务委员会工作机构可以对报送备案的行政法规、地方性法规、自治条例和单行条例等进行主动审查,并可以根据需要进行专项审查。"据此,全国人大常委会也可对规范性文件进行主动审查,故D项错误。

386. 宪法解释[ACD]

[解析] 宪法的解释机制分为三类:(1)司法机关解释。由司法机关解释宪法的做法源于美国的马伯里诉麦迪逊案,以美国为典型代表。故A项正确。(2)专门机关解释。这种体制是指由宪法法院、宪法委员会等专门成立的宪法解释机关对宪法作出解释,以法国及德国为代表,德国的宪法解释机关既可以结合具体案件对宪法进行说明,也可以在不存在特定诉讼案件的情况下对法律作出解释。故B项错误。(3)代议机关解释。起源于英国,我国采用的是此类体制,全国人大常委会是法定的宪法解释机关,它作出的解释具有最高的和普遍的约束力。故C项正确。

国务院作为我国最高国家权力机关的执行机关,其制定行政法规主要目的之一是执行上位法,因此,不可避免会涉及对宪法含义的理解。尽管如此,这并非宪法解释,因为在我国,只有全国人大常委会有权解释宪法。故D项正确。

387. 宪法实施[B]

[解析] 宪法实施包括宪法执行、宪法适用、宪法遵守,故D项正确。宪法执行的主体是国家代议机关和行政机关。宪法适用的主体是国家司法机关。宪法遵守的主体是一切国家机关、社会组织和公民。宪法遵守的主体最具有广泛性,故宪法遵守是宪法实施最基本的形式。故A项正确。

制度保障属于宪法实施的保障方式,例如美国的司法审查制度,大陆法系的宪法控诉制度以及我国的事先审查和事后审查相结合的保障制度。但是,宪法实施的保障和宪法实施不是一回事,宪法实施主要是将宪法贯彻落实在社会生活当中,包括宪法执行、宪法适用、宪法遵守。宪法实施的制度保障对于宪法实施具有重要意义,但它是宪法实施的"保障方式",而非"实施方式"。故B项错误。

在我国,宪法解释的主体是全国人大常委会,宪法解释通常发生在宪法执行和适用的过程中,属于宪法实施的一种方式。故C项正确。

388. 宪法实施及保障[C]

[解析] 纵观世界各国的宪法实施保障体制,主要有以下三种:(1)由司法机关保障宪法实施的体制,起源于美国;(2)由立法机关保障宪法实施的体制,起源于英国,社会主义国家大多采用此种体制,我国亦然;(3)由专门机关负责保障宪法实施的体制,起源于1799年法国宪法设立的护法元老院。故C项正确。

389. 规范性法律文件的审查与撤销[B]

[解析]《立法法》第108条规定:"改变或者撤销法律、行政法规、地方性法规、自治条例和单行条例、规章的权限是:(一)全国人民代表大会有权改变或者撤销它的常务委员会制定的不适当的法律,有

权撤销全国人民代表大会常务委员会批准的违背宪法和本法第八十五条第二款规定的自治条例和单行条例;(二)全国人民代表大会常务委员会有权撤销同宪法和法律相抵触的行政法规,有权撤销同宪法、法律和行政法规相抵触的地方性法规,有权撤销省、自治区、直辖市的人民代表大会常务委员会批准的违背宪法和本法第八十五条第二款规定的自治条例和单行条例;(三)国务院有权改变或者撤销不适当的部门规章和地方政府规章;(四)省、自治区、直辖市的人民代表大会有权改变或者撤销它的常务委员会制定的和批准的不适当的地方性法规;(五)地方人民代表大会常务委员会有权撤销本级人民政府制定的不适当的规章;(六)省、自治区的人民政府有权改变或者撤销下一级人民政府制定的不适当的规章;(七)授权机关有权撤销被授权机关制定的超越授权范围或者违背授权目的的法规,必要时可以撤销授权。"

综上,本题中 A 项同法条第 1 项规定不符,B 项则符合第 4 项规定,C 项同第 5 项规定不符,D 项同第 7 项规定不符。故 A、C、D 项错误,B 项正确。

考点 60 宪法宣誓

390. 执法;宪法宣誓制度[ABD]

[解析] 宪法在执法过程中的作用表现为对国家工作人员宪法意识的培养和对其宪法思维的养成,而宪法宣誓制度的建立,则有利于树立宪法的权威。故 A 项正确。

《全国人大常委会关于实行宪法宣誓制度的决定》第 8 条规定,宣誓场所应当庄重、严肃,悬挂中华人民共和国国旗或者国徽。故 B 项正确。

《全国人大常委会关于实行宪法宣誓制度的决定》第 1 条规定:"各级人民代表大会及县级以上各级人民代表大会常务委员会选举或者决定任命的国家工作人员,以及各级人民政府、监察委员会、人民法院、人民检察院任命的国家工作人员,在就职时应当公开进行宪法宣誓。"故 C 项错误。

《全国人大常委会关于实行宪法宣誓制度的决定》第 6 条规定,全国人民代表大会常务委员会任命或者决定任命的最高人民法院副院长、审判委员会委员等进行宪法宣誓的仪式,由最高人民法院组织。故 D 项正确。

司法制度和法律职业道德 [答案详解]

专题十六 中国特色社会主义司法制度

考点61 中国特色社会主义司法制度概述

391. 司法公正[A]

[解析] 司法公正主要体现为司法活动的合法性、司法人员的中立性、司法活动的公开性、当事人地位的平等性、司法程序的参与性、司法结果的正确性和司法人员的廉洁性。

司法程序的参与性,要求作为争议主体的当事人能够有充分的机会参与司法程序,提出自己的主张和有利于自己的证据,并反驳对方的证据,进行交叉询问和辩论,以此来促使司法机关尽可能作出有利于自身的结果。据此,保障犯罪嫌疑人的辩护权利,使其有充分的机会参与司法程序,这体现了司法的参与性。故A项正确。

法院杜绝不正之风,是为了确保司法人员的廉洁性,与司法的公开性无关。故B项错误。

检察院禁止收受礼金,也是为了确保司法人员的廉洁性,与司法结果的正确性无关。故C项错误。

司法的中立性要求司法人员要平和理性司法。这里的中立,即司法人员同争议的事实和利益没有关联性,不得对任何一方当事人存在歧视和偏爱。禁止司法人员与诉讼参与人私下接触,目的在于防止利益输送和利益勾连,确保司法人员的廉洁性。故D项错误。

392. 司法制度体系[D]

[解析] 我国司法制度主要由四个方面的体系构成:司法规范体系、司法组织体系、司法制度体系、司法人员管理体系。故A项错误。司法组织体系主要包括审判组织体系、检察组织体系,在我国,律师和公证员属于法律服务人员。故B项错误。

人民调解制度、人民陪审员制度、人民监督员制度、死刑复核制度、审判监督制度、司法解释制度以及案例指导制度,都是独具中国特色的司法制度。故C项错误。D项明显正确。

393. 依法独立行使审判权和检察权[ACD]

[解析]《司法机关内部人员过问案件的记录和责任追究规定》第2条规定:"司法机关内部人员应当依法履行职责,严格遵守纪律,不得违反规定过问和干预其他人员正在办理的案件,不得违反规定为案件当事人转递涉案材料或者打探案情,不得以任何方式为案件当事人说情打招呼。"故A项正确。

某法官在参加法官会议时,提醒承办法官充分考虑某案被告家庭现状,已经干涉了其他法官正在办理的案件。该行为违背了依法独立行使审判权原则。故B项错误。

《司法机关内部人员过问案件的记录和责任追究规定》第4条规定:"司法机关领导干部和上级司法机关工作人员因履行领导、监督职责,需要对正在办理的案件提出指导性意见的,应当依照程序以书面形式提出,口头提出的,由办案人员记录在案。"某检察院副检察长依职权对其他检察官的在办案件提出书面指导性意见,属于法律依法赋予院领导的职权,并未违反依法独立行使检察权原则。故C项正确。

《最高人民法院、最高人民检察院、公安部、国家安全部、司法部关于进一步规范司法人员与当事人、律师特殊关系人、中介组织接触交往行为的若干规定》第7条规定:"司法人员在案件办理过程中因不明情况或者其他原因在非工作时间或非工作场所接触当事人、律师、特殊关系人、中介组织的,应当在三日内向本单位纪检监察部门报告有关情况。"故D项正确。

394. 司法公正[A]

[解析]《最高人民法院关于人民法院在互联网公布裁判文书的规定》第1条规定,人民法院应当在互联网公布裁判文书。第4条规定:"人民法院作出的裁判文书有下列情形之一的,不在互联网公布:(一)涉及国家秘密的;(二)未成年人犯罪的;(三)以调解方式结案或者确认人民调解协议效力的,但为保护国家利益、社会公共利益、他人合法权益确有必要公开的除外;(四)离婚诉讼或者涉及未成年子女抚养、监护的;(五)人民法院认为不宜在互联网公布的其他情形。"故A项正确。

《人民检察院案件信息公开工作规定(试行)》第3条第1款规定:"人民检察院应当通过互联网、电话、邮件、检察服务窗口等方式,向相关人员提供案件程序性信息查询服务,向社会公开重要案件信息和法律文书,以及办理其他案件信息公开工作。"故B项错误。

《中共中央关于全面推进依法治国若干重大问题的决定》明确规定:构建开放、动态、透明、便民的阳光司法机制,推进审判公开、检务公开、警务公开、狱务公开,依法及时公开执法司法依据、程序、流程、结果和生效法律文书,杜绝暗箱操作。加强法律文书释法说理,建立生效法律文书统一上网和公开查询制度。可见,狱务也要公开。故 C 项错误。

律师制作的法律文书不属于司法公开的范围。故 D 项错误。

395. 法律职业道德基本原则之一的清正廉洁、遵纪守法[ABD]

[解析]《最高人民法院、最高人民检察院、公安部、国家安全部、司法部关于进一步规范司法人员与当事人、律师、特殊关系人、中介组织接触交往行为的若干规定》第 5 条规定:"严禁司法人员与当事人、律师、特殊关系人、中介组织有下列接触交往行为:(一)泄露司法机关办案工作秘密或者其他依法依规不得泄露的情况;(二)为当事人推荐、介绍诉讼代理人、辩护人,或者为律师、中介组织介绍案件,要求、建议或者暗示当事人更换符合代理条件的律师;(三)接受当事人、律师、特殊关系人、中介组织请客送礼或者其他利益;(四)向当事人、律师、特殊关系人、中介组织借款、租借房屋,借用交通工具、通讯工具或者其他物品;(五)在委托评估、拍卖等活动中徇私舞弊,与相关中介组织和人员恶意串通、弄虚作假、违规操作等行为;(六)司法人员与当事人、律师、特殊关系人、中介组织的其他不正当接触交往行为。"故 A、B、D 项正确。

第 6 条规定:"司法人员在案件办理过程中,应当在工作场所、工作时间接待当事人、律师、特殊关系人、中介组织。因办案需要,确需与当事人、律师、特殊关系人、中介组织在非工作场所、非工作时间接触的,应依照相关规定办理审批手续并获批准。"所以,司法人员在非工作场所接触当事人、律师、特殊关系人并非完全禁止的行为。故 C 项错误。

396. 司法公正[D]

[解析] 建立生效法律文书统一上网和公开查询制度,主要目的是公开信息,方便公众监督,属于司法机关外部的监督。故 A 项错误。

人民陪审员并不属于司法机关的人员。完善人民陪审员制度属于保障人民群众参与司法的重要内容,改革人民陪审员制度也是对司法机关外部监督机制的完善。故 B 项错误。

在我国司法机关指人民法院与人民检察院。检察院办案时听取和重视律师的意见,体现的依然是司法机关外部的监督。故 C 项错误。

法官、检察官办案责任制,落实谁办案谁负责,属于司法机关内部的监督。故 D 项正确。

397. 司法公正[D]

[解析] 司法公正的内涵包括:(1)司法活动的合法性;(2)裁判人员的中立性;(3)司法活动的公开性;(4)当事人地位的平等性;(5)司法过程的参与性;(6)案件处理的正确性。

甲法院积极利用网络新媒体,以公开促公正,体现了司法公正的内涵。故 A 项正确。

乙法院在网络上公开判决书,以公开促公正,体现了司法公正的内涵。故 B 项正确。

丙检察院为辩护人查阅、摘抄、复制案卷材料提供便利,既体现了司法活动的合法性,又体现了司法活动的公开性。故 C 项正确。

丁检察院为暴力犯罪的被害人提供医疗和物质救助,体现的是检察机关司法为民,司法便民,但并未体现出司法公正诸特性。因为检察院为被害人提供医疗和物质救助,并非司法活动的一部分。故 D 项错误。

398. 法律职业道德;公平正义的内涵[ABCD]

[解析] 在我国,要想实现公平正义必然离不开我国的司法制度。故 A 项正确。

司法是解决社会纠纷,保护公平正义的最后一道防线,即司法通过解决纠纷,既实现了正义,又维护了秩序。故 B 项正确。

公正优先、兼顾效率,这是我国司法的重要价值立场。故 C 项正确。

在不违背基本原则的情况下,如果能兼顾法理和情理,则无疑有助于实现实质性的公平正义。故 D 项正确。

399. 我国司法制度;审判制度;检查制度[B]

[解析] 根据《人民法院组织法》和三大诉讼法规定,我国主要的审判制度包括:两审终审制度、人民陪审员制度、审判公开制度、审判监督制度等。故 A 项正确,不当选。

基层人民法院的职权是:(1)审判刑事、民事和行政的第一审案件,但是法律、法规另有规定的除外;(2)处理不需要开庭审判的轻微民事纠纷和轻微的刑事案件;(3)指导人民调解委员会的工作。故 B 项错误,当选。

我国主要的检察制度包括刑事检察制度(含刑事案监督制度、刑事侦查监督制度、刑事审判监督度、审查逮捕制度、公诉制度、刑事执行检察制度)、民事检察制度、行政检察制度、检察公益诉讼制度等。故 C 项正确,不当选。

我国检察机关领导体制实行"检察一体化"原则。具体体现在:(1)我国检察机关是一个完整独立的机构体系,检察长统一领导检察院工作。各级检察院设立检察委员会。检察委员会实行民主集中制,在检察长或检察长委托的副检察长的主持下,总结检察工作经验,讨论决定重大、疑难、复杂案件。地方各级人民检察院的检察长不同意本院检察委员会多数人的意见,属于办理案件的,可以报请上一级人民检察院决定;属于重大事项的,可以报请上一级人民检察院或者本级人大常委会决定;(2)最高检是最高检察机关。最高检领导地方各级检察院和专门检察院的工作,上级检察院领导下级检察院的工作。由此可见,检察院的领导体制与法院不同,检察官并不适用"除了法律没有别的上司"原理,检察官依法独立行使职权要受到"检察一体化"的限制。故 D 项正确,不当选。

400. 司法公正;实体公正与程序公正[ABC]

[解析] 公正是法治的灵魂和核心,是法治精神的内在要求,是法治的组成部分和基本内容,是民众对法制的必然要求。其中,司法公正包括实体公正和程序公正。故 A 项正确。

司法公正包括实体公正和程序公正。实体公正,主要是指案件事实真相的发现和对实体法的正确适用,其中发现案件事实真相是正确适用实体法的前提,这就要求首先必须正确地认定案件事实。程序公正主要是指司法程序具有正当性和合理性,当事人在司法过程中受到公平的对待。故 B、C 项正确。

类推制度,从法律角度看,是指法律没有明确规定的一定行为,但其足以造成一定的社会危害时,将具有相似性质的行为适用的法律扩充适用或者援用同它有类似性质事项的法律进行定罪量刑。类推制度是一种具有一定程序性的法的创制。对当事人不利的类推一般为各国法律所禁止,只有"无罪推定"原则才被作为司法公正的补充。自由心证原则的主要内涵是,法律不预先设定机械的规则来指示或约束法官,而由法官针对具体案情,根据经验法则、逻辑规则和自己的理性良心来自由判断证据和认定事实。各国法律普遍将自由心证认定为程序公正的必然要求,遂可以作为司法公正的补充。故 D 项错误。

401. 司法功能;司法公正[A]

[解析] 司法具有解决纠纷的直接功能和人权保障、调整社会关系、解释和补充法律、形成公共政策、秩序维持、文化支持等间接功能。因此,调整社会关系不是直接功能,故 A 项错误。

司法的特征要求司法活动的公开性、裁判人员的中立性、当事人地位的平等性、司法过程的参与性、司法活动的合法性、案件处理的正确性。故 B 项正确。

中国古代社会的学者讨论司法公正,有其独特的视角。晋代的刘颂在给惠帝的上疏中明确地说:"君臣之分,各有所司。法欲人奉,故令主者守之;理有穷,故使大臣释滞;事有时立,故人主权断。"在他看来,对具体案件的审断,司法官吏必须依律办事,严格执法,做到"主者守文,死生之,不敢错意于成制之外以差轻重"。若有少数案件,"事无正据,名例不及",法律明文又没有规定,则由"大臣论当,以释

滞",这就是说,只有中央主管司法的大臣有一定的解释、变通之权。至于超出法律之外的"非常之断、出法赏罚",那就"唯人主专之,非奉职之臣所得拟议"了。刘颂深刻地揭示了影响中国古代司法公正的三个方面的因素——执法官吏、大臣、君主,他严格区分了君臣在司法公正方面各自的职责:"主者守文""大臣释滞""人主权断"。故 C 项正确。

培根这句话形象地说明了司法不公正的严重后果,强调了司法公正的重要性。法官的裁判是社会公平正义的体现。如果法官作出不公正的判决,将毁坏法律的公信力,破坏社会的公平与正义,就像水源败坏了,随着水流的前进,整条河流都会被污染。因此,一次不公正的裁判比多次违法犯罪行为带来危害大得多。故 D 项正确。

402. 司法与司法制度基本理论[D]

[解析] 司法具有普遍性特征,可以解决其他机关所不能解决的一切纠纷,司法管辖的范围是包括外国人在内的所有人,是管辖范围最广的审判机关,任何人都有发动资格向法院申请对某一纠纷作出决定,判予法律所规定的权利。因此,在现代社会,司法构成社会纠纷解决体系中最普通的方式,法院已成为最主要的纠纷解决主体。故 A 项正确,不当选。

法律相对于它所调整的社会关系具有滞后性,法官在司法过程中不应机械地适用法律,而应根据社会生活的变化,对法律进行阐释。法官在裁判中对解释法律与行使自由裁量权的合理、准确,无疑也是消减不确定性的主要途径。因此,法官自由裁量应力求达到合法与合理高度统一才可能减少法律适用过程中的不确定性,防止司法擅断与专横。故 B 项正确,不当选。

诉讼费用有助于提高司法的效率,防止滥诉现象的出现。诉讼费用的合理分担,同样有助于提高司法的效率。如在民事诉讼和行政诉讼中,应当实行"败诉方承担为主,受益方承担为辅"的收费原则就是考虑到诉讼的发起是在原告,一定的费用有助于原告深思熟虑后再发起诉讼,有助于节约司法成本,提高司法效率。故 C 项正确,不当选。

现代法治社会,司法机关特别是最高人民法院参与公共政策的制定,表现了司法权在国家权力配置与运作中的角色与定位。我国人民法院公共政策形成的司法功能,主要表现在司法对法律与政策没有规范的问题的妥善处理,符合法律与政策精神,符合社会公众的一般愿望,促进裁判结果发动相关法律、政策的逐步形成。这是司法功能的体现,并非权力越位。故 D 项错误,当选。

403. 司法的效率与公正[C]

[解析] 司法公正与司法效率是相伴相随、两位

一体的概念，司法公正本身就含有对司法效率的要求，二者都是理想型司法所追求的目标，同时也是理想型司法所必备的两个基本要素，因而有其相辅相成的一面。故A项正确。

在司法过程中，宜坚持"公正优先，兼顾效率"的原则。当代社会的法律和司法不仅仅要追求正义，而且还要以效率作为正义的补充。故B项正确。

细化诉讼程序并不一定导致效率低下，相反，如果是合理地、科学地优化诉讼程序可以提高诉讼效率，实现效率与公正的最大化。故C项错误。

司法工作人员提高业务水平，勤勉敬业，恪尽职守，能够有效地提高司法效率，更好地实现司法公正。故D项正确。

404. 我国司法制度；法国司法制度[B]

[解析] 司法公正是司法的内在要求和本质反映，是法治的灵魂和核心。效率强调的是尽可能地快速解决纠纷、多解决纠纷，尽可能地节省和充分利用各种司法资源。我国司法的价值选择是"公正优先，兼顾效率"。故A项错误。

司法在社会生活中承担着广泛的职能，司法具有解决纠纷的直接功能和人权保障、调整社会关系、解释和补充法律、形成公共政策、秩序维持、文化支持等间接功能。故B项正确。

由司法机关依法作出生效的判决、裁定或决定，任何机关和个人都不应再作处理，属于司法的终局性特征。故C项错误。

不同国家，因政治制度的差异，其审判制度往往有着很大的区别，即使在政治制度相同的国家，由于历史发展、经济状况和文化传统的差异，其审判制度也会呈现不同的特点。虽然同样是资本主义国家，法国、德国、日本等许多国家建立全国统一的法院机构，而美国等一些国家则建立联邦和州两套法院机构。故D项错误。

考点62 法律职业道德

405. 法律职业道德[ABD]

[解析] 法律职业道德与法律职业实践活动紧密相连，法律职业道德规范法律职业从业人员的职业行为。故A、B项正确。

法律职业道德本质上属于"道德"层面，是随着法律职业的出现而产生和逐步发展的，其形成与"实证法"概念的解释没有直接必然的联系。故C项错误。

法律职业道德的作用是调整法律职业关系，对从业人员的法律执业活动中的具体行为进行规范。其基本原则是从业人员进行职业活动的根本指导思想，而且也是对每个从业人员的职业行为进行职业道德评价的最高标准。故D项正确。

406. 法律职业道德的概念、特征和基本原则[BCD]

[解析] 法律职业道德不仅是法律职业本行业在职业活动中的内部行为规范，而且是本行业对社会所负的道德责任和义务。故A项错误。

职业道德是人们在职业实践活动中形式的规范，体现职业活动的客观要求。通过长期有效的职业道德教育，促进道德内化。故B项正确。

法律职业道德的表现形式较为正式，除一般的职业道德的规章制度、工作守则、服务公约、行为须知等表现形式外，还通过法律、法规、规范性文件等形式表现出来。故C项正确。

法律职业道德的实现，既需要自律机制，又离不开他律机制。依照有关规定惩处违反法律职业道德和纪律的人员，通过惩处教育本人及其他人员，有助于提高法律职业道德水准。故D项正确。

407. 法律职业人员职业道德[ABCD]

[解析] 业外活动是法官、检察官、律师、公证员行为的重要组成部分，在一定程度上也是法官、检察官、律师、公证员职责的延伸，可以间接地反映法官、检察官、律师、公证员的职业能力、工作态度，更能影响其形象。严格约束业外活动，尽量减少业外活动与本职工作的冲突，有利于树立公正、独立的良好执业形象，有利于树立和维护法律权威。故A、B项正确。

《律师执业行为规范(试行)》第15条规定："律师不得以下行为：(一)产生不良社会影响，有损律师行业声誉的行为；(二)妨碍国家司法、行政机关依法行使职权的行为；(三)参加法律所禁止的机构、组织或者社会团体；(四)其他违反法律、法规、律师协会行业规范及职业道德的行为。(五)其他违反社会公德，严重损害律师职业形象的行为。"故C项正确。

《公证员职业道德基本准则》第15条规定："公证员应当道德高尚、诚实信用、谦虚谨慎，具有良好的个人修养和品行。"故D项正确。

408. 法律职业道德的基本原则与特征；教育途径和方法[B]

[解析] 法律职业道德具有如下三个特征：(1)主体的特定性：专门从事法律工作的法官、检察官、律师、公证员等法律职业人员。(2)职业的特殊性：政治性、法律性、行业性(法官、检察官、律师、公证员，各有行业特征)、专业性。(3)更强的约束性：相对于一般社会道德而言，具有更强的约束性。违反职业道德的法律职业人员要承担更大范围的责任。第3个特征暗含的基本前提就是法律职业人员相比其他职业人要承担更大的义务。故A项正确。

互相尊重、相互配合是法律职业道德的基本原则之一，它要求法律职业人员在履行法律职责的过程中做到严格执行职业纪律,依法执业,不能超越职权擅自干预和妨碍其他法律职业人员的正常办案。在刑事诉讼领域,法官、检察官和律师各自担负着不同的职责,但在追求依法公正惩罚犯罪和切实维护当事人合法权益这一点上是相同的,这决定了不同法律职业人员之间要互相尊重、互相配合。同时,法律职业人员在人格和依法履行职责上是平等的。"应尊重法官的领导地位"这句话是错误的,三者都是在法律规定的范围内,行使各自的法定权利,不存在领导问题,互相尊重、互相配合并非要求检察官、律师在法庭上听从法官的指挥。故 B 项错误。

所谓职业道德内化,是指从业者把一定社会的思想、政治、道德要求,转化为自身的需要。选择合适的内化途径和适当的内化方法,才能使法律职业人员将法律职业道德规范融进法律职业精神中。故 C 项正确。

法律职业道德教育的途径和方法,主要包括提高法律职业人员道德认识、确立法律职业人员道德信念、陶冶法律职业人员道德情操、锻炼法律职业人员道德意志、养成法律职业人员道德习惯等方面。故 D 项正确。

409. 法律职业道德的特征;对法律职业道德的理解[D]

[解析] 法律职业道德和其他职业道德相比具有更强的象征意义和感召作用,因为法律在人们的心目中是公平与正义的体现,是规范社会、惩恶扬善的最后手段,也是最强有力的手段。故 A 项正确。

相对于一般社会道德而言,法律职业道德具有主体的特定性、职业的特殊性和更强的约束性的特征。违反职业道德的法律职业人员要承担更大范围的责任。故 B 项正确。

法律职业道德本身就是围绕着法律的一套规范体系,因此,在实践中,法律职业道德中的很多内容都以纪律规范形式体现出来。纪律规范的形式,见诸文字,故具有较强的现实操作性。故 C 项正确。

法律职业道德和一般职业道德相比,尽管具有更强的约束性,但是,毕竟法律职业道德不是法律,还是归属于道德的范畴。因此,法律职业道德并不像法律一样具有严格的程序性,通过严格的程序性来实现。道德最重要的特征就是更强的自律性,法律职业道德也不例外。在实践中,只有选择合适的内化途径和适当的内化方法才能够使法律职业者将法律职业道德融进法律职业精神中。故 D 项错误。

410. 法律职业共同体;法官、检察官、律师在诉讼中的相互关系[A]

[解析] 法官、检察官、律师等法律职业主管机关就三个职业在诉讼活动中相互关系出台的一系列规定,目的是加强职业纪律约束,促进维护司法公正。故 A 项正确。

在刑事诉讼领域,法官、检察官、律师各自担负着不同的职责,但法律职业人员在人格和依法履行职责上是平等的,三者各司其职,各自发挥各自的作用。因此,这些规定并非用来弥补履行职责上的地位不平等,而是加强相互配合、相互尊重、相互制约,以促进法律的实施。故 B 项错误。

法官、检察官和律师的职责范围均是由宪法和法律规定的,司法机关依法独立行使职权,不受其他行政机关、社会团体和个人的干涉,同时,司法机关行使职权必须严格遵守法律,不得越权干涉其他部门的法定职权,因此,这些规定不会允许司法机关适度突破职权限制。故 C 项错误。

我国《宪法》第 140 条规定:"人民法院、人民检察院和公安机关办理刑事案件,应当分工负责,互相配合,互相制约,以保证准确有效地执行法律。"注意,在我国任何法律规定都不得违反《宪法》。故 D 项错误。

411. 司法机关独立行使职权;检察权统一行使原则;法律职业的性质;法律职业道德的内容[C]

[解析] 司法机关独立行使职权,不受行政机关、社会团体和个人的非法干涉;上级司法机关可以对下级机关进行指导性工作。在组织技术上,司法机关只服从法律,不受上级机关、行政机关的干涉。故 A 项正确。

检察权统一行使原则,又称检察一体原则,是指各级检察机关、检察官依法构成统一的整体,在行使职权、执行职务的过程中实行"上命下从",即根据上级检察机关、检察官的指示和命令进行工作。故 B 项正确。

法律职业以法官、检察官、律师为代表,法律职业之间既具备最基本的同质性,又各有其行业属性,所以,多数国家规定担任法官、检察官、律师必须通过专门培养和训练。故 C 项错误。

法律职业道德的基本原则是指法律职业道德的基本尺度、基本纲领和基本要求,如忠实执行宪法和法律、互相尊重互相配合、清正廉洁遵纪守法等方面。故 D 项正确。

考点 63 审判制度

412. 法官的惩戒[ABD]

[解析]《法官法》第 48 条第 1 款规定:"最高人民法院和省、自治区、直辖市设立法官惩戒委员会,负责从专业角度审查认定法官是否存在本法第四十六条第四项、第五项规定的违反审判职责的行为,提出构成故意违反职责、存在重大过失、存在一般过失或者没有违反职责等审查意见。法官惩戒委员会提出审查意见后,人民法院依照有关规定作出是否予以惩

戒的决定,并给予相应处理。"据此,法官惩戒委员会最低设在省一级,故 A 项正确。法官惩戒委员会并不直接惩戒法官,只是从专业角度提出法官是否违反职责的审查意见,由相关法院依法进行惩戒。故 C 项错误。

《法官法》第 48 条第 2 款规定:"法官惩戒委员会由法官代表、其他从事法律职业的人员和有关方面代表组成,其中法官代表不少于半数。"故 B 项正确。

《法官法》第 49 条规定:"法官惩戒委员会审议惩戒事项时,当事法官有权申请有关人员回避,有权进行陈述、举证、辩解。"故 D 项正确。

| 法条变更 | 《中华人民共和国法官法》
2019 年 4 月 23 日第十三届全国人民代表大会常务委员会第十次会议修订 |

413. 法官回避 [ABD]

[解析]《法官法》第 23 条规定:"法官之间有夫妻关系、直系血亲关系、三代以内旁系血亲以及近姻亲关系的,不得同时担任下列职务:(一)同一人民法院的院长、副院长、审判委员会委员、庭长、副庭长;(二)同一人民法院的院长、副院长和审判员;(三)同一审判庭的庭长、副庭长、审判员;(四)上下相邻两级人民法院的院长、副院长。" A 项中孙某担任民一庭庭长,钱某担任民二庭审判员,二者不在同一审判庭,无须回避,故 A 项错误。B 项中孙某担任甲市中级人民法院院长,钱某担任甲市乙县人民法院的审判员,二人不在同一法院,也无需回避,故 B 项错误。

《法官法》第 24 条规定:"法官的配偶、父母、子女有下列情形之一的,法官应当实行任职回避:(一)担任该法官所任职人民法院辖区内律师事务所的合伙人或者设立人的;(二)在该法官所任职人民法院辖区内以律师身份担任诉讼代理人、辩护人,或者为诉讼案件当事人提供其他有偿法律服务的。" C 项符合上述 1 项,应当实行任职回避,故 C 项正确。D 项中孙某只有以律师身份担任诉讼代理人、辩护人,才须任职回避,故 D 项错误。

414. 立案登记制 [B]

[解析] 立案登记制,是为充分保障当事人诉权,切实解决人民群众反映的"立案难"问题,是坚持党的群众路线、坚持司法为民、公正司法,是依法保障当事人行使诉讼权利,方便当事人诉讼,做到公开、透明、高效而设立的制度。司法在社会生活中承担着广泛的功能,可以从应然和实然两个层面理解司法的功能定位。就司法的应然功能而言,除法院组织法对司法职能的规定外,通常说的"定分止争""惩奸除恶""止恶扬善""实现公平正义""最后一道防线"等,大都属于人们对司法功能的应然期待和理想要求。司法实

然功能是指司法实际上能够发挥什么样的功能。立案登记制实施后,更多的民事案件会进入司法救济渠道,这在客观上强化了司法的实然功能,而不是强化了应然功能。故 A 项错误。

《最高人民法院关于人民法院登记立案若干问题的规定》第 7 条第 1 款规定:"当事人提交的诉状和材料不符合要求的,人民法院应当一次性书面告知在指定期限内补正。"《行政诉讼法》第 51 条第 3 款规定:"起诉状内容欠缺或者有其他错误的,应当给予指导和释明,并一次性告知当事人需要补正的内容。不得未经指导和释明即以不符合条件为由不接收起诉状。"故 B 项正确。

《最高人民法院关于人民法院登记立案若干问题的规定》第 8 条规定:"对当事人提出的起诉、自诉,人民法院当场不能判定是否符合法律规定的,应当作出以下处理:(一)对民事、行政起诉,应当在收到起诉状之日起七日内决定是否立案;(二)对刑事自诉,应当在收到自诉状次日起十五日内决定是否立案;(三)对第三人撤销之诉,应当在收到起诉状之日起三十日内决定是否立案;(四)对执行异议之诉,应当在收到起诉状之日起十五日内决定是否立案。人民法院在法定期间内不能判定起诉、自诉是否符合法律规定的,应当先行立案。"法院如不能当场判定,应接收起诉状,但不能以口头方式告知。《行政诉讼法》第 51 条第 2 款规定:"对当场不能判定是否符合本法规定的起诉条件的,应当接收起诉状,出具注明收到日期的书面凭证,并在七日内决定是否立案。不符合起诉条件的,作出不予立案的裁定。裁定书应当载明不予立案的理由。原告对裁定不服的,可以提起上诉。"法院口头告知当事人注意接听电话,没有出具注明日期的书面凭证的做法,不符合行政诉讼立案登记制度的规定。故 C 项错误。

《最高人民法院关于人民法院登记立案若干问题的规定》第 13 条第 1 款规定:"对立案工作中存在的不接收诉状、接收诉状后不出具书面凭证、不一次性告知当事人补正诉状内容,以及有案不立、拖延立案、干扰立案、既不立案又不作出裁定或者决定等违法违纪情形,当事人可以向受诉人民法院或者上级人民法院投诉。"《行政诉讼法》第 52 条规定:"人民法院既不立案,又不作出不予立案裁定的,当事人可以向上一级人民法院起诉。上一级人民法院认为符合起诉条件的,应当立案、审理,也可以指定其他下级人民法院立案、审理。"据此,对法院既不立案也不作出不予立案裁定的,当事人既可以向上一级人民法院投诉,也可向上一级人民法院起诉。故 D 项错误。

415. 法官职业道德;司法中立 [D]

[解析]《法官职业道德基本准则》第 13 条规定:

"自觉遵守司法回避制度,审理案件保持中立公正的立场,平等对待当事人和其他诉讼参与人,不偏袒或歧视任何一方当事人,不私自单独会见当事人及其代理人、辩护人。"张法官与所承办案件当事人的代理律师系某业务培训班同学,属于法律规定的回避的情形,张法官的行为符合司法公正的具体要求。故A、B、C项不当选,D项当选。

416. 巡回法庭的性质及职权 [ACD]

[解析]《最高人民法院关于巡回法庭审理案件若干问题的规定》第2条规定:"巡回法庭是最高人民法院派出的常设审判机构。巡回法庭作出的判决、裁定和决定,是最高人民法院的判决、裁定和决定。"巡回法庭的判决为终审判决。故A项正确,B项错误。

《最高人民法院关于巡回法庭审理案件若干问题的规定》第3条第1款第3项规定,巡回法庭审理或者办理巡回区内不服高级人民法院作出的第一审行政或者民商事判决、裁定提起上诉的案件。故C项正确。

《最高人民法院关于巡回法庭审理案件若干问题的规定》第4条规定,知识产权、涉外商事、海事海商、死刑复核、国家赔偿、执行案件和最高人民检察院抗诉的案件暂由最高人民法院本部审理或办理。故D项正确。

417. 审判制度的基本原则 [ABC]

[解析] 直接言词原则包括直接原则和言词原则,直接原则要求参加审判的法官必须亲自参加证据审理、亲自聆听法庭辩论。因此更换法官后案件必须重新审理。故A项正确。

及时审判原则要求人民法院应当及时审理案件,提高办案效率。乙法院的做法符合及时审判原则,避免案件超审限。故B项正确。

独立审判原则要求人民法院独立行使审判权,不受行政机关、社会团体和个人的干涉。面对舆论压力,法院依然按照诉讼法规定的审限按期结案,这符合独立审判原则。故C项正确。

不告不理原则要求法院不能主动超越当事人的诉讼请求作出判决,从D项表述看,原告要求被告赔付医疗费,并未要求被告支付精神损害赔偿金。因此,丁法院的做法违反了不告不理原则。故D项错误。

418. 法官、检察官的保障与退休 [A]

[解析] 根据《法官法》《检察官法》有关规定,我国对法官、检察官的保障主要包括职业(履行职务)保障、人身和财产保障以及工资保险福利保障三个方面内容,即从法官、检察官的职业权力、职业地位和职业收入三个方面健全法官、检察官的职业保障制度体系。A项遗漏了人身和财产保障,说法错误,当选。

完善法官、检察官的职业保障体系,必须推进法官、检察官职业化建设,从制度上确保法官、检察官依法履行职权、维护司法公正,这在客观上要求建立符合职业特点的法官、检察官管理制度。选项B的说法正确,不当选。

经济保障是司法人员保障制度的重要内容,是以高薪制和优厚的退休金制等形式保障法官较高的经济收入,解除法官生活上的后顾之忧,使其不受经济利益的诱惑。为此,《中共中央关于全面推进依法治国若干重大问题的决定》中明确规定,建立法官、检察官、人民警察专业职务序列及工资制度。选项C的说法正确,不当选。

合理的退休保障制度,是司法人员在履行期间公正司法的有效保障,应当予以高度重视。在法治发达国家,法官的退休保障同样属于法官保障制度的重要内容。选项D的说法正确,不当选。

419. 司法效率 [D]

[解析] 司法效率强调的是司法机关在司法活动中,在正确、合法的前提下,提高办案效率,不拖延积压案件,及时审理和结案,合理利用和节约司法资源。司法效率大致包括司法的时间效率、司法的资源利用效率和司法活动的成本效率三大方面。故A项正确。

从严格遵守诉讼法的角度来说,法官应当严格遵守相应的案件审理期限,遇有特殊情况不能在法定审限内结案的,应当按照法定程序办理延长审限的手续,不得未经批准超期审理,也不得无故超越审限。但是,从法官遵守职业道德的角度来说,法官应当提高效率,节约司法资源,不仅从执行法律的角度应当严格执行审限,还应当在审限内尽快完成职责。故B项正确。

法官在审理案件过程中,有权依法采取或不采取各种程序性的措施,如休庭、延期审理等,这些措施都可能影响案件的正常审理,影响司法效率。法官在采取这些程序性措施时,毫无疑问应严格依法并考虑效率方面的代价。故C项正确。

为了提高司法效率,法官有监督当事人及时完成诉讼活动的职责。在当事人由于各种原因拖延审判活动的正常进行和影响司法效率的情况下,法官应当在不违背其中立地位的前提下,督促当事人或其代理人提高效率,减少拖延,遵守法律规定的时限或合理期限。故D项错误。

420. 司法的概念与特征 [ABD]

[解析] 法院具有自主审理案件的权力,不受上级法院的干涉,这是司法机关依法独立行使职权的表现,A项当选。

司法具有被动性,即法院不能主动地提起诉讼,而是采取"不告不理"的原则,被动地行使职权。B项

理论法 [答案详解] 95

体现了司法的被动性,当选。

司法具有交涉性,即控、辩、审三方展开抗辩。D项体现了司法的交涉性,当选。

丙法院邀请人大代表对其审判活动进行监督未能体现司法区别于行政的特点,故 C 项不当选。

421. 法官的任免;法官的奖惩[C]

[解析]《法官法》第 23 条规定:"法官之间有夫妻关系、直系血亲关系、三代以内旁系血亲以及近姻亲关系的,不得同时担任下列职务:(一)同一人民法院的院长、副院长、审判委员会委员、庭长、副庭长;(二)同一人民法院的院长、副院长和审判员;(三)同一审判庭的庭长、副庭长、审判员;(四)上下相邻两级人民法院的院长、副院长。"A 项中,唐某系某省高院副院长,其子系省省某县法院院长,省高院副院长与该省某县法院院长非为上下相邻两级人民法院的院长、副院长,两人不符合任职回避规定。故 A 项错误。

《法官法》第 20 条第 8 项规定,因违纪违法不宜继续任职,应当依法提请免除其法官职务。《法官法》第 13 条规定:"下列人员不得担任法官:(一)因犯罪受过刑事处罚的;……"本条的犯罪既包括故意犯罪,也包括过失犯罪。据此,B 项中,楼法官以交通肇事罪被判处有期徒刑 1 年、缓刑 1 年,不宜继续任职,对其必须根据法律规定免除法官职务。故 B 项错误。

《法官法》第 45 条规定:"法官有下列表现之一的,应当给予奖励:(一)公正司法,成绩显著的;(二)总结审判实践经验成果突出,对审判工作有指导作用的……"C 项符合上述第 2 项规定。故 C 项正确。

《法官行为规范》第 54 条规定:"裁判文书宣告或者送达后发现文字差错:(一)对一般文字差错或者病句,应当及时向当事人说明情况并收回裁判文书,以校对章补正或者重新制作裁判文书;(二)对重要文字差错或者病句,能立即收回的,当场及时收回并重新制作;无法立即收回的,应当制作裁定予以补正。"D 项中将上诉期间"15 日"写成"15 月"属于一般文字差错。陆法官应当说明情况后将判决书收回,以校对章补正或者重新制作裁判文书。故 D 项错误。

考点64 检察制度

422. 法官、检察官的任职条件[ABCD]

[解析]《法官法》第 13 条规定:"下列人员不得担任法官:……(三)被吊销律师、公证员执业证书或者被仲裁委员会除名的;……"注意,吊销与注销性质不同,如果是因为被吊销律师执业证书从而被注销的,则不得担任法官;如果是因为其他原因而注销的,则可以担任法官。故 A 项错误。

《法官法》第 22 条规定:"法官不得兼任人民代表大会常务委员会的组成人员,不得兼任行政机关、监察机关、检察机关的职务,不得兼任企业和其他营利性组织、事业单位的职务,不得兼任律师、仲裁员和公证员。"故 B 项错误。

《检察官法》第 37 条第 1、2 款规定:"检察官从人民检察院离任后两年内,不得以律师身份担任诉讼代理人或者辩护人。检察官从人民检察院离任后,不得担任原任职检察院办理案件的诉讼代理人或者辩护人,但是作为当事人的监护人或者近亲属代理诉讼或者进行辩护的除外。"据此,C 项错误有二:一是检察官离任后,终身不得在原任职检察院担任诉讼代理人或者辩护人,不限于 2 年内;二是并非任何时候均不能担任,而是存在例外,作为当事人的监护人或者近亲属代理诉讼或者进行辩护是允许的。故 C 项错误。

《检察官法》第 37 条第 3 款规定:"检察官被开除后,不得担任诉讼代理人或者辩护人,但是作为当事人的监护人或者近亲属代理诉讼或者进行辩护的除外。"注意,开除和辞退性质不同,此处应是开除,故 D 项错误。

法条变更	《中华人民共和国检察官法》2019 年 4 月 23 日第十三届全国人民代表大会常务委员会第十次会议修订

423. 检察制度的基本原则[C]

[解析]《人民检察院组织法》第 29 条规定:"检察官在检察长领导下开展工作,重大办案事项由检察长决定。检察长可以将部分职权委托检察官行使,可以授权检察官签发法律文书。"第 32 条第 2 款规定:"检察委员会会议由检察长或者检察长委托的副检察长主持。检察委员会实行民主集中制。"第 33 条第 1 款规定:"检察官可以就重大案件和其他重大问题,提请检察长决定。检察长可以根据案件情况,提交检察委员会讨论决定。"可知,我国实行的是检察长负责制和检察委员会民主集中制相结合的检察院负责制。故 A 项错误。

《人民检察院组织法》第 21 条规定:"人民检察院行使本法第二十条规定的法律监督职权,可以进行调查核实,并依法提出抗诉、纠正意见、检察建议。有关单位应当予以配合,并及时将采纳纠正意见、检察建议的情况书面回复人民检察院。抗诉、纠正意见、检察建议的适用范围及其程序,依照法律有关规定。"第 24 条规定:"上级人民检察院对下级人民检察院行使下列职权:(一)认为下级人民检察院的决定错误的,指令下级人民检察院纠正,或者依法撤销、变更;(二)可以对下级人民检察院管辖的案件指定管辖;(三)可以办理下级人民检察院管辖的案件;(四)可以统一调用辖区内的检察人员办理案件。上级人民检察院的决定,应当以书面形式作出。"可知,上级人民检察院对下级人民检察院有检察建议、依法撤销和变更的职权。故B项错误。

各地各级检察机关之间具有职能协助的义务。故C项正确。

检察官之间和检察院之间在职务上可以发生相互承继、转移、代理关系。故D项错误。

424. 深化人民监督员制度[D]

[解析] 人民监督员制度是人民检察院主动接受社会监督的一种外部监督制度，它可以确保检察机关职务犯罪侦查、起诉权的正确行使。故A项正确。

《中共中央关于全面推进依法治国若干重大问题的决定》指出："完善人民监督制度，重点监督检察机关查办职务犯罪的立案、羁押、扣押冻结财物、起诉等环节的执法活动。"故B项正确。

《人民监督员选任管理办法》第4条第1款规定，人民监督员由省级和设区的市级司法行政机关负责选任管理。故C项正确。

《人民监督员选任管理办法》第20条第1款规定，司法行政机关从人民监督员信息库中随机抽选，联络确定参加监督活动的人民监督员，并通报人民检察院。由此可知，人民监督员的选择方式是随机抽选而不是随机挑选。故D项错误。

425. 检察制度[ABD]

[解析] 推动省以下地方检察院人财物统一管理，探索建立与行政区划适当分离的司法管辖制度，有利于检察院、检察官摆脱地方政府的不良影响，独立行使职权，同时有利于检察院系统统一行使职权，且将有助于强化检察机关的法律监督作用。故A、B、D项正确。

检务公开是指检察机关依法向社会和诉讼参与人公开与检察职权相关的不涉及国家秘密和个人隐私等有关的活动和事项。是否建立省以下地方检察院人财物的统一管理制度，并不会直接影响检察院的检务公开活动。故C项错误。

考点65 律师制度

426. 律师执业行为规范；检察官职前培训；兼职律师[D]

[解析]《律师执业行为规范(试行)》第52条规定："有下列情形之一的，律师应当告知委托人并主动提出回避，但委托人同意其代理或者继续承办的除外：(一)接受民事诉讼、仲裁案件一方当事人的委托，而同所的其他律师是该案件中对方当事人的近亲属的；……"据此，A项情形在委托人王某同意的情况下仍可代理案件，不属于法定应当解除代理关系的情形。故A项错误。

《律师法》第55条规定："没有取得律师执业证书的人员以律师名义从事法律服务业务的，由所在地的县级以上地方人民政府司法行政部门责令停止非法执业，没收违法所得，处违法所得一倍以上五倍以下的罚款。"故非予以警告处罚，B项错误。

《检察官法》第31条规定："初任检察官实行统一职前培训制度。"据此，丙并非初任检察官，无须参加统一职前培训，故C项错误。

《律师法》第12条规定："高等院校、科研机构中从事法学教育、研究工作的人员，符合本法第五条规定条件的，经所在单位同意，依照本法第六条规定的程序，可以申请兼职律师执业。"故D项正确。

427. 司法公正；律师的权利[B]

[解析]《最高人民法院、最高人民检察院、公安部、国家安全部、司法部关于刑事诉讼法律援助工作的规定》第5条第1款规定，公安机关、人民检察院在第一次讯问犯罪嫌疑人或者采取强制措施的时候，应当告知犯罪嫌疑人有权委托辩护人，并告知其如果符合本规定第2条规定(因经济困难或其他原因没有委托辩护人)，本人及其近亲属可以向法律援助机构申请法律援助。据此，公安机关对法律援助有告知的义务。故A项错误。

《最高人民法院、最高人民检察院、公安部、国家安全部、司法部关于依法保障律师执业权利的规定》第26条规定："有条件的人民法院应当建立律师参与诉讼专门通道，律师进入人民法院参与诉讼确需安全检查的，应当与出庭履行职务的检察人员同等对待。有条件的人民法院应当设置专门的律师更衣室、休息室或者休息区域，并配备必要的桌椅、饮水及上网设施等，为律师参与诉讼提供便利。"B项是对律师加强人权司法保障的表现，符合要求。故B项正确。

《最高人民法院、最高人民检察院、公安部、国家安全部、司法部关于依法保障律师执业权利的规定》第36条规定："人民法院适用普通程序审理案件，应当在裁判文书中写明律师依法提出的辩护、代理意见，以及是否采纳的情况，并说明理由。"第38条规定："法庭审理过程中，律师就回避，案件管辖，非法证据排除，申请通知证人、鉴定人、有专门知识的人出庭，申请通知新的证人到庭，调取新的证据，申请重新鉴定、勘验等问题当庭提出申请，或者对法庭审理程序提出异议的，法庭原则上应当休庭进行审查，依照法定程序作出决定。其他律师有相同异议的，应当一并提出，法庭一并休庭审查。法庭决定驳回申请或者异议的，律师可当庭提出复议。经复议后，律师应当尊重法庭的决定，服从法庭的安排。律师不服法庭决定保留意见的内容应当详细记入法庭笔录，可以作为上诉理由，或者向同级或者上一级人民检察院申诉、控告。"司法公正要求冲突的解决应当听取双方的辩论和证据，律师在法庭上的辩护意见以及提供的各种线索和意见，法官必须充分重视。故C、D项错误。

理论法[答案详解]

428. 律师事务所的管理[B]

[解析]《律师事务所管理办法》第44条规定："律师事务所应当在法定业务范围内开展业务活动,不得以独资、与他人合资或者委托持股方式兴办企业,并委派律师担任企业法定代表人、总经理职务,不得从事与法律服务无关的其他经营性活动。"据此,律所不得出资设立企业,也不得委派律师担任企业总经理,故A项错误。

《律师事务所管理办法》第43条规定："律师事务所应当建立违规律师辞退和除名制度,对违法违规执业、违反本所章程及管理制度或者年度考核不称职的律师,可以将其辞退或者经合伙人会议通过将其除名,有关处理结果报所在地县级司法行政机关和律师协会备案。"由此可知,律师事务所有权依法除名或者辞退律师。故B项正确。

《律师事务所管理办法》第56条规定："律师事务所应当建立律师表彰奖励制度,对依法、诚信、规范执业表现突出的律师予以表彰奖励。"因此,律所奖励律师是律所的职权,不需要律协批准。故C项错误。

《律师事务所管理办法》第57条第2款规定："已担任合伙人的律师受到六个月以上停止执业处罚的,自处罚决定生效之日起至处罚期满后三年内,不得担任合伙人。"祝律师处罚期满未超过3年,无权担任合伙人。故D项错误。

429. 律师执业规范[AB]

[解析]《律师执业管理办法》第31条第1款规定："律师担任辩护人的,应当根据事实和法律,提出犯罪嫌疑人、被告人无罪、罪轻或者减轻、免除其刑事责任的材料和意见,维护犯罪嫌疑人、被告人的诉讼权利和其他合法权益。"律师享有调查取证权和辩护权。故A项正确。

《律师执业管理办法》第37条规定："律师承办业务,应当引导当事人通过合法的途径、方式解决争议,不得采取煽动、教唆和组织当事人或者其他人员到司法机关或者其他国家机关静坐、举牌、打横幅、喊口号、声援、围观等扰乱公共秩序、危害公共安全的非法手段,聚众滋事,制造影响,向有关部门施加压力。"乙律师及时有效的劝阻,符合法律规定。故B项正确。

《律师执业管理办法》第35条规定："律师承办业务,应当诚实守信,不得接受对方当事人的财物或其他利益,与对方当事人、第三人恶意串通,向对方当事人、第三人提供不利于委托人的信息、证据材料,侵害委托人的权益。"丙律师告诉对方的做法是向对方当事人提供不利于委托人的信息,侵害委托人的权益,故C项错误。

《律师执业管理办法》第41条规定："律师应当按照有关规定接受业务,不得为争揽业务哄骗、唆使当

事人提起诉讼,制造、扩大矛盾,影响社会稳定。"丁律师的做法属于恶意欺骗当事人的行为。故D项错误。

430. 律师的权利和义务[C]

[解析]《最高人民法院、最高人民检察院、公安部、国家安全部、司法部关于依法保障律师执业权利的规定》第6条第1款规定："辩护律师接受犯罪嫌疑人、被告人委托或者法律援助机构的指派后,应当告知办案机关,并可以依法向办案机关了解犯罪嫌疑人、被告人涉嫌或者被指控的罪名及当时已查明的该罪的主要事实,犯罪嫌疑人、被告人被采取、变更、解除强制措施的情况,侦查机关延长侦查羁押期限等情况,办案机关应当依法及时告知辩护律师。"因此,县公安局的做法是错误的。故A项错误。

《最高人民法院、最高人民检察院、公安部、国家安全部、司法部关于依法保障律师执业权利的规定》第7条第3款规定："看守所应当设立会见预约平台,采取网上预约、电话预约等方式为辩护律师会见提供便利,但不得以未预约会见为由拒绝安排辩护律师会见。"因此,看守所以预约作为会见的必备条件是错误的。故B项错误。

《最高人民法院、最高人民检察院、公安部、国家安全部、司法部关于依法保障律师执业权利的规定》第9条规定,辩护律师在侦查期间要求会见危害国家安全犯罪、恐怖活动犯罪、特别重大贿赂犯罪案件在押的犯罪嫌疑人的,应当向侦查机关提出申请……因有碍侦查或者可能泄露国家秘密而不许可会见的,应当向辩护律师说明理由。故C项正确。

《最高人民法院、最高人民检察院、公安部、国家安全部、司法部关于依法保障律师执业权利的规定》第35条规定:"辩护律师作无罪辩护的,可以当庭就量刑问题发表辩护意见,也可以庭后提交量刑辩护意见。"故D项错误。

431. 律师与委托人或当事人的关系规范;律师收费制度[D]

[解析]《律师执业行为规范(试行)》第83条规定:"律师或律师事务所相互之间不得采用下列手段排挤竞争对手的公平竞争:……(二)为争揽业务,不正当获取其他律师和律师事务所收费报价或者其他提供法律服务的条件……"律师私下了解他所报价并以较低收费接受委托,属于以不正当手段承揽业务。故A项错误。

本案为买卖合同纠纷,不属于法律规定的应受理的精神损害赔偿案件种类范围。另外,代书起诉状时,律师无权要求委托人必须提出某种诉讼请求。故B项错误。

《律师服务收费管理办法》第13条规定,实行风险代理收费,律师事务所应当与委托人签订风险代理

收费合同,约定双方应承担的风险责任、收费方式、收费数额或比例。实行风险代理收费,最高收费金额不得高于收费合同约定标的额的30%。选项中"律师事务所可按照胜诉金额的一定比例另收办案费用",此处收费应属于风险代理收取的律师服务费,而不属于办案费用。故C项错误。

《律师法》第54条规定:"律师违法执业或者因过错给当事人造成损失的,由其所在的律师事务所承担赔偿责任。律师事务所赔偿后,可以向有故意或者重大过失行为的律师追偿。"律师代理意见未被法庭采纳并非律师执业违法行为,律师也无过错,不应承担赔偿责任。故D项正确。

432. 律师的权利和义务[AC]

[解析]《最高人民检察院关于依法保障律师执业权利的规定》第5条规定,人民检察院在会见时不得派员在场,不得通过任何方式监听律师会见的谈话内容。故A项正确。

《最高人民检察院关于依法保障律师执业权利的规定》第6条规定,律师查阅、摘抄、复制案卷材料应当在人民检察院设置的专门场所进行。必要时,人民检察院可以派员在场协助。故B项错误。

《最高人民检察院关于依法保障律师执业权利的规定》第7条第1款规定,人民检察院应当依法保障律师在刑事诉讼中的申请收集、调取证据权。律师收集到有关犯罪嫌疑人不在犯罪现场、未达到刑事责任年龄、属于依法不负刑事责任的精神病人的证据,告知人民检察院的,人民检察院相关办案部门应当及时进行审查。故C项正确。

《最高人民检察院关于依法保障律师执业权利的规定》第8条规定,人民检察院应当主动听取并高度重视律师意见。法律未作规定但律师要求听取意见的,也应当及时安排听取。而不仅是可以安排听取。故D项错误。

433. 律师与当事人代理关系中的禁止事项[C]

[解析] A项可以建立或维持委托关系。

《律师执业行为规范(试行)》第52条规定:"有下列情形之一的,律师应当告知委托人并主动提出回避,但委托人同意其代理或者继续承办的除外:(一)接受民事诉讼、仲裁案件一方当事人的委托,而同所的其他律师是该案件中对方当事人的近亲属的……(五)在委托关系终止后一年内,律师又就同一法律事务接受与原委托人有利害关系的对方当事人的委托的……"故B、D项可以建立或维持委托关系。

《律师执业行为规范(试行)》第51条规定:"有下列情形之一的,律师及律师事务所不得与当事人建立或维持委托关系:……(五)在民事诉讼、行政诉讼、仲裁案件中,同一律师事务所的不同律师同时担任争

议双方当事人的代理人,或者本所或其工作人员为一方当事人,本所其他律师担任对方当事人的代理人的……"故C项不能建立或维持委托关系。

考点66 法律援助制度

434. 法律援助[BD]

[解析]《法律援助法》第38条规定,对非诉讼事项的法律援助,由申请人向争议处理机关所在地或者事由发生地的法律援助机构提出申请。黄某来某县打工,讨薪事由发生于某县,故其向该县法律援助中心提出申请是正确的,县法律援助中心的做法不正确。故A项错误。

《法律援助法》第49条规定:"申请人、受援人对法律援助机构不予法律援助、终止法律援助的决定有异议的,可以向设立该法律援助机构的司法行政部门提出。司法行政部门应当自收到异议之日起五日内进行审查,作出维持法律援助机构决定或者责令法律援助机构改正的决定。申请人、受援人对司法行政部门维持法律援助机构决定不服的,可以依法申请行政复议或者提起行政诉讼。"不服法律援助机构的援助决定,应当向该援助机构所属的行政机关提出异议。故B项正确。

《法律援助法》第62条第1项规定,律师事务所、基层法律服务所无正当理由拒绝接受法律援助机构指派,由司法行政部门依法给予处罚。《律师法》第50条规定,律师事务所拒绝履行法律援助义务的,设区的市级或者直辖市的区人民政府司法行政部门可以视其情节给予警告等处罚。据此,县司法局没有对该律所处罚的权力。故C项错误。

《律师法》第54条规定,律师违法执业或者因过错给当事人造成损失的,由其所在的律师事务所承担赔偿责任。律师事务所赔偿后,可以向有故意或者重大过失行为的律师追偿。因此,律师在执业行为中的行为与法律援助中心无关,应由黄某所在的律师事务所承担赔偿责任,而非法律援助中心承担赔偿责任。故D项正确。

435. 法律援助实施[CD]

[解析]《最高人民法院、最高人民检察院、公安部、国家安全部、司法部关于刑事诉讼法律援助工作的规定》第2条第1款规定:"犯罪嫌疑人、被告人因经济困难没有委托辩护人的,本人及其近亲属可以向办理案件的公安机关、人民检察院、人民法院所在地同级司法行政机关所属法律援助机构申请法律援助。"乙在邻县涉嫌犯罪,却向所在地A县法律援助中心提起申请。故B项错误。第2款规定:"具有下列情形之一,犯罪嫌疑人、被告人没有委托辩护人的,可以依照前款规定申请法律援助:……(三)人民检察院抗诉的……"区法院应当告知当事人有权申请法律援

理论法 [答案详解]

助,而不是通知法律援助中心。故 A 项错误。

《最高人民法院、最高人民检察院、公安部、国家安全部、司法部关于刑事诉讼法律援助工作的规定》第 24 条规定,犯罪嫌疑人、被告人及其近亲属、法定代理人,强制医疗案件中的被申请人、被告人的法定代理人认为公安机关、人民检察院、人民法院应当告知其可以向法律援助机构申请法律援助而没有告知,或者应当通知法律援助机构指派律师为其提供辩护或者诉讼代理而没有通知的,有权向同级或者上一级人民检察院申诉或者控告。故 C 项正确。

《最高人民法院、最高人民检察院、公安部、国家安全部、司法部关于刑事诉讼法律援助工作的规定》第 15 条第 2 款规定,对于应当通知辩护的案件,犯罪嫌疑人、被告人拒绝法律援助机构指派的律师为其辩护的,公安机关、人民检察院、人民法院应当查明拒绝的原因,有正当理由的,应当准许,同时告知犯罪嫌疑人、被告人需另行委托辩护人。由此可知,县法院告知其可另行委托律师的做法符合规定。故 D 项正确。

436. 法律援助制度[C]

[解析]《法律援助法》第 41 条第 1 款规定:"因经济困难申请法律援助的,申请人应当如实说明经济困难状况。"法律未限定形式要求,故 A 项错误。

《最高人民法院、最高人民检察院、公安部、国家安全部、司法部关于刑事诉讼法律援助工作的规定》第 2 条第 2 款规定:"具有下列情形之一,犯罪嫌疑人、被告人没有委托辩护人的,可以依照前款规定申请法律援助:(一)有证据证明犯罪嫌疑人、被告人属于一级或者二级智力残疾的;(二)共同犯罪案件中,其他犯罪嫌疑人、被告人已委托辩护人的;(三)人民检察院抗诉的;(四)案件具有重大社会影响的。"本题属于检察院抗诉的案件,无需审查经济状况。故 B 项错误。

《刑事诉讼法》第 35 条第 1 款规定:"犯罪嫌疑人、被告人因经济困难或者其他原因没有委托辩护人的,本人及其近亲属可以向法律援助机构提出申请。对符合法律援助条件的,法律援助机构应当指派律师为其提供辩护。"刑事案件中的法律援助只能指派律师。故 C 项正确。

《最高人民法院、最高人民检察院、公安部、国家安全部、司法部关于刑事诉讼法律援助工作的规定》第 23 条规定:"申请人对法律援助机构不予援助的决定有异议的,可以向主管该法律援助机构的司法行政机关提出……"审查申请人异议的主体是主管法律援助机构的司法行政机关,而非法律援助机构。故 D 项错误。

437. 法律援助制度[B]

[解析]《法律援助法》第 2 条规定,法律援助属于无偿法律服务,不能收取任何费用,故 A 项说法错误。

《法律援助法》第 48 条第 6 项规定,受援人自行委托律师或者其他代理人,法律援助机构应当作出终止法律援助的决定。故 B 项说法正确。

《刑事诉讼法》第 278 条规定,未成年犯罪嫌疑人、被告人没有委托辩护人的,人民法院、人民检察院、公安机关应当通知法律援助机构指派律师为其提供辩护,故 C 项说法错误。

开展简易的法律咨询往往是法律援助机构接受援助申请的渠道之一,不需要审查经济条件,故 D 项说法错误。

438. 法律援助相关知识[C]

[解析]《刑诉解释》第 48 条规定:"具有下列情形之一,被告人没有委托辩护人的,人民法院可以通知法律援助机构指派律师为其提供辩护:(一)共同犯罪案件中,其他被告人已经委托辩护人的;……"同时,据《最高人民法院、最高人民检察院、公安部、国家安全部、司法部关于刑事诉讼法律援助工作的规定》第 2 条规定,犯罪嫌疑人、被告人因经济困难没有委托辩护人的,本人及其近亲属可以向办理案件的公安机关、人民检察院、人民法院所在地同级司法行政机关所属法律援助机构申请法律援助。具有下列情形之一,犯罪嫌疑人、被告人没有委托辩护人的,可以依照前款规定申请法律援助:……(二)共同犯罪案件中,其他犯罪嫌疑人、被告人已委托辩护人的……故 A 项正确。

《法律援助法》第 62 条第 2 项规定,律师事务所、基层法律服务所接受指派后,不及时安排本所律师、基层法律服务工作者办理法律援助事项或者拒绝为本所律师、基层法律服务工作者办理法律援助事项提供支持和保障,由司法行政部门依法给予处罚。《律师法》第 50 条规定,律师事务所拒绝履行法律援助义务的,设区的市级或者直辖市的区人民政府司法行政部门可以视其情节给予警告等处罚。故 B 项正确。

《法律援助法》第 2 条规定:"本法所称法律援助,是国家建立的为经济困难公民和符合法定条件的其他当事人无偿提供法律咨询、代理、刑事辩护等法律服务的制度,是公共法律服务体系的组成部分。"据此,法律援助均是无偿的,不存在有偿服务。故 C 项错误。

我国刑诉法明确规定,人民检察院依法对刑事诉讼实行法律监督。另外,《最高人民法院、最高人民检察院、公安部、国家安全部、司法部关于刑事诉讼法律援助工作的规定》第 16 条规定:"人民检察院审查批准逮捕时,认为犯罪嫌疑人具有应当通知辩护的情形,公安机关未通知法律援助机构指派律师的,应当通知公安机关予以纠正,公安机关应当将纠正情况通知人民检察院。"故 D 项正确。

439. 我国法律援助制度的内容、特征[C]

[解析] 我国的法律援助制度是政府的一项重要职责,体现了国家和政府对公民应尽的义务和责任。法律援助性质上是一种社会保障制度,它通过为贫困或处于不利地位的人提供免费的法律服务,使他们为法律所认可的权利得以实现。故 A 项正确,不当选。

法律援助实施的主体包括四类:一是法律援助机构的专业人员;二是律师事务所的律师;三是公证机关的公证员;四是基层法律服务工作者。其中,律师主要提供诉讼法律援助和非诉法律援助;公证员提供公证事项的法律援助;基层法律服务工作者主要提供法律咨询、代书、普通非诉事项的帮助等。故 B 项正确,不当选。

《法律援助法》第 12 条规定:"县级以上人民政府司法行政部门应当设立法律援助机构。法律援助机构负责组织实施法律援助工作,受理、审查法律援助申请,指派律师、基层法律服务工作者、法律援助志愿者等法律援助人员提供法律援助,支付法律援助补贴。"对公民的法律援助申请和法院指派的法律援助案件,由法律援助机构统一受理、审查、指派、监督,不能委托慈善机构办理。故 C 项错误,当选。

我国法律援助对象,既包括符合法定受援条件的经济困难者,也包括法律特别规定的残疾者、弱者;与中国签订法律援助司法协议国家或地区的外国人及无国籍人,符合条件的,也可以申请法律援助。对此,《法律援助法》第 42 条规定:"法律援助申请人有材料证明属于下列人员之一的,免予核查经济困难状况:(一)无固定生活来源的未成年人、老年人、残疾人等特定群体;(二)社会救助、司法救助或者优抚对象;(三)申请支付劳动报酬或者请求工伤事故人身损害赔偿的进城务工人员;(四)法律、法规、规章规定的其他人员。"第 69 条规定:"对外国人和无国籍人提供法律援助,我国法律有规定的,适用法律规定;我国法律没有规定的,可以根据我国缔结或者参加的国际条约,或者按照互惠原则,参照适用本法的相关规定。"故 D 项正确,不当选。

440. 律师事务所设立条件;检察官的考核制度;法官的奖励制度;法律援助的申请条件[ACD]

[解析]《律师法》第 14 条规定:"律师事务所是律师的执业机构。设立律师事务所应当具备下列条件:……(三)设立人应当具有一定的执业经历,且三年内未受过停止执业处罚的律师;……"沈律师从 2003 年至今专职从事律师业务,未受过停止执业处罚,故可成为律师事务所的设立人。故 A 项正确。

《检察官法》第 42 条规定:"对检察官的考核内容包括:检察工作实绩、职业道德、专业水平、工作能力、工作作风。重点考核检察工作实绩。"《检察人员纪律处分条例》第 145 条规定:"违反有关规定使用、管理警械、警具的,给予警告、记过或者记大过处分;造成严重后果或者恶劣影响的,给予降级、撤职或者开除处分。"《检察人员纪律处分条例》第 146 条第 1 款规定:"违反有关规定使用、管理警车的,给予警告、记过或者记大过处分;造成严重后果或者恶劣影响的,给予降级、撤职或者开除处分。"因为有处分,所以年终考核不能得到优秀的考核结果。故 B 项错误。

《法官法》第 45 条规定:"法官有下列表现之一的,应当给予奖励:……(二)总结审判实践经验成果突出,对审判工作有指导作用的;……"故 C 项正确。

《法律援助法》第 24 条规定:"刑事案件的犯罪嫌疑人、被告人因经济困难或者其他原因没有委托辩护人的,本人及其近亲属可以向法律援助机构申请法律援助。"故 D 项正确。

考点67 公证制度

441. 公证事项;公证程序;公证效力[D]

[解析] 本案属于为保全证据进行公证,《公证法》第 11 条第 1 款规定:"根据自然人、法人或者其他组织的申请,公证机构办理下列公证事项:……(九)保全证据;……"故 A 项错误。

《公证法》第 25 条第 1 款规定,自然人、法人或者其他组织申请办理公证,可以向住所地、经常居住地、行为地或者事实发生地的公证机构提出。住所地、经常居住地、行为地或者事实发生地如果在不同地域,则会存在跨区域办理公证的情况,这并不违规。故 B 项错误。

乙公司的代理律师亲自去甲商场购买侵权产品,这属于正常的调查取证,不违反律师职业道德。故 C 项错误。

《公证法》第 13 条第 1 项规定,公证机构不得为不真实、不合法的事项出具公证书。甲商场提供的监控录像显示公证时间内律师和公证员并未进入甲商场,则表明公证书的内容不真实,公证书不具有法律效力。故 D 项正确。

442. 公证机构的设立;公证员的任职条件[C]

[解析]《公证法》第 12 条第 3 项规定,保管遗嘱、遗产或者其他与公证事项有关的财产、物品、文书,根据自然人、法人或者其他组织的申请,公证机构可以办理该事项。公证机构保管不需要出具公证书,而是出具保管证书,故 A 项错误。

《公证法》第 9 条规定:"设立公证机构,由所在地的司法行政部门报省、自治区、直辖市人民政府司法行政部门按规定程序批准后,颁发公证机构执业证书。"颁发公证机构执业证书,不需要司法部批准,故B项错误。

《公证员执业管理办法》第8条规定:"符合本办法第七条第(一)项、第(二)项、第(三)项规定,并具备下列条件之一,已经离开原工作岗位的,经考核合格,可以担任公证员:(一)从事法学教学、研究工作,具有高级职称的人员;(二)具有本科以上学历,从事审判、检察、法制工作、法律服务满十年的公务员、律师。"贾教授从事法学教学工作,且具有教授的高级职称,故C项正确。

《公证法》第20条规定:"有下列情形之一的,不得担任公证员:……(二)因故意犯罪或者职务过失犯罪受过刑事处罚的;……"交通肇事罪属于一般过失犯罪,甄某具备申请公证员的条件。故D项错误。

443. 公证制度与公证员职业道德[C]

[解析]《公证法》第7条规定,公证机构按照统筹规划、合理布局的原则,可以在县、不设区的市、设区的市、直辖市或者市辖区设立。A项说法前半句正确。《公证机构执业管理办法》第19条第2款规定:"公证机构名称中的字号,应当由二个以上文字组成,并不得与所在省、自治区、直辖市内设立的其他公证机构的名称中的字号相同或者近似。"A项说法后半句错在"国内"。故A项错误。

《公证法》第21条规定:"担任公证员,应当由符合公证员条件的人员提出申请,经公证机构推荐,由所在地的司法行政部门报省、自治区、直辖市人民政府司法行政部门审核同意后,报请国务院司法行政部门任命,并由省、自治区、直辖市人民政府司法行政部门颁发公证员执业证书。"因此,公证员由司法部任命,但是可由省级司法行政部门颁发执业证书和变更执业机构。故B项错误。

《公证法》第25条第2款规定:"申请办理涉及不动产的公证,应当向不动产所在地的公证机构提出;申请办理涉及不动产的委托、声明、赠与、遗嘱的公证,可以适用前款规定。"《公证法》第26条规定:"自然人、法人或者其他组织可以委托他人办理公证,但遗嘱、生存、收养关系等应当由本人办理公证的除外。"房屋买卖手续公证不在禁止委托代理的范围内,其子向房屋所在地公证处申请公证,符合规定。故C项正确。

《公证法》第39条规定:"当事人、公证事项的利害关系人认为公证书有错误的,可以向出具该公证书的公证机构提出复查。公证书的内容违法或者与事实不符的,公证机构应当撤销该公证书并予以公告,该公证书自始无效;公证书有其他错误的,公证机构应当予以更正。"据此,王某只能提出"复查",而不是"复议"。故D项错误。

444. 公证业务范围;公证程序与效力[C]

[解析]《公证法》第11条规定:"根据自然人、法人或者其他组织的申请,公证机构办理下列公证事项:……(九)保全证据;……"A项属于保全证据的事项,不得拒绝。故A项错误。

《公证法》第26条规定:"自然人、法人或者其他组织可以委托他人办理公证,但遗嘱、生存、收养关系等应当由本人办理公证的除外。"故B项错误。

《公证法》第28条规定:"公证机构办理公证,应当根据不同公证事项的办证规则,分别审查下列事项:(一)当事人的身份、申请办理该项公证的资格以及相应的权利;(二)提供的文书内容是否完备,含义是否清晰,签名、印鉴是否齐全;(三)提供的证明材料是否真实、合法、充分;(四)申请公证的事项是否真实、合法。"公证机构在办理公证业务时,主要审查公证内容的真实性与合法性,既要进行形式审查,也要进行实质审查。故C项正确。

《公证法》第37条规定:"对经公证的以给付为内容并载明债务人愿意接受强制执行承诺的债权文书,债务人不履行或者履行不适当的,债权人可以依法向有管辖权的人民法院申请执行。前款规定的债权文书确有错误的,人民法院裁定不予执行,并将裁定文书送达双方当事人和公证机构。"第39条规定:"当事人、公证事项的利害关系人认为公证书有错误的,可以向出具该公证书的公证机构提出复查。公证书的内容违法或者与事实不符的,公证机构应当撤销该公证书并予以公告,该公证书自始无效;公证书有其他错误的,公证机构应当予以更正。"据此,债权文书确有错误的,法院裁定不予执行,但无权撤销公证书,只有作出公证的公证机关才有权撤销。故D项错误。

445. 公证遗嘱的办理及效力;公证员职责;公证机构事务[B]

[解析]甲申办的是遗嘱公证,应由其本人亲自申办,不能让其侄子代为申办。另外,其侄子本身是公证员,也不得代理甲在其公证机构申办公证。据《公证法》第26条规定,自然人、法人或者其他组织可以委托他人办理公证,但遗嘱、生存、收养关系等应当由本人办理公证的除外。故A项错误。

从履行职责和职业道德的角度考虑,基于便民服务的原则,根据当事人的申请,公证员可以到公证处以外为其办理公证。故B项正确。

《公证法》第12条规定:"根据自然人、法人或者其他组织的申请,公证机构可以办理下列事务:……(三)保管遗嘱、遗产或者其他与公证事项有关的财产、物品、文书;……"故C项错误。

《民法典》第1142条第3款规定:"立有数份遗嘱,内容相抵触的,以最后的遗嘱为准。"故D项错误。

446. 公证的对象［C］

［解析］《公证法》第31条规定："有下列情形之一的,公证机构不予办理公证:(一)无民事行为能力人或者限制民事行为能力人没有监护人代理申请办理公证的;(二)当事人与申请公证的事项没有利害关系的;(三)申请公证的事项属专业技术鉴定、评估事项的;(四)当事人之间对申请公证的事项有争议的;(五)当事人虚构、隐瞒事实,或者提供虚假证明材料的;(六)当事人提供的证明材料不充分或者拒绝补充证明材料的;(七)申请公证的事项不真实、不合法的;(八)申请公证的事项违背社会公德的;(九)当事人拒绝按照规定支付公证费的。"本题,A项中马某不仅持有复印件还多处修改,真实性难以保证,触犯第6、7项的规定。故A项错误。B、D两项的行为均触犯第8项的规定,且不属于第11条中的任何一项内容。故B、D项错误。

《公证法》第11条规定："根据自然人、法人或者其他组织的申请,公证机构办理下列公证事项:……(四)财产分割;……"婚前财产公证符合上述第4项规定,可以公证。故C项正确。

专题十七　法官职业道德

考点68 法官职业道德

447. 法官、检察官职业道德［AD］

［解析］《最高人民法院、最高人民检察院、司法部关于建立健全禁止法官、检察官与律师不正当接触交往制度机制的意见》第3条第1款第3项规定,严禁法官、检察官为律师介绍案件;为当事人推荐、介绍律师作为诉讼代理人、辩护人;要求、建议或者暗示当事人更换符合代理条件的律师;索取或者收受案件代理费或者其他利益。陈检察官告知其监护人聘请熟悉未成年人心智的辩护律师,并不属于为当事人推荐律师的行为,不违反法律职业道德。故A项当选。

《最高人民法院、最高人民检察院、司法部关于建立健全禁止法官、检察官与律师不正当接触交往制度机制的意见》第3条第1款第2项规定,严禁法官、检察官向律师泄露案情、办案工作秘密或者其他依法依规不得泄露的情况。卢法官向律师泄露办案法官的家庭住址、电话号码等个人信息违反上述规定。故B项不当选。

《最高人民法院、最高人民检察院、司法部关于建立健全禁止法官、检察官与律师不正当接触交往制度机制的意见》第3条第1款第5项规定,严禁法官、检察官以提供法律咨询、法律服务等名义接受律师事务所或者律师输送的相关利益。冯法官收取赵律师1万元咨询费属于违规行为。故C项不当选。

《最高人民法院、最高人民检察院、司法部关于建立健全禁止法官、检察官与律师不正当接触交往制度机制的意见》第3条第1款第1项和第5项规定,严禁法官、检察官在案件办理过程中,非因办案需要且未经批准在非工作场所、非工作时间与辩护、代理律师接触。严禁法官、检察官非因工作需要且未经批准,擅自参加律师事务所或者律师举办的讲座、座谈、研讨、培训、论坛、学术交流、开业庆典等活动。A项中法官、检察官与律师并非在办案过程中接触,也未特别指明所参加的培训是律所或律师举办,培训后一起在食堂用餐并研讨并不违反规定。故D项当选。

448. 法官、检察官执行职务中违纪行为的责任［D］

［解析］《人民法院工作人员处分条例》第104条第1款规定："参与迷信活动,造成不良影响的,给予警告、记过或者记大过处分。"故A项错误。

《人民法院工作人员处分条例》没有对此类情形作出相应的规定,也没有见义勇为的职务要求。故B项错误。

《最高人民法院、最高人民检察院、公安部、国家安全部、司法部关于进一步规范司法人员与当事人、律师、特殊关系人、中介组织接触交往行为的若干规定》规定,严禁司法人员有下列行为:要求、建议或者暗示当事人更换符合代理条件的律师。故C项错误。

《人民检察院信访工作规定》第32条第2款规定:"不属于本院管辖的信访事项,应当转送有关主管机关处理,并告知信访人。"因此,刘检察官的做法是恰当的。故D项正确。

449. 法官职业道德的主要内容;法官执行职务中违纪行为的责任［ACD］

［解析］确保司法廉洁的内容之一是不得接受当事人的财物和其他利益。故A项正确。

《人民法院工作人员处分条例》第14条规定："主动交待违纪违法行为,并主动采取措施有效避免或者挽回损失的,应当在本条例分则规定的处分幅度以外降低一个档次给予减轻处分。应当给予警告处分,又有减轻处分情形的,免予处分。"注意是"减轻",而非"从轻"。故B项错误。

《人民法院工作人员处分条例》第15条规定："违纪违法行为情节轻微,经过批评教育后改正的,可以免予处分。"故C项正确。

《人民法院工作人员处分条例》第18条第1款规定:"对违纪违法取得的财物和用于违纪违法的财物,应当没收、追缴或者责令退赔。没收、追缴的财物,一律上缴国库。"故D项正确。

450. 法律职业道德和执业纪律［AD］

［解析］《法官职业道德基本准则》第7条规定,法官应当保守国家秘密和审判工作秘密。不论是否

故意,赵法官透露了未审结案件的内部讨论意见,违反了职业道德。故 A 项当选。

检察官职业道德禁止检察官兼职和从事营利性活动,钱检察官免费出任当地旅游局对外宣传的"形象大使",这不属于兼职行为,"免费"则说明不具有营利性质,钱检察官的行为不违反该项规定。故 B 项不当选。

《律师法》第 38 条第 2 款规定:"律师对在执业活动中知悉的委托人和其他人不愿泄露的有关情况和信息,应当予以保密。但是,委托人或者其他人准备或者正在实施危害国家安全、公共安全以及严重危害他人人身安全的犯罪事实和信息除外。"孙律师的行为显然不在上述犯罪之列,没有违反职业道德。故 C 项不当选。

《公证程序规则》第 11 条第 2 款规定:"公证员、公证机构的其他工作人员不得代理当事人在本机构申办公证。"李公证员违反了职业道德。故 D 项当选。

451. 法律职业人员回避制度[CD]

[解析] 为确保司法公正,我国《刑事诉讼法》第 29 条、《民事诉讼法》第 47 条、《公证员职业道德基本准则》第 4 条明确规定,法官、检察官、公证员与案件当事人存在近亲属关系时,应当自行回避,当事人也有权申请回避。律师不得代理与本人或者近亲属有利益冲突的法律事务,这是指律师代理的案件不得与律师或其近亲属有利害关系,并非禁止律师代理其近亲属的案件。故 A 项错误。

《法官职业道德基本准则》第 13 条、《公证员职业道德基本准则》第 4 条均明确规定了法官、公证员的回避要求,但《检察官职业道德基本准则》《律师职业道德基本准则》中并无回避的规定。故 B 项错误。

由于亲情具有一定的非理性和高度人身依附性等特点,这与公务活动的依法、公正、严肃等基本要求存在本质冲突,因此,除诉讼法规定的诉讼回避外,《法官法》第 24 条和《检察官法》第 25 条都明确规定了法官、检察官任职回避制度。公证员不是国家公务员,并无任职回避的必要,《公证法》也没有任职回避的规定。故 C 项正确。

法官、检察官遇有法律规定的回避情形应当主动回避或者被申请回避,而律师不同,《律师执业行为规范(试行)》第 52 条明确规定了律师回避的情形,律师应当告知委托人并主动提出回避,但如果委托人同意其代理或者继续承办案件,律师则不受回避规定的限制,因此律师回避会受到委托人意思的影响。故 D 项正确。

452. 法律职业人员的入职条件;业内、业外行为[AD]

[解析] ①正确。法官和检察官的任职禁止条件完全相同,均为:(1)曾因犯罪受过刑事处罚的;(2)曾被开除公职的。

②错误。被开除公职的不能担任律师和公证员。据《律师法》第 7 条规定:"申请人有下列情形之一的,不予颁发律师执业证书:(一)无民事行为能力或者限制民事行为能力的;(二)受过刑事处罚的,但过失犯罪的除外;(三)被开除公职或者被吊销律师、公证员执业证书的。"据《公证法》第 20 条规定:"有下列情形之一的,不得担任公证员:(一)无民事行为能力或者限制民事行为能力的;(二)因故意犯罪或者职务过失犯罪受过刑事处罚的;(三)被开除公职的;(四)被吊销公证员、律师执业证书的。"

③错误。王某是甲市中院的副院长,其子王二可以同时担任甲市乙县法院的审判员。《法官法》第 23 条规定:"法官之间有夫妻关系、直系血亲关系、三代以内旁系血亲以及近姻亲关系的,不得同时担任下列职务:(一)同一人民法院的院长、副院长、审判委员会委员、庭长、副庭长;(二)同一人民法院的院长、副院长和审判员;(三)同一审判庭的庭长、副庭长、审判员;(四)上下相邻两级人民法院的院长、副院长。"

④正确。据《人民法院工作人员处分条例》第 63 条:"违反规定从事或者参与营利性活动,在企业或者其他营利性组织中兼职,给予记过或者记大过处分;情节较重的,给予降级或者撤职处分;情节严重的,给予开除处分。"

⑤正确。据《检察官法》第 45 条规定:"检察官在检察工作中有显著成绩和贡献的,或者有其他突出事迹的,应当给予奖励。"《检察官法》第 46 条规定:"检察官有下列表现之一的,应当给予奖励:(一)公正司法,成绩显著的;(二)总结检察实践经验成果突出,对检察工作有指导作用的;(三)在办理重大案件、处理突发事件和承担专项重要工作中,做出显著成绩和贡献的;(四)对检察工作提出改革建议被采纳,效果显著的;(五)提出检察建议被采纳或开展法治宣传、解决各类纠纷,效果显著的;(六)有其他功绩的。检察官的奖励按照有关规定办理。"

⑥错误。3 年内未受过停业处罚的律师可以成为律师事务所的设立人。据《律师法》第 14 条规定:"律师事务所是律师的执业机构。设立律师事务所应当具备下列条件:(一)有自己的名称、住所和章程;(二)有符合本法规定的律师;(三)设立人应当是具有一定的执业经历,且三年内未受过停止执业处罚的律师;(四)有符合国务院司法行政部门规定数额的资产。"

故 A、D 项当选,B、C 项不当选。

453. 法官职业道德;处分[C]

[解析]《法官法》第 45 条规定:"法官有下列表

现之一的,应当给予奖励:(一)公正司法,成绩显著的;(二)总结审判实践经验成果突出,对审判工作有指导作用的;(三)在办理重大案件、处理突发事件和承担专项重要工作中,做出显著成绩和贡献的;(四)对审判工作提出改革建议被采纳,效果显著的;(五)提出司法建议被采纳或者开展法治宣传、指导调解组织调解各类纠纷,效果显著的;(六)有其他功绩的。法官的奖励按照有关规定办理。"A项中,高法官在审判中既严格程序,又为群众行使权利提供便利;既秉公执法,又考虑情理,案结事了成绩显著,法院给予其嘉奖奖励的做法符合有关规定。B项中,黄法官就民间借贷提出司法建议被采纳,对当地政府完善金融管理、改善服务秩序发挥了显著作用,法院给予其记功奖励的做法符合规定。故A、B项正确。

《人民法院工作人员处分条例》第31条规定:"违反规定会见案件当事人及其辩护人、代理人、请托人的,给予警告处分;造成不良后果的,给予记过或者记大过处分。"许法官违反规定会见案件当事人及代理人,此事被对方当事人上网披露,造成不良影响,法院给予其撤职处分不符合有关规定。另外从常识判断,法官违规会见当事人及其代理人并非收受贿赂、徇私枉法等严重行为,不至于受到撤职处分。故C项错误。

《人民法院工作人员处分条例》第65条规定:"有其他违反廉政纪律行为的,给予警告、记过或者记大过处分;情节较重的,给予降级或者撤职处分;情节严重的,给予开除处分。"孙法官顺带某同学(律师)参与本院法官聚会,导致半年后该同学为承揽案件向聚会时认识的某法官行贿的行为属于其他违反廉政纪律的行为,法院领导严告孙法官今后注意符合相关规定。故D项正确。

454. 社会主义法治理念;执法为民;法官职业道德;文明执法[ABC]
[解析]《法官职业道德基本准则》第25条规定,加强自身修养,培育高尚道德操守和健康生活情趣,杜绝与法官职业形象不相称、与法官职业道德相违背的不良嗜好和行为,遵守社会公德和家庭美德,维护良好的个人声誉。故A、C项正确。

《法官职业道德基本准则》第24条规定:"坚持文明司法,遵守司法礼仪,在履行职责过程中行为规范、着装得体、语言文明、态度平和,保持良好的职业修养和司法作风。"故B项正确。

严守办案时限,禁止拖延办案属于法官职业道德"保障司法公正"中的"提高司法效率"内容,与文明执法无关。故D项错误。

455. 法官、检察官和律师的职业道德规范[CD]
[解析]《法官职业道德基本准则》第8条规定:"坚持和维护人民法院依法独立行使审判权的原则,客观公正审理案件,在审判活动中独立思考、自主判断,敢于坚持原则,不受任何行政机关、社会团体和个人的干涉,不受权势、人情等因素的影响。"故李法官就有关领导私下说法向院长汇报的做法属于不当行为。故行为①错误。

《法官职业道德基本准则》第9条规定:"坚持以事实为根据,以法律为准绳,努力查明案件事实,准确把握法律精神,正确适用法律,合理行使裁量权,避免主观臆断、超越职权、滥用职权,确保案件裁判结果公平公正。"故李法官对律师提出的非法证据排除的请求不予理睬属于不当行为。故行为②错误。

《法官职业道德基本准则》第22条规定:"尊重当事人和其他诉讼参与人的人格尊严,避免盛气凌人、'冷硬横推'等不良作风;尊重律师,依法保障律师参与诉讼活动的权利。"故对于刘检察官的做法,李法官应当予以制止。故行为③错误。

《法官行为规范》第32条规定,当事人使用方言或者少数民族语言,诉讼一方只能讲方言的,应当准许;他方表示不通晓的,可以由懂方言的人用普通话进行复述,复述应当准确无误。李法官几次打断律师用方言发言,让其慢速并重复,说明该律师可以说普通话。故李法官行为并无不当。故行为④正确。

我国没有直接关于律师退庭的规定。但据《律师执业行为规范(试行)》第41条:"律师接受委托后,应当在委托人委托的权限内开展执业活动,不得超越委托权限。"因一般律师退庭抗议之类的约定不会出现在委托代理协议中,故可以认定律师无权退庭抗议。故其行为不当。故行为⑤错误。

检察官应当尊重律师的职业尊严,支持律师履行法定职责,依法保障和维护律师参与诉讼活动的权利。故刘检察官的做法属于不当行为。故行为⑥错误。

《律师法》第32条第2款规定:"律师接受委托后,无正当理由的,不得拒绝辩护或者代理。但是,委托事项违法,委托人利用律师提供的服务从事违法活动或者委托人故意隐瞒与案件有关的重要事实的,律师有权拒绝辩护或者代理。"故律师因担心报复,而向当事人提出解除委托关系的,属于不当行为。故行为⑦错误。

《法官职业道德基本准则》第16条规定:"严格遵守廉洁司法规定,不接受案件当事人及相关人员的请客送礼,不利用职务便利或者法官身份谋取不正当利益,不违反规定与当事人或者其他诉讼参与人进行不正当交往,不在执法办案中徇私舞弊。"检察官职业道德要求检察官坚持廉洁操守,自觉接受监督。故李法官、刘检察官的做法属于不当行为。故行为⑧错误。

综上①②③⑤⑥⑦⑧行为是错误的，④行为是正确的。故本题选 C、D。

456. 法官职业道德规范[B]

[解析]《法官职业道德基本准则》第 18 条规定："妥善处理个人和家庭事务，不利用法官身份寻求特殊利益。按规定如实报告个人有关事项，教育督促家庭成员不利用法官的职权、地位谋取不正当利益。"首先，甲市中级法院与乙县法院是不同的法院；其次，陈法官并未利用其法官身份为其妹妹谋求不正当利益，只是叮嘱其妹庭上发言要有针对性，不要滔滔不绝，没有违反法官的职业道德。故 A 项正确，不当选。

《法官职业道德基本准则》第 14 条规定："尊重其他法官对审判职权的依法行使，除履行工作职责或者通过正当程序外，不过问、不干预、不评论其他法官正在审理的案件。"钱法官针对本院正在审理的案件随意加以评论，违反了法官职业道德。故 B 项错误，当选。

《法官职业道德基本准则》第 17 条规定："不从事或者参与营利性的经营活动，不在企业及其他营利性组织中兼任法律顾问等职务，不就未决案件或者再审案件给当事人及其他诉讼参与人提供咨询意见。"《法官行为规范》第 82 条第 1 项规定："确需参加在各级民政部门登记注册的社团组织的，及时报告并由所在法院按照法官管理权限审批。"第 83 条第 1 项规定，在不影响审判工作的前提下，可以利用业余时间从事写作、授课等活动。林法官担任兼职博士生导师，朱院长担任法学会法律文书学研究会副会长，符合上述条文规定，没有违反法官职业道德。故 C、D 项正确，不当选。

457. 法官职业道德规范[ACD]

[解析]《最高人民法院、司法部关于规范法官和律师相互关系维护司法公正的若干规定》第 6 条第 1 款规定："法官不得为当事人推荐、介绍律师作为其代理人、辩护人，或者暗示更换承办律师，或者为律师介绍代理、辩护等法律服务业务，并且不得违反规定向当事人及其委托的律师提供咨询意见或者法律意见。"A 项中法官提醒高某可另行委托律师的行为违反了法官的中立原则，没有保持中立立场。故 A 项当选。

《最高人民法院、司法部关于规范法官和律师相互关系维护司法公正的若干规定》第 4 条第 1 款规定："法官应当严格执行回避制度，如果与本案当事人委托的律师有亲朋、同学、师生、曾经同事等关系，可能影响案件公正处理的，应当自行申请回避，是否回避由本院院长或者审判委员会决定。"故 B 项符合法官职业道德要求，不当选。

《最高人民法院、司法部关于规范法官和律师相互关系维护司法公正的若干规定》第 5 条第 1 款规定："法官应当严格执行公开审判制度，依法告知当事人及其委托的律师本案审判的相关情况，但是不得泄露审判秘密。"庭审前，向所办案件当事人委托的张律师指出某一证据效力不足的行为违反了相关法律规定。故 C 项当选。

《法官职业道德基本准则》第 3 条规定："法官应当自觉遵守法官职业道德，在本职工作和业外活动中严格要求自己，维护人民法院形象和司法公信力。"法官可以参加有助于法制建设和司法改革的学术研究和其他社会活动。但是，这些活动应当以符合法律规定、不妨碍公正司法和维护司法权威、不影响审判工作为前提。讲座时，法官提出司法腐败主要是当事人行贿所致的言论损害了司法形象和权威，并且会使公众对法官的公正、廉洁产生合理怀疑。故 D 项当选。

458. 法官职业道德[D]

[解析]《法官职业道德基本准则》规定，法官在职务外活动中应当约束言行，避免公众对法官公正执法和清正廉洁产生合理怀疑，避免对履行职责产生负面作用，避免对法院的公信力产生不良影响。该准则规定，法官应谨慎出入社交场合，谨慎交友，慎重对待与当事人、律师以及可能影响法官形象的人员的接触和交往，以免给公众造成不公正或者不廉洁的印象，并避免在履行职责时可能产生的困扰和尴尬。结合本题，邱法官如果与该律师同坐一席，很容易给公众造成不廉洁、不公正的印象，因此应当与会务人员联系调换座位，不与律师同坐一桌。故 D 项正确。

459. 法官职业道德[ABD]

[解析]《法官职业道德基本准则》第 22 条规定："尊重当事人和其他诉讼参与人的人格尊严，避免盛气凌人、'冷硬横推'等不良作风；尊重律师，依法保障律师参与诉讼活动的权利。"第 24 条规定："坚持文明司法，遵守司法礼仪，在履行职责过程中行为规范、着装得体、语言文明、态度平和，保持良好的职业修养和司法作风。"徐法官的行为违反了司法礼仪准则。故 A 项正确。

《法官行为规范》第 29 条规定："出庭时注意事项：（一）准时出庭，不迟到，不早退，不缺席；（二）在进入法庭前必须更换好法官服或者法袍，并保持整洁和庄重，严禁着便装出庭；合议庭成员出庭的着装应当保持统一；（三）设立法官通道的，应当走法官通道；（四）一般在当事人、代理人、辩护人、公诉人等入庭后进入法庭，但前述人员迟到、拒不到庭的除外；（五）不得与诉讼各方随意打招呼，不得与一方有特别亲密的言行；（六）严禁酒后出庭。"蓝法官违反了第 2、5 项规定。故 B 项正确。

《法官职业道德基本准则》第 16 条规定："严格遵

· 106 ·

守廉洁司法规定,不接受案件当事人及相关人员的请客送礼,不利用职务便利或者法官身份谋取不正当利益……"第17条规定:"不从事或者参与营利性的经营活动,不在企业及其他营利性组织中兼任法律顾问等职务……"周法官没有利用职务便利或者法官身份谋取不正当利益。故C项错误。

《法官职业道德基本准则》第18条规定:"妥善处理个人和家庭事务,不利用法官身份寻求特殊利益。按规定如实报告个人有关事项,教育督促家庭成员不利用法官的职权、地位谋取不正当利益。"谢法官未履行这一义务,违反了约束家庭成员的义务。故D项正确。

专题十八 检察官职业道德

考点69 检察官职业道德

460. 检察官职业道德的主要内容[CD]

[解析]《检察官职业道德基本准则》第3条规定,坚持担当精神,强化法律监督。据此,"担当"突出检察官敢于对司法执法活动的监督、坚守防止冤假错案的底线。吕检察官的行为和法律监督完全无关。故A项不当选。

《检察官职业道德基本准则》第1条规定,坚持忠诚品格,永葆政治本色。据此,"忠诚"突出检察官的政治本色。吕检察官的行为和政治品行无关。故B项不当选。

《检察官职业道德基本准则》第2条规定,坚持为民宗旨,保障人民权益。吕检察官办理未成年人犯罪案件,除了坚持感化、挽救犯罪嫌疑人卫某,还通过和解对被害人权益予以保护,这体现了为民的要求。故C项当选。

《检察官职业道德基本准则》第4条规定,坚持公正理念,维护法制统一。"公正"要求检察官坚持打击犯罪与保障人权并重、公平与效率兼顾、程序正义和实体正义并重。吕检察官的行为体现了公正的要求。故D项当选。

461. 检察人员组织纪律、办案纪律、廉洁纪律、群众纪律[ABCD]

[解析]《检察人员纪律处分条例》第66条规定:"领导干部违反有关规定组织、参加自发成立的老乡会、校友会、战友会等,情节严重的,给予警告、记过、记大过或者降级处分。"领导干部参加老乡会、校友会、战友会违反组织纪律。故A项正确。

《检察人员纪律处分条例》第78条规定:"擅自处置案件线索、随意初查或者在初查中对被调查对象采取限制人身自由强制性措施的,给予记过或者记大过处分;情节严重的,给予降级或者撤职处分;情节严重

的,给予开除处分。"擅自处理办案线索违反办案纪律。故B项正确。

《检察人员纪律处分条例》第113条规定:"在分配、购买住房中侵犯国家、集体利益,情节较轻的,给予警告、记过或者记大过处分;情节较重的,给予降级或者撤职处分;情节严重的,给予开除处分。"分配住房中侵犯国家利益违反廉洁纪律。故C项正确。

《检察人员纪律处分条例》第127条规定:"对群众合法诉求消极应付、推诿扯皮,损害检察机关形象,情节较重的,给予警告、记过或者记大过处分;情节严重的,给予降级或者撤职处分。"消极应付群众合法诉求违反群众纪律。故D项正确。

462. 检察官职业道德;公正[B]

[解析] 检察官职业道德,是指检察官在履行检察职能的活动中,应当遵守的行为准则和规范,具体包括忠诚、为民、担当、公正、廉洁五个方面。A项甲检察官私下打探在办案件情况,不符合公正理念。B项乙检察官履职回避符合公正理念。C项丙检察官未排除应当排除的证据,不符合公正理念。D项丁检察官在家里会见被告方律师,不符合公正理念。故B项正确,A、C、D项错误。

463. 法官、检察官、律师、公证员职业道德[BC]

[解析]《法官法》第24条规定:"法官的配偶、父母、子女有下列情形之一的,法官应当实行任职回避:(一)担任该法官所任职人民法院辖区内律师事务所的合伙人或者设立人的;(二)在该法官所任职人民法院辖区内以律师身份担任诉讼代理人、辩护人,或者为诉讼案件当事人提供其他有偿法律服务的。"法律仅规定法官的配偶、父母、子女在该法官所任职法院管辖区内办案,法官要回避。对其他亲属不需要回避。故A项不当选。

检察官依法独立行使检察权。检察官高某跟帖的行为干涉了法官正在办理的案件,违反了检察官职业道德。故B项当选。

《刑诉解释》第306条规定:"庭审期间,全体人员应当服从法庭指挥,遵守法庭纪律,尊重司法礼仪,不得实施下列行为:……(四)对庭审活动进行录音、录像、拍照或者使用即时通讯工具等传播庭审活动;……"李律师当庭发表微博属于违法行为,审判长应当表态。故C项当选。

关于公证员的回避,《公证法》第23条规定:"公证员不得有下列行为:……(三)为本人及近亲属办理公证或者办理与本人及近亲属有利害关系的公证;……"公证员与董事长系大学同学,其行为并无不当。故D项不当选。

464. 检察官职业道德;检察官的执业限制[D]

[解析] 检察官应当严格遵守检察纪律,不违反

规定过问、干预其他检察官、其他人民检察院或者其他司法机关正在办理的案件,不私自探询其他检察官、其他人民检察院或者其他司法机关正在办理的案件情况和有关信息,不泄露案件的办理情况及案件承办人的有关信息,不违反规定会见案件当事人、诉讼代理人、辩护人及其他与案件有利害关系的人员。房检察官的行为是私自探询其他司法机关正在办理案件的情况,属于不符合职业纪律和道德的行为。故 A 项错误。关检察长的行为干涉了江检察官独立行使检察权,违反了检察权独立行使原则,故 B 项错误。

检察官不应利用职务便利或者检察官的身份、声誉及影响,为自己、家人或者他人谋取不正当利益;不从事、参与经商办企业、违法违规营利活动,以及其他可能有损检察官廉洁形象的商业、经营活动;不参加营利性或者可能借检察官影响力营利的社团组织。容检察官从事营利性商业活动,违反了规定,故 C 项错误。

《检察官法》第 37 条规定:"检察官从人民检察院离任后两年内,不得以律师身份担任诉讼代理人或者辩护人。检察官从人民检察院离任后,不得担任原任职检察院办理案件的诉讼代理人或者辩护人,但是作为当事人的监护人或者近亲属代理诉讼或者进行辩护的除外。检察官被开除后,不得担任诉讼代理人或者辩护人,但是作为当事人的监护人或者近亲属代理诉讼或者进行辩护的除外。"成检察官离任 5 年后是可以律师身份担任各类案件的诉讼代理人或辩护人的,故 D 项正确。

465. 检察官职业道德的要求[A]

[解析] 检察官应当坚持为民理念,参加单位组织的慰问孤寡老人的公益活动,体现了"执法为民"的观念,是在保障人民权益,符合检察官职业道德的要求。故 A 项正确。

检察官应当坚持公正理念,因此应自觉遵守法定回避制度,对法定回避事由以外可能引起公众对办案公正产生合理怀疑的,应主动请求回避。王检察官与受害人系密切近邻,应主动申请回避。故 B 项错误。

检察官应当坚持公正理念,应当严格遵守检察纪律,不泄露案件的办理情况及案件承办人的有关信息,不违反规定会见案件当事人、诉讼代理人、辩护人及其他与案件有利害关系的人员。王检察官泄露了未曾公开的检察工作信息,违反了检察官职业道德的要求。故 C 项错误。

检察官应当坚持廉洁操守,不得违反有关规定从事营利活动,不得在经济实体中兼职。在酒吧演奏的行为并收取报酬,且对检察官身份不予否认,有违检察官的廉洁形象。故 D 项错误。

466. 检察官职业基本道德[B]

[解析] 《检察官法》第 23 条规定:"检察官不得兼任人民代表大会常务委员会的组成人员,不得兼任行政机关、监察机关、审判机关的职务,不得兼任企业或者其他营利性组织、事业单位的职务,不得兼任律师、仲裁员和公证员。" A 项中甲检察官兼职取酬的行为不符合规定。故 A 项错误。

检察官可以以个人名义向相关单位提出改进建议,乙检察官的行为是正当行为。故 B 项正确。

《检察官职业道德基本准则》第 5 条规定:"为坚持廉洁操守,自觉接受监督。"检察官穿着正装宴请同学不符合廉洁操守的要求,有损廉洁形象。故 C 项错误。

根据《刑事诉讼法》规定,拘传的对象是犯罪嫌疑人、被告人,对证人不能进行拘传,即丁的行为属于非法采取强制措施的行为。故 D 项错误。

专题十九 律师职业道德

考点 70 律师职业道德

467. 律师业务推广[C]

[解析] 根据《律师和律师事务所违法行为处罚办法》第 6 条第 3 项规定,以对本人及所在律师事务所进行不真实、不适当宣传或者诋毁其他律师、律师事务所声誉等方式承揽业务的,属于《律师法》第 47 条第 2 项规定的律师"以不正当手段承揽业务的"违法行为。据此,秦律师在甲律师事务所执业,却以乙法律服务中心的名义对外宣传,其宣传信息不真实,属于以不正当手段承揽业务,故 C 项当选。

A 项,在网络平台进行业务推广不违规;B 项,秦律师的个人宣传行为与此无关;D 项,律师对外宣传信息要真实,不能以非律师身份宣传。故 A、B、D 项均不当选。

468. 律师职业道德;律师执业法律责任[D]

[解析] 本题首先需要明确律师执业的责任承担主体,《律师法》第 54 条规定:"律师违法执业或者因过错给当事人造成损失的,由其所在的律师事务所承担赔偿责任。律师事务所赔偿后,可以向有故意或者重大过失行为的律师追偿。"据此,律师因过错给当事人造成损失的,最终需要承担赔偿责任。

《检察官法》第 37 条第 1 款规定:"检察官从人民检察院离任后两年内,不得以律师身份担任诉讼代理人或者辩护人。"据此,王律师担任检察官是在 3 年前,并不违反法律规定。故 A 项错误。

王律师将其代理仲裁期间与甲公司的相关合同提交法院,属于举证行为,并不违法。故 B 项错误。

王律师代理仲裁期间违规会见仲裁员虽然属于

违法执业行为,也受到了行政处罚,但其违法行为与当事人损失之间并无直接因果关系。故 C 项错误。

根据《民法典》第 807 条规定,承包人对建设工程款依法享有优先受偿权,但王律师在仲裁中并未予以主张,也未向甲公司告知潜在的风险,可能导致甲公司的工程款无法全部收回,给甲公司带来损失。故 D 项正确。

469. 律师执业行为规范[C]

[解析] 同一所的不同律师不得在同一案件中,既代理原告,又代理被告,除非在该县区域内只有一家律师事务所,且事先征得当事人的同意。但是,本案已明确发生在省会城市,不可能只有一家律所。故 A 项错误。

《律师服务收费管理办法》第 12 条规定:"禁止刑事诉讼案件、行政诉讼案件、国家赔偿案件以及群体性诉讼案件实行风险代理收费。"我国刑事案件不允许风险代理,即根据结果收费。故 B 项错误。

《律师服务收费管理办法》第 19 条规定:"律师事务所在提供法律服务过程中代委托人支付的诉讼费、仲裁费、鉴定费、公证费和查档费,不属于律师服务费,由委托人另行支付。"办案费主要指诉讼费、仲裁费、鉴定费等,不属于律师服务费,律师事务所可以要求当事人预交,但是律师事务所必须提供相应的票据。故 C 项正确。

实习律师没有获得律师执业证,不符合律师执业的前提条件。故 D 项错误。

470. 律师执业行为规范[D]

[解析]《律师执业行为规范(试行)》第 51 条规定:"有下列情形之一的,律师及律师事务所不得与当事人建立或维持委托关系:(一)律师在同一案件中为双方当事人担任代理人,或代理与本人或者其近亲属有利益冲突的法律事务的;(二)律师办理诉讼或者非诉讼业务,其近亲属是对方当事人的法定代表人或者代理人的;(三)曾经亲自处理或者审理过某一事项或者案件的行政机关工作人员、审判人员、检察人员、仲裁员,成为律师后又办理该事项或者案件的;(四)同一律师事务所的不同律师同时担任同一刑事案件的被害人的代理人和犯罪嫌疑人、被告人的辩护人的,但在该县区域内只有一家律师事务所且事先征得当事人同意的除外;(五)在民事诉讼、行政诉讼、仲裁案件中,同一律师事务所的不同律师同时担任争议双方当事人的代理人,或者本所或其工作人员为一方当事人的代理人,本所其他律师担任对方当事人的代理人的;(六)在非诉讼业务中,除各方当事人共同委托外,同一律师事务所的不同律师同时担任彼此有利害关系的各方当事人的代理人的;(七)在委托关系终止后,同一律师事务所或同一律师在同一案件后续审理或处理中

又接受对方当事人委托的;(八)其他与本条第(一)至第(七)项情形相似,且依据律师执业经验和行业常识能够判断为应当主动回避且不得办理的利益冲突情形。"

根据上述规定第 4 项和第 5 项,该律师事务所在代理原告案件时,应当拒绝与该案被告建立委托代理关系,A 项正确。B 项中,该律师事务所有权利在其他案件中与被告人建立委托代理关系,这不属于利益冲突审查的范围,B 项正确。C 项中,主动与原委托人联系,进行建立委托关系方面的磋商,符合法律的一般规定,C 项正确。D 项中,原告再审不委托该所,该所遂与被告建立委托代理关系,这种做法是错误的,不符合上述第 7 项的规定,D 项错误。

471. 法律职业人员职业道德、职业纪律[D]

[解析]《最高人民法院、司法部关于规范法官和律师相互关系维护司法公正的若干规定》第 6 条第 1 款规定:"法官不得为当事人推荐、介绍律师作为其代理人、辩护人,或者暗示更换承办律师,或者为律师介绍代理、辩护等法律服务业务,并且不得违反规定向当事人及其委托的律师提供咨询意见或者法律意见。"金法官的行为明显违背了法官职业纪律要求。故 A 项错误。

《法律援助法》第 20 条规定,法律援助人员应当恪守职业道德和执业纪律,不得向受援人收取任何财物。闻律师收取交通费的行为已经违反了纪律。故 B 项错误。

《公证员职业道德基本准则》第 25 条规定:"公证员不得从事以下不正当竞争行为:(一)利用媒体或其他手段炫耀自己,贬损他人,排斥同行,为自己招揽业务;……"黄某名片上"法学硕士、法学副教授"的头衔的展示是违反职业纪律要求的。故 C 项错误。

曾律师发起举办了"金融危机下律师业的挑战"研讨会并邀请一些教授、法官、检察官、公证员朋友出席。这是提高职业能力的活动,是法律职业人员社会责任心的表现,不违反有关规定。故 D 项正确。

472. 律师职业规定[AD]

[解析]《律师执业行为规范(试行)》第 36 条规定:"律师应当充分运用专业知识,依照法律和委托协议完成委托事项,维护委托人或者当事人的合法权益。"在本题中,律师了解建筑和房地产知识,并运用该知识分析案件,寻求对李某有利的理由,从而维护其合法权益,该做法明显是正确的。故 A 项正确。

《律师执业行为规范(试行)》第 44 条规定:"律师根据委托人提供的事实和证据,依法律规定进行分析,向委托人提出分析性意见。"本题中,律师以风水原因使当事人接受败诉的结果违反了诚实、客观的原则,也违背了事实和法律规定。故 B 项错误。

《律师执业行为规范(试行)》第7条规定:"律师应当诚实守信、勤勉尽责,依据事实和法律,维护当事人合法权益,维护法律正确实施,维护社会公平和正义。"本题中,律师在没有房地产开发业务相关专业知识的情况下,为了经济利益却极力宣扬建筑世家背景并接受委托,显然对当事人构成误导,有违律师职业道德。故C项错误。如果刘律师专业知识欠缺,考虑到不能更好地维护委托人的合法利益的情况下拒绝委托是符合律师职业有关规定的。故D项正确。

473. 律师事务所相关法条 [D]

[解析]《律师法》第21条第1款规定:"律师事务所变更名称、负责人、章程、合伙协议的,应当报原审核部门批准。"可知,应该是"批准",而非"备案"。故A项错误。

《律师事务所管理办法》第7条规定:"律师事务所可以由律师合伙设立、律师个人设立或者由国家出资设立。合伙律师事务所可以采用普通合伙或者特殊的普通合伙形式设立。"可知,律师事务所包括合伙律师事务所、个人律师事务所和国资所,并不能采用公司形式设立。故B项错误。

《律师法》第16条规定:"设立个人律师事务所,除应当符合本法第十四条规定的条件外,设立人还应当是具有五年以上执业经历的律师。设立人对律师事务所的债务承担无限责任。"第15条第1款规定:"设立合伙律师事务所,除应当符合本法第十四条规定的条件外,还应当有三名以上合伙人,设立人应当是具有三年以上执业经历的律师。"可知,个人律师事务所的成立条件并不比合伙律师事务所宽松,而是更严格。故C项错误。

《律师事务所管理办法》第53条第2款规定:"普通合伙律师事务所的合伙人对律师事务所的债务承担无限连带责任。特殊的普通合伙律师事务所一个合伙人或者数个合伙人在执业活动中因故意或者重大过失造成律师事务所债务的,应当承担无限责任或者无限连带责任,其他合伙人以其在律师事务所中的财产份额为限承担责任;合伙人在执业活动中非因故意或者重大过失造成的律师事务所债务,由全体合伙人承担无限连带责任。个人律师事务所的设立人对律师事务所的债务承担无限责任。国家出资设立的律师事务所以其全部资产对其债务承担责任。"可知,特殊的普通合伙律师事务所,个别合伙人因故意或重大过失造成对外债务时,其他合伙人仅以其在律师事务所中的财产份额为限承担责任,并不承担对外责任。故D项正确。

474. 律师的权利与义务 [ACD]

[解析]《律师法》第34条规定:"律师担任辩护人的,自人民检察院对案件审查起诉之日起,有权查阅、摘抄、复制本案的案卷材料。"需要注意的是,这里的"案卷材料"是指包括诉讼文书和证据材料在内的案卷中的所有材料,但合议庭、审判委员会的讨论记录以及其他依法不公开的材料不得查阅、摘抄、复制。据此,A项所言"与案件有关的所有材料"不符合法律规定。故A项错误。

根据《律师法》第33条和《刑事诉讼法》第34条规定,犯罪嫌疑人被侦查机关第一次讯问或者采取强制措施之日起,受委托的律师凭律师执业证书、律师事务所证明和委托书或者法律援助公函,有权会见犯罪嫌疑人、被告人并了解有关案件情况。律师会见犯罪嫌疑人、被告人,不被监听。故B项正确。

《律师法》第37条第2款规定:"律师在法庭上发表的代理、辩护意见不受法律追究。但是,发表危害国家安全、恶意诽谤他人、严重扰乱法庭秩序的言论除外。"可知,泄露商业秘密并不属于上述的除外情形。故C项错误。

《律师法》第2条规定,律师是指为当事人提供法律服务的执业人员,不是国家法律工作人员。故D项错误。

专题二十 公证员职业道德

考点71 公证员职业道德

475. 法律职业人员职业道德 [C]

[解析] 法官审判案件只有做到独立,才能做到中立;只有中立,才能做到司法公正;只有做到司法公正,当事人才会信服法官的裁判。故A项正确。

检察官职业道德,是指检察官在履行检察职能的活动中,应当遵守的行为准则和规范,是检察官的职业义务、职业责任以及职业行为上的道德准则的体现。故B项正确。

《律师执业行为规范(试行)》第5条规定,本规范适用于作为中华全国律师协会会员的律师和律师事务所,律师事务所其他从业人员参照本规范执行。律师职业道德不仅规范律师的执业行为,而且规范律师事务所的行为。故C项错误。

公证活动证明的内容就是公证对象的真实性与合法性,故公证活动最大的特点就是公信力。故D项正确。

476. 律师及公证有关制度及其执业规范 [A]

[解析]《律师执业行为规范(试行)》第56条规定:"未经委托人同意,律师事务所不得将委托人委托的法律事务转委托其他律师事务所办理。但在紧急情况下,为维护委托人的利益可以转委托,但应及时告知委托人。"第58条规定:"非委托人的同意,不能因转委托而增加委托人的费用支出。"A项中刘律师

受当事人甲委托为其追索1万元欠款,因该事项与另一委托事项时间冲突,经甲同意后另交本所律师办理,这是没有问题的,但是应告知甲支出增加,此时甲同意后才可以转委托。故A项不符合法律规定,当选。

《律师执业行为规范(试行)》第44条规定:"律师根据委托人提供的事实和证据,依据法律规定进行分析,向委托人提出分析性意见。"第45条规定:"律师的辩护、代理意见未被采纳,不属于虚假承诺。"B项中李律师的意见主张没有被主审法官采纳,不存在违法违规问题。故B项符合法律规定,不当选。

《公证法》第12条规定:"根据自然人、法人或者其他组织的申请,公证机构可以办理下列事务:(一)法律、行政法规规定由公证机构登记的事务;(二)提存;(三)保管遗嘱、遗产或者其他与公证事项有关的财产、物品、文书;(四)代写与公证事项有关的法律事务文书;(五)提供公证法律咨询。"《公证机构办理抵押登记办法》第3条规定,当事人以个人所有的家具、家用电器、金银珠宝及其制品等生活资料抵押的,抵押人所在地的公证机构为登记部门。C项中,林公证员办理抵押登记的行为是符合法律规定的。C项不当选。

《公证法》第11条第1款规定:"根据自然人、法人或者其他组织的申请,公证机构办理下列公证事项:(一)合同;……(八)公司章程;……"据此,合同和公司章程都属于公证事项。《公证法》第26条规定:"自然人、法人或者其他组织可以委托他人办理公证,但遗嘱、生存、收养关系等应当由本人办理公证的除外。"可见,申办合同和公司章程公证可以代理。故D项符合法律规定,不当选。

477. 法律职业道德;律师职业道德;公证职业道德[BCD]

[解析] 关于甲的说法:
职业道德是人们在职业实践中形成的行为规范,职业道德一般包括职业道德意识、职业道德行为和职业道德规范3个层次。故甲①说法正确。《法官职业道德基本准则》第2条规定,法官职业道德的核心是公正、廉洁、为民。故甲②说法正确。

关于乙的说法:
公证行为的公信力需要特别强调对公证员职业道德的要求,公证员良好的职业道德对于维护法制尊严和权威,提高公民的法律意识具有重要作用,公证人员高尚的职业道德是为社会提供优质法律服务和赢得公众信赖的根本保障。如果缺乏无私奉献、敬业献身的精神,法律职业人员很容易进行"权力寻租"。故乙①说法正确。而加强公证员职业道德建设确实是维护和增强公证公信力的保障。故乙②说法正确。

关于丙的说法:
法律在人们心目中象征着公平和正义,是规范社会、惩恶扬善的最后手段,也是国家予以保障的最强有力的手段,所以法律的实施者、执行者、裁判者等专业法律人员所应具有的道德品行必然要高于其他职业的道德要求,法律职业道德也具有更强的约束性,违反职业道德的法律职业人员要承担更大范围的责任和义务,这是由法律职业的特殊性、法律职业在社会生活中的特殊地位和作用所决定的。故丙①说法错误。

律师职业道德规范的对象主要是律师的执业行为,即从事律师业务、为法律提供法律服务的行为。但由于律师的一些非执业活动在一定程度上也影响律师的职业形象,因此一些与律师的职业形象直接相关的执业以外的活动,也应受到律师职业道德的约束。故丙②说法正确。

综上所述,甲①甲②、乙①乙②和丙②说法正确,丙①说法错误。结合选项可得知,本题B、C、D项正确,当选。

专题二十一 其他法律职业人员职业道德

考点72 其他法律职业人员职业道德

478. 其他法律职业人员道德[ACD]

[解析] 法律顾问作为一种相对独立的力量介入党政机关、人民团体、国有企事业单位的活动中,其根本价值在于推动党政机关、人民团体、国有企事业单位依法行事。因此,这客观上要求法律顾问在提供法律服务过程中不受他人意志的干扰,仅依照法律的规定或依照法律的精神对事实作出合乎价值的判断。A项错误。

"公开透明"是指行政机关中从事行政处罚决定审核、行政复议、行政裁决的公务员在执法过程中,除涉及国家秘密、职业秘密或个人隐私外,执法内容应一律向行政相对人和社会公开。B项正确。

执法行为可能对行政相对人的权益造成不利影响的,除法律规定的特别情形外,应当给行政相对人陈述、申辩的机会。C项错误。

《行政复议法》第2条规定:"公民、法人或者其他组织认为行政机关的行政行为侵犯其合法权益,向行政复议机关提出行政复议申请,行政复议机关办理行政复议案件,适用本法。"行政裁决属于典型的个体行政行为,属于行政复议受案范围。D项错误。

理论法 [答案详解]